中国新能源发展研究
——基于能源效率视角的分析与研究

Research on New Energy Development of China：Analysis and Research Based on the Perspective of Energy Efficiency

张海龙　著

机 械 工 业 出 版 社

本书归纳和研判了新能源的未来发展趋势和特点，并介绍了美国、欧洲和我国有关新能源的法律、政策及其演进过程。分析了我国新能源的发展现状和存在的主要问题。通过数据挖掘，从我国新能源发展的效率研究的视角，对新能源进行了实证分析。从宏观政策和微观行业细分两个层面给出了明确、科学、合理、具体的政策建议。

本书采用了规范研究与实证分析相结合、微观分析与宏观阐释相结合、定性分析与定量分析相结合、动态分析与静态分析相结合的研究方法，力求在研究方法上适应研究问题的“个性”要求，同时又呈现综合集成的特点，使本书更具科学性、系统性和创新性。

本书不但有助于从事新能源研究的广大教学与科研学者、政策制定者和管理者等对新能源发展问题进行深入思考与研究，而且对相关专业的研究生、本科生的学习也有所裨益。

图书在版编目（CIP）数据

中国新能源发展研究：基于能源效率视角的分析与研究／张海龙著. —北京：机械工业出版社，2017.6
ISBN 978-7-111-57401-9

Ⅰ.①中…　Ⅱ.①张…　Ⅲ.①新能源-产业发展-研究-中国　Ⅳ.①F426.2

中国版本图书馆CIP数据核字（2017）第165474号

机械工业出版社（北京市百万庄大街22号　邮政编码100037）
策划编辑：刘鑫佳　徐东鹤　　责任编辑：刘鑫佳　徐东鹤　常爱艳
责任校对：王　欣　　封面设计：陈　沛
责任印制：孙　炜
北京中兴印刷有限公司印刷
2017年8月第1版第1次印刷
169mm×239mm·15.75印张·248千字
标准书号：ISBN 978-7-111-57401-9
定价：59.80元

凡购本书，如有缺页、倒页、脱页，由本社发行部调换
电话服务　　网络服务
服务咨询热线：010-88361066　　机工官网：www.cmpbook.com
读者购书热线：010-68326294　　机工官博：weibo.com/cmp1952
010-88379203　　金书网：www.golden-book.com
封面无防伪标均为盗版　　教育服务网：www.cmpedu.com

前　言

能源是人类社会生存和发展的重要基础，对经济、社会发展起着不可或缺的推动作用。进入工业化以来，以煤炭、石油、天然气等化石类为主要燃料的能源更成为人类社会赖以生存的物质基础。我国随着经济的快速发展和人口的增长，对能源的需求量越来越大，能源消耗大幅增加；与此同时传统能源资源日益减少，已经不能满足国民经济发展的需要。此外，能源消耗所导致的生态环境恶化日益显现，随着国际社会越来越关注二氧化碳排放问题，我国未来能源的使用也受到了外部压力的冲击。在这种情况下，我国迫切需要新能源来满足国内日益增长的能源消费需求，进而减少温室气体排放，建设环境友好型国家。目前，传统化石能源的日益短缺与社会经济发展对能源的旺盛需求之间的矛盾更显尖锐，如果不改变目前的能源消费结构、加快推进能源供给的多元化，那么社会经济可持续健康发展将严重受限，同时我国的能源短缺和能源依赖也无法得到改善。如果不重视有效发展新能源，我国的能源安全问题也无法从根本上得到解决，正如成思危所言：“世界前三次产业革命分别由蒸汽机、电力和计算机引领，第四次产业革命将是新能源引领的能源革命。”然而，就目前我国新能源发展来看，虽取得了一定成果，但依靠新能源的可持续发展道路的探索仍然曲折艰难，新能源发展任重道远。我国必须大力发展新能源，将新能源发展上升到国家战略，解决好新能源问题，排除我国的能源安全问题，让我国的经济在新能源经济带动下继续快速发展。

新能源包括太阳能、风能、生物质能、地热能、海洋能、潮汐能、核能、页岩气、氢能等。我国的新能源资源比较丰富，在这种背景下，大力发展新能源对国家能源安全、环境改善等具有非常重要的战略意义。第一，新能源能够代替传统化石能源，弥补石油、天然气资源的短缺问题，增加能源供给，满足能源需求，保障能源安全。第二，新能源的广泛应用有利于改变我国目前以煤炭、石油和天然气为主的能源结构，减少由于使用化石能源带来的温室气体排放和大气污染等问题。

对于发展新能源产业，我国与发达国家在发展动机上有着部分共同的出发点。同时，我国在资源构成、经济现状、科技水平上又有着自己独特的国情特征。因此，对于我国新能源产业发展，需要因地制宜，研究确立具有我国特色的新能源产业发展思路。

新能源产业是体现国家战略的新兴产业，对我国经济的长期持续发展具有重要意义；我国新能源产业是新兴产业，目前还处于初创期；同时，新能源产业是国际产业竞争的重要领域，也是产业技术快速发展的领域。新能源产业的这些特征，决定了其与其他产业不同的战略路径。

国家能源委员会专家咨询委员会主任张国宝在“中国发展高层论坛2014年年会”上指出：“中国已经成为世界上第一大能源生产国和消费国”㊀。经过几十年的努力，中国已经形成了以煤炭、电力、石油、天然气为主，以新能源和可再生能源为辅的多元化能源生产供应体系。目前，我国的能源消费进入快速增长时期，以石油、天然气为代表的能源供需矛盾日益凸显，进口量不断加大，能源已经成为制约我国经济发展的瓶颈。因此，调整能源消费结构，提高能源利用效率，有效开发新能源，建立以新能源和可再生能源为主的能源体系，进而减少碳排放，促进我国经济可持续发展、确保能源安全已刻不容缓。

本书正是在这样的国际经济、政治和能源大背景以及我国能源的现实条件和战略机遇下，开展了中国新能源发展层层递进式的研究与分析。本书共分九章。第1章绪论，从能源政治、能源安全以及新时期我国崛起等方面进行了思考；从环境保护、低碳经济、经济发展、能源结构和理论体系创新等视角对我国发展新能源的意义进行了阐释；从国内外研究综述中有效选取了研究切入点。第2章理论基础，主要对新能源、可再生能源的内涵界定，对哈伯特能源论、经济增长理论、生命周期理论、权力理论和可持续发展理论等方面进行了梳理和研究，并界定了本书研究的新能源主要边界。第3章人类能源发展史，通过对人类能源史四个阶段的研究，提出了“新能源与中国复兴”的新时代与新机遇，并对能源的未来发展趋势和特点进行了归纳、梳理和研判。第4章国内外新能源政策研究，分析了美国和欧洲有关新能源的法律、政策及其主要内容、演进过程和我国新能源政策的演进进程。第5章我国新能源发展现状及问题，分门别类地分析了我国新能源的发展现状和存

㊀ 网易财经：中国已经成为世界上第一大的能源生产国和消费国。http：//money.163. com/14/0324/11/9O3MRO4500254TI5. html.

在的主要问题。第 6 章中国新能源发展的效率研究，通过数据挖掘，从几个不同维度对新能源数据进行建模处理，并对结果进行了实证分析。第 7 章我国新能源发展的博弈分析，分析了我国与不同能源进口国和出口国之间的博弈，得出能源尤其是新能源发展一定要采取合作而非对抗的方式的结论。第 8 章我国新能源发展的政策研究，从宏观政策和微观行业细分层面给出了具体的政策建议。第 9 章研究结论与展望。

基于研究思路和研究内容的需要，本书采取了规范研究与实证分析相结合、全面分析与典型研究相结合、微观分析与宏观阐释相结合、定性分析与定量分析相结合、理论演绎和比较分析相结合、动态分析与静态分析相结合的研究方法，力求在研究方法上适应研究问题的“个性”要求，同时又形成综合集成的特点，使本书更具科学性、系统性、创新性和可操作性。

目　录

第1章 绪论

1.1 研究背景及问题提出

能源是人类生产生活赖以生存的基础，也是现代经济发展的重要支柱，同时也是国家经济发展的重要战略物资。开发和利用能源，将会极大地推动人类社会和世界经济的发展与进步。在当今经济全球化进程中，能源安全已上升到国家安全的高度，各国政府为了确保能源安全都纷纷出台了一系列的能源政策。然而，我们在享受各种能源所产生的好处的同时，也会遇到一系列的能源问题，即能源短缺和能源消耗带来的环境污染问题，这对人类社会的生存和发展造成了严重的威胁。因此，积极开发新能源、寻求可持续发展已成为很多国家的首要战略任务。

能源的合理开发和有效利用关系到世界的未来，当今世界正面临着人口与资源、社会发展与环境保护等多重压力的挑战，而支持社会发展的传统能源资源储量却越来越少，因此，开发新能源和可再生能源特别是把它们转化为高品位能源，以逐步减少化石能源的使用，是保护生态环境、走经济可持续发展的重大措施。化石能源在21世纪是一个从兴盛走向衰落、从基本满足人类的需要走向短缺、从疯狂的开采走向理智开发的过程。据预测21世纪下半叶，随着石油和天然气的枯竭，太阳能、风能、生物质能等一系列新能源和可再生能源将得到迅速发展，在21世纪将形成新的能源体系和系统。

在全球化的视角下，能源问题已成为国际政治、经济、环保等诸多领域的一个核心问题，甚至成为国际政治的焦点。世界各国之间围绕能源的世界霸权进行了激烈的竞争，国家紧紧围绕自身利益来制定能源安全战略。各国政府正积极主导替代能源的发展，使能源问题日益成为国际社会关注的焦点。石油价格不断波动，国家关注低碳经济、气候变化和环境问题，政府智库学者也正在密切关注民生问题。在能源领域，我国的国际合作也在不断扩大，从最初的以煤炭、石油和天然气为主，扩展到电力、风能、生物质燃料、核能等新能源。中国国有石油企业，承担并履行着经济、社会全面发展的重要使命，在确保国家能源安全的同时，还围绕建设综合性国际能源公司的这一战略目标，积极实施资源、市场和国际化三大战略，并在集中资源、开辟国内和国外市场方面取得了巨大成就。然而，能源问题已经不再是一个简单的经济问题，石油企业海外发展往往伴随着复杂的国际政治、经济、社会环境因素。引人瞩目的2008年5月中俄石油管线历经14年一波三折；2013年2月26日中海油以151亿美元收购加拿大尼克森石油公司，也历尽艰辛。一言以蔽之，凡是和能源有关的国际合作无不打着深刻的政治烙印和政治博弈。

世界正在从根本上发生改变，地缘政治权势正在从发达国家向发展中国家、从西方向东方、从大西洋向太平洋转移。在21世纪，中国的崛起正在成为全球范围内最为瞩目的焦点。早在2100多年前，“通古今之变”的杰出史学家司马迁就曾预言，“天运三十年一小变，一百年一中变，五百年一大变。”时至今日司马迁的预言仍能验证当前的时局与形势。

1973年，美国总统理查德·尼克松曾直言不讳地说：“美国人口只是世界人口的7%，但我们享受世界能源的30%，这意味着我们是世界上最富有的、最强大的国家。这就是为什么我们要用这么多能源，并希望永远是这样的原因。”但如果他知道今天的情况与30年前已经不一样了，美国如今已失去最大的能源消费国称号，那么他也会感到不安。2010年夏季，各大媒体的头条纷纷报道：“中国现在是世界上使用能源最多的国家。”此消息在西方发达国家引起了强烈反响。此时，西方国家才突然意识到这是一个事实，即中国在能源的使用上超过了其他国家。

当今世界，能源已成为经济实力的“硬通货”，是国家之间力量等级体系的决定因素，甚至是物质进步、国家成长和大国崛起的一个新筹码。纵观全球，获得能源成为21世纪压倒一切的首要任务。能源对于今日中国的意义，从来没有如此重要过。

在中国崛起的进程中，有几个年份是有“分水岭”意义的。1993年，中国首次成为石油的净进口国；2006年，中国首次成为天然气的净进口国；2009年，中国首次成为煤炭的净进口国。中国国内能源资源的短缺，特别是石油的短缺，已经成为严重制约国民经济发展的“瓶颈”。

从中国能源结构来看，中国是一个“富煤贫油少气”的国家，石油是中国能源安全的核心。20 世纪 90 年代以来，中国的石油需求急剧增长，国民财富大量溢出，石油对外依存度屡创新高，“以油为天”成为中国面临的严峻事实。中国石油集团经济技术研究院编撰的《2013 年国内外油气行业发展报告》（以下简称《行业报告》）在北京举行发布会，当时预测，2014 年中国石油需求增速 4% 左右，达到 5.18 亿 t；石油和原油净进口量将分别达到 3.04 亿 t 和 2.98 亿 t，较 2013 年增长 5.3% 和 7.1%，石油对外依存度达到 58.8%。[一]国际能源署在《国际能源展望 2011》中预测，中国将在 2020 年超过美国成为世界第一大石油进口国，并在 2030 年再次超过美国成为世界最大石油消费国。到 2035 年中国石油消费量将为每天 1500 万桶，是 2009 年的近两倍。可以说，未来中国经济发展的关键在能源。

能源是中国崛起的逻辑起点，能源外交是实现中国大国崛起的战略支轴。自实施能源“走出去”战略以来，中国石油之路虽然崎岖不平，但能源外交成果显著，“多元化”能源供应格局逐渐完善。2011 年，中国的海外油气“权益产量”达到 8500 万 t 油当量[二]，是鼎盛时期大庆油田年产量的近两倍。中国石油企业协会 2013 年 3 月 25 日发布《2013 中国油气产业发展分析与展望报告蓝皮书》称，2013 年中国企业海外油气权益产量有望突破 1 亿 t 油当量[三]，这些对于维护中国能源安全起到至关重要的作用。

孟子说：“以力假仁者霸，霸必有大国。”这里的“霸”是指有影响力的国家，“力”则是一个国家的实力，实力是资源的转化。故而，大国首先应是控制和占有较多资源并对其资源有较强转化能力的国家。未来，中国能源外交除积极布局中东、里海、远东、拉美及非洲等地区外，还应当积极向北美拓展自己的能源利益链，借鉴美国开发以页岩气、油砂和致密油等为代表的非常规能源的技术和经验。

非常规油气的开发正在改变人们的“石油世界观”。自 20 世纪 50 年代以来，波斯湾一直是世界能源的“心脏地带”，牢牢地占据着世界石油版图的“中心位置”，不管里海、非洲、南美或者其他任何地方有大规模的油气发现，

[一] http://energy.people.com.cn/n/2014/0116/c71905-24135612.html.

[二] http://finance.chinanews.com/ny/2012/02-09/3657672.shtml.

[三] http://business.sohu.com/20130325/n370234617.shtml.

或者有任何新型“绿色能源”的出现，似乎也改变不了世界越来越依赖中东石油供应的局面。但当前，北美非常规油气的开发正在逆转这一似乎是不可逆转的趋势。一张世界石油新版图的雏形正在显现，而它的中心并不在中东，而是在西半球。新的能源轴线自北向南依次连接着加拿大、美国、墨西哥、委内瑞拉和巴西。从地缘分布上看，这一纵贯西半球南北美洲的区域形成了一个新的“巨型新能源储量带”，西半球能源轴心已经呼之欲出。

未来的能源版图正在被重绘。美国无疑将受益于非常规油气资源的开发，美国国内页岩气的开发已做出了有说服力的诠释。中国的页岩气储量世界第一，是美国的两倍多，其他非常规能源的发展空间也是异常广阔。在美国“借力”非常规油气来维系自己地位的同时，中国也应把握时代脉搏，抢占先机。

步入21世纪以来，面对能源短缺、能源价格大幅攀升、全球气候变暖等日益严峻的形势，世界各国对新能源的需求就更为迫切。与此同时，2008年爆发的国际金融危机对全球经济的影响并未完全消退。在此背景下，新能源产业的发展势必会成为经济增长的新突破口、带动全球经济发展的新一轮复苏。作为能源消耗大国的中国，要做到缓解经济发展、环境保护和能源消费之间的矛盾，就要转变经济发展方式、坚持走新型工业化道路，大力发展新能源产业，实现经济与社会的可持续发展。

1.2 研究目的及意义

中国近年来更加重视新能源技术发展。中国由于目前的能源结构不合理，其中新能源这样的清洁能源比例偏低，而煤炭所占比例过大，石油对外依存度高，人均能源占有率低，同时能源利用率低，正面临着有限的化石燃料资源和更高的环境保护要求的严峻挑战。为2050年达到中等发达国家水平的目标，中国必须要选择发展新型优势产业的方向。发展新能源是中国目前可以同时解决诸多问题的唯一途径。在国家“十二五”相关规划中，新能源有关的产业都被列为重点发展和战略性新兴产业而加以扶持。国家“十三五”规划在推动能源结构优化升级中着重提到了：“继续推进风电、光伏发电发展，积极支持光热发电。以沿海核电带为重点，安全建设自主核电示范工程和项目。加快发展生物质能、地热能，积极开发沿海潮汐能资源。完善风能、太阳能、生物质能发电扶持政策。积极开发天然气、煤层气、页岩油（气），拓展生物燃料等新的清洁油品来源。”在可持续发展理念指导下，通过新能源技术创新手段，尽可能地减少煤炭石油等高碳能源消耗，减少温室气体排放，达到经济与社会发展和生态环境保护双赢的“低碳经济”发展形态㊀。从而达到对国家能源安全、环境质量改善和拉动经济的多重目的。

2004 年，欧洲联合研究中心（JRC）根据各种能源技术的发展前景及其能源蕴藏量，对 2000—2100 年 100 年间的能源需求总量和结构变化做出预测，如图 1－1 所示。新能源的比重将不断上升，于 2020 年、2030 年、2040 年、2050 年和 2100 年将分别达到 20%、30%、50%、62% 和 86%㊁。其中，传统化石能源消耗量在 2030 年后会出现下降。

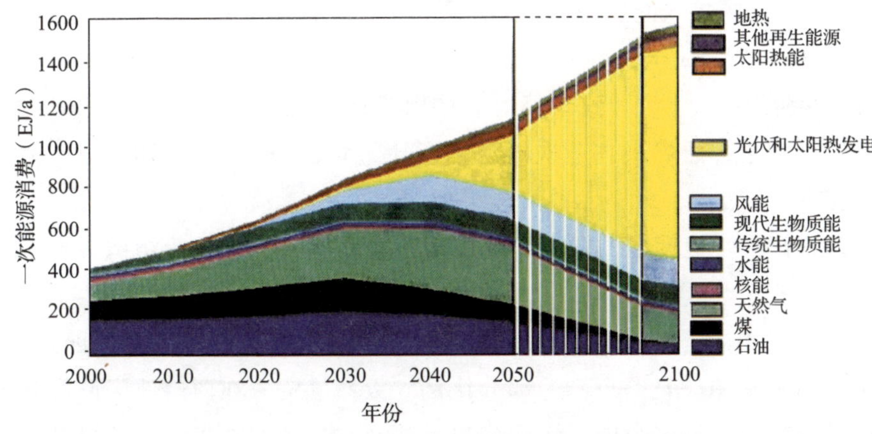

图 1－1　2000—2100 年世界能源结构变化预测㊂

目前，中国一次能源的生产量和消费量都超过了 20 亿 t，居世界第二位㊃。预计未来中国能源需求将成倍增长，常规能源存在巨大缺口。新能源技术的利用不仅是补充这一缺口的唯一选择，更是未来能源技术的发展方向所在。

近年来，科学研究表明，二氧化碳、甲烷和其他温室气体可能会给地球带来惊人的生态灾难。对于气候变化造成的许多环境问题呈逐年上升的趋势，

㊀ 中国科学院．2009 高技术发展报告［M］．北京：科学出版社，2009：10.

㊁ 谢言许．中国新能源技术创新战略研究［D］．锦州：渤海大学，2014：3.

㊂ 北京洲通投资技术研究所．中国新能源战略研究［M］．上海：上海远东出版社，2012：116.

㊃ 王大中．21 世纪中国能源科技发展展望［M］．北京：清华大学出版社，2007：1.

但在同一时间，通过使用常规能源所产生的温室气体排放量有增无减。当然，减少正在大量使用的常规能源将在稳定气候方面起到关键作用。

常规能源具备一定的负外部性，表现在其开采、消费过程中对生态环境造成破坏和污染，对社会造成了额外成本。2007 年，世界常规能源消费所产生的二氧化碳约 300 亿 t，相当于每小时向大气排放二氧化碳 100 多万 t，其中煤炭和石油所产生的排放量各占 40%，天然气占到 20%。[一]美国能源部预计，2030 年世界能源使用和二氧化碳排放将增至 50%，平均每年 1.7%。按此速度，2030 年排放将超过 400 亿 t，假定按这个速度继续增加的话，2050 年二氧化碳排放则将达到 620 亿 t。[二]随着近年来中国、印度等人口密集的发展中国家经济发展进入能源使用密集阶段，对能源需求量进一步增加，我们面临的环境问题更为严峻。国家能源局规划发展司司长江冰在 2010 年召开的能源经济形势发布会上说，到 2015 年，中国非化石能源占一次能源消费比重将达到 11% 以上，而煤炭占一次能源消费比重将由 2009 年的 70% 以上降至 63% 左右。[三]

严重污染环境问题的原因不仅在于以煤为主的能源消费结构，也与煤炭的质量有关。中国煤炭中高品质的低硫（S < 0.5%）煤仅占约 1/3 的产能，远远不能满足国家经济发展和环境保护考虑到的可持续发展要求。中国的石油资源质量差也占一部分比例。天然气资源在西南地区产量高但含硫量也较高，所造成的环境污染也不能忽视，缓解常规能源环境问题已迫在眉睫。

与传统能源相比，新能源具有安全、绿色、清洁等特点。新能源是从根本上减少二氧化碳和其他温室气体排放量的有效途径。煤炭发电占电力生产所产生的全球二氧化碳总量的 40%，约占全球总排放量的 1/3，在新能源发电替代传统能源发电方面，将起到有效的全球气候改善效果。据估计，风能替代常规能源产量 1 亿度电，就可以减少 600 t 的二氧化碳排放量。

[一] 克里斯托夫·弗拉文，尹小健节译. 碳能源：世界能源革命新战略 [J]. 江西社会科学，2009 (7)：247.

[二] 克里斯托夫·弗拉文，尹小健节译. 碳能源：世界能源革命新战略 [J]. 江西社会科学，2009 (7)：248.

[三] 佚名. 2015 年我国煤炭占一次能源消费比重将降至 63% [J]. 中国建设信息供热制冷，2010 (8)：36.

当然，新能源可以满足我们不断增长的经济需求，是新能源逐步替代传统能源的前提。关于新能源促进经济发展潜力，中国已经做了很多的研究评估。例如，风力资源的能量可以提供超过目前我们正在使用的所有电能源的消耗功率。随着中国新能源的高效利用，降低生产成本，新能源会逐渐替代碳含量高的传统能源，实现经济与环境和谐发展。

新能源产业体现中国经济的长期可持续发展的需要，是使中国在该行业的国际竞争中处于优势地位的国家战略新兴产业；中国的新能源产业尚处于初创新兴阶段；同时，新能源产业是国际产业竞争的重要领域，该领域将使工业技术飞速发展。新能源产业发展的这些特性，决定其选择与其他行业不同的发展路径策略。

目前，中国已经进入以现代工业为主导、以快速城市化为主要特点的工业化中期发展阶段，对能源需求正呈现出不断增长的趋势，导致了能源供需矛盾日益突出的问题，也导致环境污染严重的问题。在全球不断增长对化石能源需求的情况下，新能源产业的发展，符合低碳经济概念和环境保护的要求。

因此，新能源产业发展的研究对中国国民经济的持续健康发展具有重要的理论意义和现实意义。

第一，对于新能源产业的发展研究，有利于帮助充实新能源产业发展的理论体系。如今，新能源是学术研究的一大热点。本书以国内外新能源产业研究的诸多理论成果为基础，用规范分析和实证分析相结合的方法，总结了中国新能源产业的发展经验和不足，并针对不足之处给出相应对策，这对优化产业结构具有一定的意义，同时对丰富产业结构理论和技术创新理论有一定的促进作用。

第二，对于新能源产业的研究具有一定的现实意义。发展新能源产业是促进经济发展方式转变、提高中国产业核心竞争力、优化能源结构、提高能源的利用效率、缓解能源压力、减轻环境污染的必由之路，也是建设资源节约型、环境友好型以及实现现代化目标的重要保障。本书通过详细介绍中国新能源资源状况及产业发展状况，对新能源产业问题进行研究并结合国外新能源发展的经验提出完善中国新能源产业发展的有效对策与建议，这对促进中国新能源产业良性发展具有一定的现实意义。

1.3 国内外研究现状

1.3.1 国内研究现状

对能源现状的研究吸引了众多学者的关注，并有很多的参考文献，其中较具代表性的是2008年上海交通大学出版社出版的《中国能源问题研究》一书，书中描述了能源问题的重要性，讨论了能源发展所面临的机遇和挑战，重点是能源发展要采取具有中国特色的发展新道路，以及相应的能源政策设想，以促进中国的能源生产和消费的持续、健康发展。

刘山（2002）的《中国的能源结构调整与能源安全》一文指出，以能源安全为中心，就中国能源结构现状进行分析，指出石油外交的重要性，提出能源问题是国际政治的一个焦点，应对中国的能源安全和能源战略进行深入研究。

王云（2007）的《中国可再生能源政策的发展历程及对策选择》一文，在充分研究中国促进新能源发展的财税措施后，指出其中某些具体的政策存在着一定的问题。她提出“产出补贴”的解决办法，认为“产出补贴”政策可以提升新能源产品的市场竞争力，增加新能源企业的效益，推动企业的经济发展。

钱伯章（2007）在《新能源——后石油时代的必然选择》一文，深入分析中国新能源和可再生能源的现状，具体说明了中国目前新能源的发展趋势。他建议政府及其相关能源管理机构应制定具体的产业财税政策，尤其是对风电产业、生物质发电产业等领域。为应对高油价的挑战、迎接后石油时代的到来，必须要加速发展替代能源以实现人类社会的可持续发展。

陈晖（2007）的《世界新能源与节能产业发展概况》一文对于世界新能源产业发展现状的研究具有一定代表性。文章较为详细地讲解了新能源产业相关技术及其未来发展方向，汇总了新能源发电价格与成本的变动情况，并展望了这一产业未来的发展前景。

严陆光（2008）在《要大规模发展非水能可再生能源》中分析了中国新能源发展扶持政策中存在的问题，并在此基础上提出：中国应设置国家财政专项资金补贴新能源企业、根据产业发展需要制定国家新能源发展计划等一系列措施。

杜祥琬、黄其励、李俊峰、高虎（2009）的《中国可再生能源战略地位和发展路线图研究》一文，概述了中国可再生能源的资源潜力、发展现状及目前发展存在的主要制约和障碍，分近期、中期、远期对中国可再生能源分别做出了战略定位，并提出了相应的基本原则和发展重点。

刘高峡、黄栋、蔡茜（2009）的《可再生能源的技术创新障碍与激励政策建议》一文，从能源安全问题的角度指出着力发展可再生能源是中国工业化进程不断深入所不容忽视的关键一步。分析了可再生能源产业在其发展过程中所面临的创新障碍，并提出相应的促进可再生能源产业创新的激励政策建议。

国务院发展研究中心课题组（2009）的《中国可再生能源发展现状与政策取向》一文，根据技术水平和产业化程度将中国的新能源产业发展情况分为四种，并就各种情况的特点和主要存在的问题，提出了相应建议。

熊良琼、吴刚（2009）的《世界典型国家可再生能源政策比较分析及对中国的启示》一文，通过对多个国家可再生能源发展历程的逐一回顾，分析比较了针对各个国家不同特征的可再生能源的激励政策，借鉴各国政策的实施经验，对中国可再生能源政策的深入完善提出了参考建议。

何莽（2009）的《新能源经济现状及发展障碍分析》一文，系统介绍了中国新能源产业发展的现状及存在的技术、资源与信息障碍，提出发展新能源必须要大力培养新能源技术人才，提高民众的新能源思想意识。

陈伟（2010）在《日本新能源产业发展及其与中国的比较》一文中，将中国与日本的新能源产业进行了比较分析，从发展历程、现状、政策几方面进行了对比，得出日本的先进经验与中国的发展优势，提出中国发展新能源产业的政策建议。

李俊峰（2011）的《发展新能源是中国能源结构调整的必要举措》一文，主要围绕中国当前新能源产业的制度措施展开深入研究，详细说明了中国促进新能源产业发展政策出台的国内大背景，并列出了关于新能源发展的重要制度，同时指出了这些制度的相应配套措施。

郭超英（2011）在《对促进可再生能源产业发展财税政策的探讨》一文中，以大量数据为依据，分析中国新能源产业发展现状，明确中国现阶段风能、太阳能、生物质能以及核能的发展状况、存在的问题及发展前景；分析研究了中国新能源产业发展政策的历史和现状，分析了新能源发展政策对中国新能源产业产生的积极影响，同时找出了中国新能源产业发展政策存在的主要问题；并提出了新能源产业发展政策实施的配套措施和建议。

雷鸣（2011）在《日本节能与新能源发展战略研究》一书中，对日本新能源产业发展的历程和现状进行了研究，总结出日本新能源产业发展所面临的问题：一是使用成本仍较高，二是转换效率较低，提出了日本进一步发展新能源产业的政策建议。

史丹（2012）在《中国新能源产业国际分工中的地位及提升对策》中指出中国在新能源产业国际分工体系中的接入点仍然落在了能耗高、环境污染大、劳动力相对密集的制造环节，未能从根本上改变参与国际分工的方式，现阶段中国新能源产业的国际竞争力仍主要表现在价格和规模优势上。这除了产业发展路径依赖的原因外，也与政府和企业发展战略性新兴产业“急功近利”的思路不无关系。建议中国要调整新能源对外贸易与投资政策的思路，强化对新能源技术研发环节的政策支持，提高新能源企业的自主创新能力；充分利用全球资源，加大先进技术和创新人才引进力度。

靳晓明（2012）在《中国新能源发展报告》中详细分析了中国光伏产业、风电产业、地热产业、生物质能等新能源产业的开发利用现状、市场概貌及其主要特点与发展趋势及新能源产业发展的国际合作方式。

陈波、陈靓（2012）在《美国新能源政策及对中国新能源产业的影响》一文中，对美国在金融危机爆发后采取的加快发展新能源产业政策进行了研究，包括促进新能源技术研发、投资和生产的财政和税收政策，分析了其对中国的影响。

张海龙、张少杰（2014）在《欧美能源政策演进对中国能源战略的启示》一文中对欧美新能源政策和法律体系进行了研究，并与中国现有的新能源法律体系进行了对比，同时给出了建议。

1.3.2 国外研究现状

Daniel Yergin（1993）以石油为主线，揭示了石油带给政治经济、国际关系、人的生活方式的重大变化。对美国国内的能源需求与国外的能源供给进行评价，以掌握能源安全程度。

Peter Zweifel 和 Susanne Bonomo（1995）利用线性规划理论进行风险评估工作，通过数学模型主要对可能出现的能源供应中断进行研究，研究表明，各国应该储备自己的最佳能源规模，不应该是国际能源机构（IEA）规定的 90 天。

John Mitchell，Peter Beck，Michael Grubb（1996）研究了地缘政治和能源之间的关系。他们认为，能源供应关乎国家的安全，为了安全，使用替代能源在很多国家已经出现，能源和替代能源将减少每个国家对石油的依赖，并减少石油供应危机。

Bohi，Douglas R. 和 Darmstadter（1996）认为政府干预能源市场导致了能源危机。

Thomas L. Neff（1997）研究了亚太地区的能源安全，主要是使用赫芬达尔方法研究能源多元化问题。并预测中国的石油进口量中来源于中东的将占 50%，非洲、俄罗斯和中亚也占了较高的比例。

Munozleos（1999）主张，国家战略石油和天然气储备应该增加，而政府要采取措施，创造一个国家能源安全的国际环境和有效措施等。

Jonathan E. Sinton（2000）分析了产业结构、能源效率、经济发展与能源消费总量之间的关系。

Megan Ryan 和 Christopher Flavin（2001）指出，在能源领域中国有三条道路，一个是模仿 19 世纪西方国家的发展，当然这是最糟糕的道路；第二个是类似于美国或德国的以石油为主的发展道路；三是直接发展自己的能源系统，即高效分散式的开发新能源，包括天然气，可再生能源和提高能源效率的发展，使中国可以大大减少污染，并仅仅靠自己的能源资源来发展经济。

Jabir（2001）利用向量误差修正模型计算了美国每年进口原油数量、价格、国内生产总值及每年的石油战略储备之间的协整关系。

国际能源机构（IEA）（2002）发表的《世界能源展望》中，分析了影响能源安全的重要因素，并指出能源生产日益集中，能源需求逐渐增大，导致国家之间的相互依存增强，更容易受到供应中断的影响，因此能源供应是最重要的因素。

Eric D. Larson，Wu Zongxin 和 Pat DeLaquil（2003）对中国能源政策、战略进行了评价。认为未来十五年中国要保持经济社会持续发展，必须非常重视能源安全和环境保护问题。

Richardson（2003）指出世界石油产能 2021—2067 年是高峰，然后下降，这样看来，2020 年前，不会出现全球石油安全问题。但由于国际石油市场供需形势分布不均将可能诱发局部石油安全问题。

Cazalot（2003）从战略方面对能源产业进行了研究。他通过数据分析和模型计算，分析了石油行业的产品链，给出了产业的优化指标及计算方法，以实现整个产业链的优化。研究指出，石油生产企业要和石油化工产品生产企业实现一体化，通过优化资产比例和业务比例，兼并联合，以取得管理协同效应，促进石油化工产品生产企业扩张生产和拓展市场，寻求整体的更大市场份额。对于石化产品企业，要集中力量提高其核心竞争力，提升其在世界能源领域中的地位，通过国家力量实现战略重组。

Roberson（2003）认为，在全球化的背景下，能源产业不仅是一个很大的产业，同时也是全球共同关注和共同富裕的领域。经过 2001 年石油价格下跌以后，美国国内出于能源安全考虑出现了一种倾向，减少对进口石油的依赖。美国逐步减少燃油消耗，重视替代能源的发展，增加战略石油储备，开放阿拉斯加野生动物保护区的石油勘探，加快阿尔伯塔省的油砂发展，增加美国国内的能源生产。

Daniel Richard（2006）提出，新能源产业在德国的成功开发是依托新能源政策，这一成功不仅源于依靠自己丰富的自然资源，更源于以市场为导向的政策。德国领先的新能源产业，推动一个全面的新能源政策，以整个行业支持技术政策的落实和人们对新能源的接受程度。

Uwe Wissenback（2007）从能源市场多边主义和市场相互依存角度出发，建议美国、中国和欧洲三方在多边机制框架内克服政策分歧，加强国际能源合作。研究这些基本上是强调在能源安全方面的国家政策的重要性。也有不少学者认为能源安全应该由市场而不是政府的权力来决定。

鸠根正术（2007）在《日本的新能源战略》一书中，通过统计二战以后日本新能源政策的发展历程，得出“日本应该促进新能源产业发展，扶植实力较为雄厚的新能源公司来保证其能源供应”的结论。

美国环境协会保护主席 Fred Krupp 和 Miriam Horn（2008）就发展新能源问题的必要性进行了探讨，指出“第三次世界大战是世界新能源战争，新能源产业革命影响国家繁荣，这将彻底改变世界经济和人们的生活方式”。弗雷德·克虏伯将大力发展新能源产业喻为一场“新工业革命”，新工业革命蕴涵着更重要的机遇，扭转全球变暖的危机。

美国著名生态经济学家、世界观察研究所所长克里斯托夫·弗拉文

(Christopher Flavin)(2008)在《Low-carbon Energy: A Roadmap》中从传统的化石能源危害自然生态系统的角度说明了新能源产业发展的必要性和紧迫性，以及无碳能源的开发、新能源系统的设计、加强新能源产业、金融投资和政策支持强度等方面，结合新能源产业发展的可行性及相应的统计数据做了较为系统的分析。他强调，由于严重的生态危机，人类迫切需要改变能源需求结构，提高能源利用效率，无碳能源的发展是新能源系统的设计目标。

Del Gonzalez(2010)根据西班牙国家发展进程综合分析了近 10 年的固定价格体系，提出政府应采取合理的固定电价政策，这对推动新能源电力产业的发展具有重要的作用，而且这种政策目标将是一个不错的选择，会使政府的新能源电力公司和消费者的共同利益实现完美的平衡。

Lyon，Yin(2010)采用美国州级可再生能源配额标准(RPS)分析了政府支持可再生能源发电的原因。

Jenner，Steffen 等(2012)以欧美 27 国 1990—2010 年数据为样本，再次分析了政府支持可再生能源发电的原因，并研究了大多数欧盟国家依赖优惠上网电价(Feed-in-Tariff)刺激企业投资，促进光伏产业稳定发展。

EspenMoe(2012)对日本的既得利益结构进行了详细分析，发现了太阳能行业的结构比风能产业更紧密，而风能行业将面临更大的开发困难；能源效率是能源政策在过去 30 年里最受青睐的最终目标。

TUkenmez，Mine(2012)研究了土耳其可再生能源新政策所涉及的法律法规。自 20 世纪 70 年代的能源危机，土耳其政府一直在考虑如何减少对化石燃料的依赖，重视可持续、清洁、可再生能源的发展。土耳其的人口每年增长 1.04%，如果仅使用传统能源，其能源储备将不足以提供其未来的人口所需。目标是 2023 年可再生能源发电量约占全国发电量的 30%，促进可再生能源的持续增长。

JOULE 研究组开发了能源经济评价模型(Multinationa Integrated Demand and Supply)，模型包括了整个能源系统的安全问题，在模型基础上，运用过程分析和计量经济学方程对能源进行长期预测。

日本学者依藤浩吉、小川芳树评价石油储备对能源安全的影响，其研究结果表明，非常时期动用储备的经济效果很大，能有效地缓解短期能源危机。

中国科学院名誉教授、美国地球政策研究所所长莱斯特·R. 布朗认为可再生能源立法和制度研究、石油对外合作勘探开发立法以及石油储备立法都

成为国外能源立法研究的热点能源法律问题。

1.3.3 综合评述

在21世纪之前，中国的能源供应基本是以自主供应为主。随着中国工业化进程的发展，对能源的需求逐年增加，对外国能源供应的依赖也相应增加。据相关预测，2020年中国的石油进口依存度将达到近60%㊀，能源安全问题也越来越严重。在此背景下，开发新能源、实现能源供应多样化具有很强的现实意义。

近年来，新能源产业这一研究领域已经吸引了国内外众多学者、专家的关注，并取得了不少研究成果。欧洲、日本等经济发达国家长期以来一直受能源危机的影响，所以较早对能源问题给予了重视，积极就能源安全问题进行了人力、物力等方面的投入，并就新能源产业发展问题展开了相关研究，已经取得了一些成功的经验。相对而言，中国的新能源产业研究起步较晚，科研力量相对薄弱，已有的研究成果在深度和广度方面还有一定的局限性。

1.4 中国发展新能源的意义

1.4.1 有利于保障国家能源安全，提升国际竞争力

能源作为中国国民经济发展的重要保障，领先的能源工业发展水平是大国国家综合实力的集中体现。世界上许多国家都把保障能源安全列为首要的国家战略目标，如俄罗斯、美国等国家就已经运用军事、政治等各种手段保障其国家能源的安全。中国能源安全的一个制约性因素是人口众多，导致能源资源的相对匮乏。中国人口占世界总人口的20%，已探明的煤炭储量占世界储量的11%，原油占2.4%，天然气仅占1.2%；人均煤炭资源为世界平均值的42.5%，人均石油资源为世界平均值的17.1%，人均天然气资源为世界平均值的13.2%；人均能源资源占有量还不到世界平均水平的一半㊁。1992年，中国进口原油和成品油总量为1940万t，耗资31亿美元，而2690万t的

㊀ http://www.askci.com/news/201208/07/18010_95.shtml.

㊁ https://zhidao.baidu.com/question/715169405349935845.html.

原油和成品油的出口收入为 35.8 亿美元。从数量和收入上看，在这个时候中国仍然是一个石油净出口国。1993 年，中国总的石油和石油产品的进口与出口相比，其结果是石油净进口 998 万 t，净支出为 2.27 亿美元。自 1993 年以来，中国的石油对外依存度逐年增加，根据中国石油集团经济技术研究院日前发布的《2006—2013 年国内外油气行业发展报告》显示：2006 年，中国的石油对外依存度为 47%，到 2011 年上升到 56.7%，2013 年更是达到了 58.1%，如图 1－2 所示。预计到 2020 年，这一数字将达到 65% 至 70%。该报告还显示，不同类型的其他能源也有较高程度的对外依赖问题，2013 年中国天然气需求的快速增长，全年消费量达到 1676 亿 m^3，同比增长 13.9%，天然气进口量达 530 亿 m^3，对外依存度达到 31.6%。[㊀]

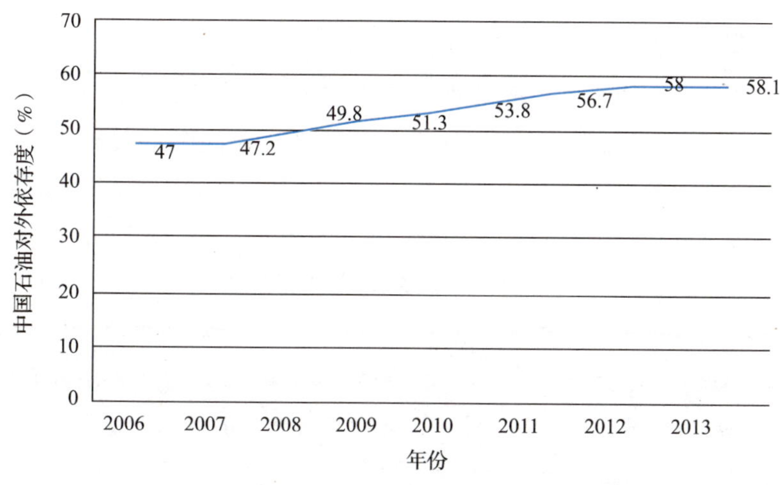

图 1－2　2006—2013 年中国石油对外依存度[㊁]

随着世界经济发展规模的不断壮大，世界的能源消费总量持续增长，在 2012 年全球一次能源消费增长中，有超过 75% 的增长来自于中国，并且这一格局在短期内无法逆转，能源缺口将逐渐扩大。从 2000 年开始，中国的能源消费年均增长率都在 10% 左右，2012 年的能源消耗总量更是达到了 36.2 亿 t 标准煤，要实现到 2020 年国内生产总值翻两番的目标，即便考虑结构化调整

㊀ http://www.cssn.cn/jjx/jjx_dt/201401/t20140117_946173.html.

㊁ 中国石油集团经济技术研究院．2006—2013 年国内外油气行业发展报告［R］．2013.

与科技进步等诸多因素，采取更为严格的节能减排措施，能源消耗也将达到40亿t标准煤，仅仅依靠常规能源供应将无法满足经济发展的需要，发展新能源将有助于增强中国的能源实力。光伏产业、风电产业的大规模发展，将会使新能源在能源产业供给中的地位显著提高，到2020年，新能源将责无旁贷地承担起补给中国能源供应缺口的重担；生物质液体燃料与煤化工的快速发展将有利于优化中国现有的能源结构，以期来解决石油供应缺口巨大所导致的能源供应紧张的矛盾。因此，清洁且可持续发展的新能源将会巩固中国的能源安全基础，使其变得更加牢固，降低中国能源的对外依存度，为传统能源产业注入新动力，为中国全面建设小康社会提供新力量。

1.4.2 有利于保护生态环境，促进“资源节约型和环境友好型”社会建设

大量使用化石能源造成了严重的环境和生态问题。第一，大量使用正在生产的化石能源已经造成了严重的环境污染问题。据调查数据显示，二氧化硫的排放量已经远远超出环境可以承载的程度，在全国监测的338个城市，63.5%的城市空气质量处于中度或严重污染状态[㊀]。燃煤产生的氮氧化物在一定条件下形成酸雨，中国近62%的南方城市有酸雨，覆盖面积占近30%。二氧化硫污染对我们的自然资源、生态系统和公共健康构成了严重威胁，造成了巨大的经济损失，严重影响了国民经济和人们的正常生活。由于无法实施有效控制，据估计，到2020年左右，由空气污染造成的疾病将使人们付出近4亿美元的经济代价。第二，大量油、煤等传统能源的使用，从而导致二氧化碳、氮氧化物和其他温室气体的连续排放，2009年中国超过美国成为温室气体的第二大排放国，增速位居世界第一。在气候异常变化引起国际社会广泛关注的时候，作为一个负责任的大国，中国2007年颁布了国家计划，实施新能源工程，以应对气候变化。新能源的开发可以节约资源，减少碳排放量，有效地弥补了传统能源的不足。数据显示：“消费量近105000 t秸秆生物质发电项目每年可节约39.2 t原材料铁矿石、59948.9 t煤炭、24.9 t石灰石、3.6 t原铜，减少二氧化硫排放量806 t、氮氧化物767.4 t、一氧化碳172.3 t，二氧化碳78551.7 t、烟尘1570.5 t。到2012年年底，中国新能源并网发电装机总容量已达到5200万kW，发电量达到933.55亿kW·h，相当于节约2885万t标准

㊀ http://www.people.com.cn/GB/huanbao/1073/2126042.html.

煤，减少8020万t的二氧化碳、62万t二氧化硫、27万t氮氧化物排放。”㊀积极推进新能源可显著降低对环境的污染，以减少经济损失，同时，将减少温室气体排放和对减缓全球气候变化做出应有的贡献，树立良好的国际形象。

1.4.3 有利于促进产业结构优化升级，调整经济结构

坚持走新型工业化道路，促进产业结构升级的稳步推进，加快优化和调整经济结构，是关系到国民经济全局的重大战略任务。目前，中国已经加大力度淘汰产能落后企业，抑制高耗能产业发展，转向培育新的经济增长点的高新技术产业。新能源产业与绿色GDP、科技含量高、市场前景广阔的要求相符合，是新的朝阳产业。近年来，国外新能源产业规模迅速扩大，已经成为一个重要的经济增长点。截至2010年年底，近140家可再生能源企业在纽约、伦敦各大证券交易所上市，拥有超过580亿美元总市值。美国通用电气等跨国公司开始在新能源产业进行实质性投入，产业规模也在迅速扩大。创建一个新能源项目，不仅是直接投资，而且需要有支持投资的产业链。《中国低碳发展报告（2012—2013）》中指出：“在未来十年，中国的新能源投资将累计达到50000亿元，到2020年，能源行业提供220万就业岗位。”为新能源产业进行产业升级和发展提供了难得的机遇，中国必将发展新能源作为一个重要的经济转型焦点。

1.4.4 有利于农民增收，促进社会主义新农村建设

现阶段，中国经济和社会发展的主要问题是城市和农村地区的差距问题，生物质能等新能源的发展将有力地促进新农村建设。一方面，新能源的发展将极大地促进能源在农村地区满足中国农村的能源需求。风能互补和独立光伏发电将有助于解决偏远地区的电力供应，沼气和小水电为农村地区提供清洁能源，如全国约50%地区，近35%的县和25%的人口主要依靠小水电提供电力。另一方面，生物质能源发展，延长了农业产业链，农村生物质能源将被转换为商品能源，有助于增加农民收入。国家发展和改革委员会于2007年发布了《中长期可再生能源发展规划》，如果到2020年生物质发电总装机容

㊀ 北京洲通投资技术研究所中国新能源战略研究［M］. 上海：上海远东出版社，2012.

量可以达到3000万kW的目标，每年将为农民带来近400亿元的直接经济收入。此外，开发利用边际土地种植能源作物，生物质液体燃料的发展也将开辟农民增收的新渠道。

1.5 研究内容、方法和技术路线

1.5.1 研究内容

本书主要从研究的背景、研究目的及意义、国内外研究现状、新能源研究内涵的界定、发展新能源的战略意义、研究的理论基础及依据、人类能源发展的四个阶段、能源发展的特点及趋势、国内外新能源政策的研究与比较、中国新能源发展的现状及问题，能源效率视角下的新能源实证分析以及中国新能源发展的博弈分析，最后形成了宏观政策层面和微观行业细分层面的政策建议。各部分的具体研究内容如下：

第1章绪论，从能源政治、能源安全以及新时期我国崛起等方面进行了思考；从环境保护、低碳经济、经济发展、能源结构和理论体系的创新等视角对中国新能源的意义进行了阐释；从国内外研究综述有效选取了本书的切入点。

第2章理论基础，主要研究了新能源、可再生能源的内涵界定，对哈伯特能源论、经济增长理论、生命周期理论、权力理论和可持续发展理论等进行了梳理和研究，并界定了本书研究的新能源的主要边界。

第3章人类能源发展史，通过对人类能源史四个阶段的研究，提出了“新能源与中国复兴”的新时代与新机遇，并对能源的未来发展趋势和特点进行了归纳、梳理和研判。

第4章国内外新能源政策研究，分析了美国和欧洲的新能源法律、政策及其主要内容、演进过程和中国的新能源政策。

第5章中国新能源发展现状及问题，分门别类地分析了中国新能源的发展现状和存在的主要问题。

第6章中国新能源发展的效率研究，通过数据挖掘，从几个不同维度对新能源数据进行建模处理并对数据结果进行了实证分析。

第7章中国新能源发展的博弈分析，分析了中国与不同的能源进口国和出口国之间的博弈，得出能源尤其是新能源产业发展一定要采取合作而非对抗方式的结论。

第 8 章中国新能源发展的政策研究，从宏观政策和微观行业细分两个层面给出了明确、科学、合理、具体的政策建议。

第 9 章研究结论与展望。

1.5.2　研究方法

本书以中国新能源发展为着眼点，采取了规范研究与实证分析相结合、全面分析与典型研究相结合、微观分析与宏观阐释相结合、定性分析与定量分析相结合、理论演绎和比较分析相结合、动态分析与静态分析相结合的研究方法。

1. 规范研究与实证分析

规范研究贯穿于本书的全过程，实证分析主要体现在第 6 章效率视角下中国新能源发展分析，通过数据挖掘，进行了实证分析。

2. 全面分析与典型研究

全面分析体现在第 2 章理论基础相关理论的分析与阐释方面；典型研究主要体现在第 4 章国内外新能源政策中对欧美新能源政策的研究上。

3. 微观分析与宏观阐释

体现在第 5 章中国新能源发展现状及问题，每种新能源的微观分析和存在问题的宏观阐释；还体现在第 8 章从宏观政策和微观行业细分给出了明确、科学、合理、具体的政策建议上。

4. 定性分析与定量分析

体现在第 6 章数据的使用、指标的选择和结果的分析上。

5. 理论演绎和比较分析相结合

理论演绎体现在第 3 章人类能源发展史，通过人类能源史的四个阶段的研究，以及对能源的未来发展趋势和特点的分析和研判。比较分析体现在中国与欧美国家的能源政策演进的分析与比较上；同时还体现在第 7 章中国新能源发展的博弈分析上。

6. 动态分析与静态分析

贯穿全文，从理论的梳理到数据的挖掘充分体现了动态分析与静态分析相结合的分析方法。

1.5.3 研究技术路线

研究技术路线如图 1－3 所示。

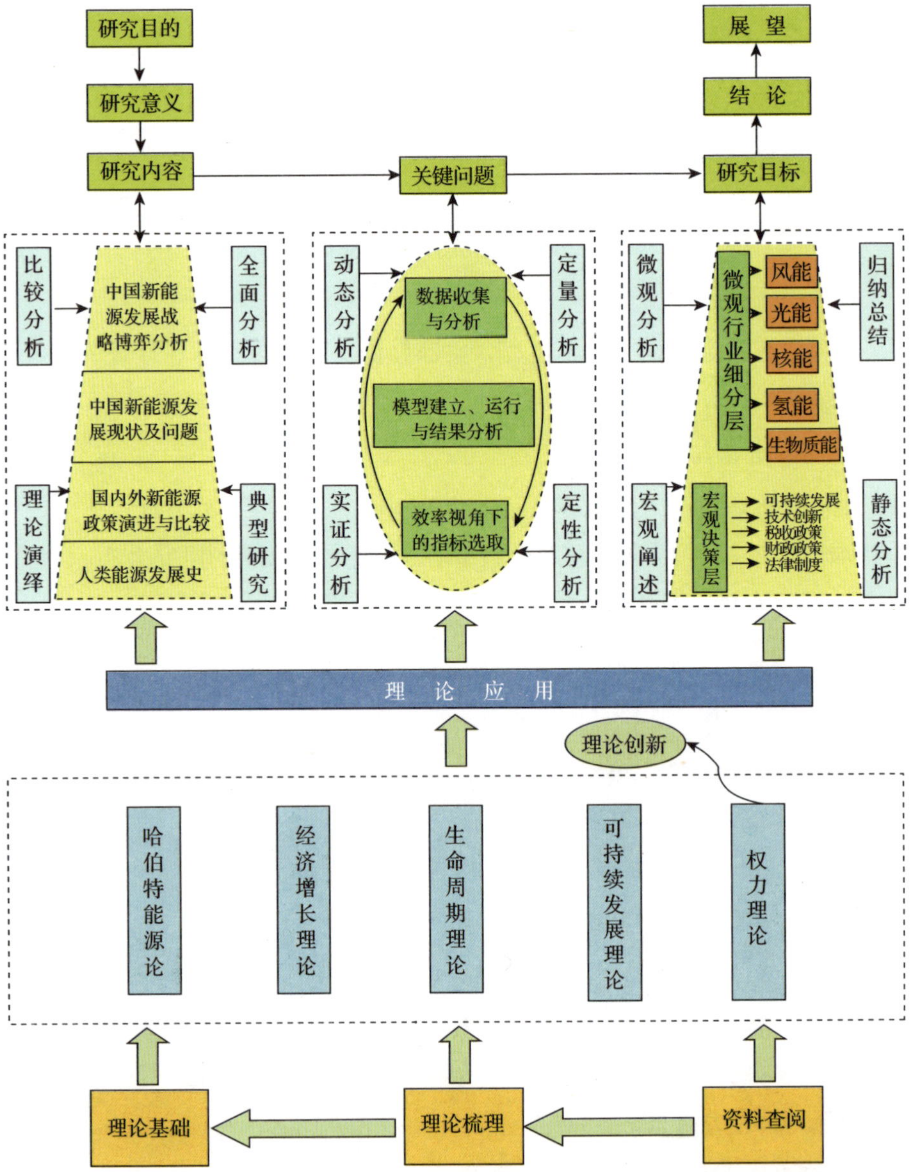

研究目的
研究意义
研究内容
关键问题
研究目标
结 论
展 望

比较分析
全面分析
中国新能源发展战略博弈分析
中国新能源发展现状及问题
理论演绎
典型研究
国内外新能源政策演进与比较
人类能源发展史

动态分析
定量分析
数据收集与分析
模型建立、运行与结果分析
实证分析
定性分析
效率视角下的指标选取

微观分析
归纳总结
微观行业细分层
风能
光能
核能
氢能
生物质能
宏观阐述
静态分析
宏观决策层
可持续发展
技术创新
税收政策
财政政策
法律制度

理 论 应 用

理论创新

哈伯特能源论
经济增长理论
生命周期理论
可持续发展理论
权力理论

理论基础
理论梳理
资料查阅

图 1－3 研究技术路线图

1.6 小结

本章介绍了本书的研究背景、研究目的和意义，同时介绍了当前国内外关于新能源研究的现状，从中可以看出，国外在新能源产业上的研究与进展呈现出系列化、系统化、理论化。国内的研究呈现点状分布，国家在新能源的研究上与国外发达国家还有一定差距，这也进一步激发了本书作者对新能源研究的热情，本书研究内容也更具有理论价值和现实意义。

第 2 章 理论基础

2.1 相关概念的界定

2.1.1 能源

能源（Energy Source），也被称为能源资源或是能量资源，作为现代人类社会和经济可持续健康发展的根本动力，它已成为整个人类社会生存的物质基础，是国民经济发展的重要保证。能源可以被合理开发和有效利用，人均能源消费多少是衡量一个国家的生产技术和人民生活水平提高程度的重要指标。

关于能源，目前世界各国大概给出了二十几种定义，中国的《能源百科全书》给出了这样的定义："能源是可以直接或经转换间接提供人类所需的光、热、动力等任何一种形式能量的载能体资源"。据此可知，能源可在自然界中呈现多种形态，并可以在不同形式之间互相转换。根据不同的分类标准，能源可以被分成不同类型。根据能源的可再生性划分，能源被分为不可再生能源与可再生能源；根据其形态划分，能源被分为一次能源与二次能源，如图 2 - 1 所示。

2.1.2 新能源

新能源实际上是一个广义的概念，是与常规能源相对的概念。按 1978 年 12 月 20 日联合国第三十三届大会第 148 号决议，新能源和可再生能源包括 14 种能源：太阳能、地热能、风能、潮汐能、海水温差能、波浪能、木柴、木

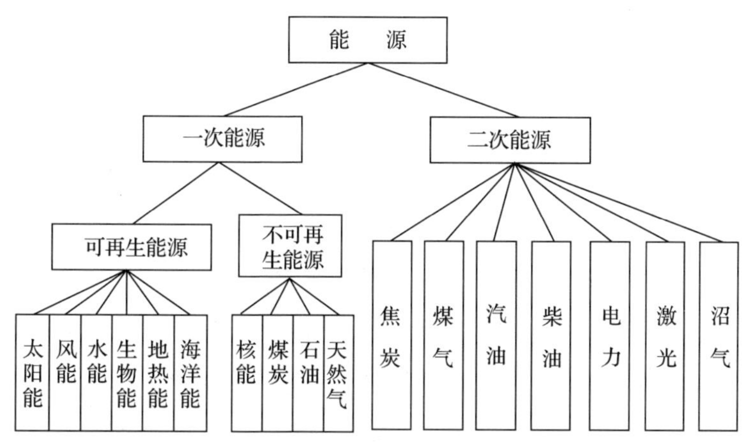

图2-1 按照能源是否可再生和能源的基本形态划分[一]

炭、泥炭、生物质转化、蓄力、油页岩、焦油砂及水能[二]。1981年8月10日至21日联合国又在肯尼亚首都内罗毕召开了“联合国新能源和可再生能源会议”，通过了促进新能源和可再生能源发展与利用的《促进新能源和可再生能源的发展与利用的内罗毕行动纲领》（简称《内罗毕行动纲领》，Nairobi Programme of Action）。此次会议提出的新能源和可再生能源发展方向为：“以新技术和新材料为基础，使传统的可再生能源得到现代化的开发与利用，用取之不尽、周而复始的可再生能源来不断取代资源有限、对环境有污染的化石能源”[三]。新的和可再生的是一个完整的含义，在英文中缩写为NRSE（new and renewable sources of energy），在中国则习惯地简称为“新能源”。

目前，关于新能源各国的说法不一，并没有统一定义。2009年我国国家能源局把新能源主要界定为：“以新技术为基础，已经开发但还没有规模化应用的能源，或正在研究试验，尚需进一步开发的能源”[四]，主要包括风能、太阳能、生物质能源等。需要注意的是，核能在许多国家已经规模化利用，属于常规能源范畴，而根据中国国家能源局发布的《国家能源科技“十二五”

㊀ 王金南，曹东，等. 能源与环境：中国2020［M］. 北京：中国环境科学出版社，2004.
㊁ 王春梅. 节能减排对策略论［J］. 绿色科技，2011（5）：199.
㊂ 门丹. 美国推进新能源发展的财政支出政策研究［J］. 生态经济，2013（4）：81.
㊃ 刘红平. 江西省新能源产业对各产业的关联性分析［J］. 经营管理者，2012（4）：20.

规划》中，对于有关新能源技术领域的描述和界定中可以看出，在“十二五”期间中国仍旧将核能划归为新能源范畴内。

新能源一词，与可再生能源在内涵上有交叉与重叠，从目前的文献检索与国家有关能源的法律、法规以及政府工作报告中可以看出，与新能源相关的概念有：可再生能源、清洁能源、节能减排、低碳技术、绿色技术、绿色能源、太阳能、风能、生物质能、地热能、潮汐能、核能等。

牛津词典：以不耗尽天然资源或危害环境的方式作为燃料的能源。

Princeton WordNet：源自不耗尽天然资源或危害环境资源的能源。

Responding to Climate Change 2007：源自非传统资源的能源（如压缩天然气、水力发电、风能）。

美国自然资源保护委员会：不被普遍使用并往往有利环境的能源，如太阳能、风能（相对于化石燃料）。

Materials Management Services：源自化石燃料以外的燃料资源，一般又可称作再生能源，如风能、太阳能、生物质能、波浪能、潮汐能等。

Greenopia：源自如太阳或风等资源的能源。

现代汉语词典：新能源又称“非常规能源”，是指刚开发利用，但限于当前技术、经济水平尚未广泛推广的能源，如太阳能、地热能、风能、海洋能、核能等。新能源的开发利用有很大的发展前途。

百度百科：新能源又称非常规能源，是指传统能源之外的各种能源形式，或指刚开始开发利用或正在积极研究、有待推广的能源，如太阳能、地热能、风能、海洋能、生物质能和核聚变能等。

《辞海》和《现代汉语词典》对新能源给出了一致的定义，即新能源又称“非常规能源”，是指刚开发利用，但限于当前技术、经济水平尚未广泛推广的能源。如太阳能、地热能、风能、海洋能、核聚变能等。新能源的开发利用有很大的发展前途。

《大英百科全书》只有可再生能源的概念，以分别介绍太阳能、风能等具体新能源技术类别的居多。有一些是其他相关提法，如绿色能源、可替代能源、可再生能源等。

绿色能源：也称清洁能源，它有两层含义：一是利用现代技术开发干净、无污染的新能源，如太阳能、风能、潮汐能等；二是化害为利，同改善环境相结合，充分利用城市垃圾淤泥等废物中所蕴藏的能源。它可分为狭义和广义两种概念。狭义的绿色能源是指可再生能源，如水能、生物能、太阳能、风能、地热能和海洋能。这些能源消耗之后可以恢复补充，很少产生污染。广义的绿色能源则包括在能源的生产及其消费过程中，选用对生态环境低污染或无污染的能源，如天然气、清洁煤（将煤通过化学反应转变成煤气或“煤”油，通过高新技术严密控制的燃烧转变成电力）和核能等。

可再生能源：根据国际能源署可再生能源工作小组定义，可再生能源是指“从持续不断地补充自然过程中得到的能量来源”。可再生能源泛指多种取之不竭的能源，严谨来说，是人类有生之年都不会耗尽的能源。可再生能源不包含现时有限的能源，如化石燃料和核能。

清洁能源：根据“维基百科”的描述，清洁能源是指太阳能、地热能、风能、海洋能、潮汐能、生物质能、氢能、水能的总称。除生物质能外，均为非燃烧能源。

在互联网上搜索，还可以得到以下关于新能源的定义：

能源是指长期广泛使用、技术上较为成熟的常规能源（如煤、石油、天然气、水能等）。对比而言，新能源是指以新技术为基础，系统开发利用的能源，即人类新近开发利用的能源，包括太阳能、潮汐能、波浪能、海流能、风能、地热能、生物能、氢能、核聚变能等，是一种已经开发但尚未大规模使用，或正在研究试验，尚需进一步开发的能源。——国际新能源网

新能源是指传统能源之外的各种能源形式。它的各种形式都是直接或者间接地来自于太阳或地球内部所产生的热能，包括太阳能、风能、生物质能、地热能、水能和海洋能以及由可再生能源衍生出来的生物燃料和氢所产生的能量，也可以说，新能源包括各种可再生能源和核能。相对于传统能源，新能源普遍具有污染少、储量大的特点，对于解决当今世界严重的环境污染问题和资源（特别是化石能源）枯竭问题具有重要意义。——绿色科技协会

新能源是指相对于传统能源来说各种形式的能源。直接或间接地从由地球内部产生的能源，包括太阳能、风能、生物质能、地热能、水能和海洋能以及由能源生产可再生的生物燃料和氢能等。一般情况下，常规能源

是指技术上比较成熟，并已大规模使用的能源，而新能源通常是指末被大量使用，正在积极研究和发展的能源。因此，煤、石油、天然气和水电被认为是中等大小的常规能源，而太阳能、风能、现代生物质能、地热能、海洋能、核能、氢能源作为一种新的能源。随着技术的发展，在过去一直被视为废物的工业和生活有机垃圾被重新认识，这促进了能源资源的物质使用和深入的研究和开发。因此，提高对废弃资源的利用，也可以看作是新能源技术的一种形式。在不同的历史时期和科技水平下，新能源有不同的内容，如今，新能源通常是指核能、太阳能、风能、地热能、氢能等。——世界新能源网

在中国学术界，学者们对于新能源的定义存在较多争议。1995 年 1 月，国家计委在《新能源和可再生能源发展纲要（1996—2000）》明确要“因地制宜地开发和推广太阳能、风能、地热能、潮汐能、生物质能等清洁能源。”1997 年 5 月，国家计委又在《中国新能源基础设施建设项目管理办法》中，首次对新能源的范围界定为：“新能源是指风能、太阳能、地热能、海洋能、生物质能等可再生资源经转化或加工后的电力或洁净燃料。”更确切地说，常规能源通常是指那些被广泛应用、技术成熟的能源，而那些目前还处于研发阶段的能源则被称为新能源。随着社会科学技术的进步和人类可持续发展观念的树立，以具有节能环保和可以再生特点的新能源的发展，慢慢得到世界各国的重视，就连以前总被当作垃圾的废弃物，人类也开始重新认识它们的价值，并进一步研发和利用。

联合国计划开发署（The United Nations Development Programme）把新能源细分为以下三大类：①大中型水电；②新可再生能源，包括风能、小水电、现代生物质能、海洋能、太阳能、地热能；③传统生物质能。

在历史的不同时期，科学技术水平不同，新能源的内容也有着不同的内涵，根据中国现有的状况，新能源应该包括太阳能（太阳能集热、光伏发电、太阳能热发电）、风能、地热能、生物质能、海洋能、核能等，其中，生物质能还包括多种形式的能源：生物质发电（生活垃圾发电、农林残留物发电）、生物燃料（生物质乙醇、生物质柴油）、沼气、秸秆致密等，如图 2 -2 所示。

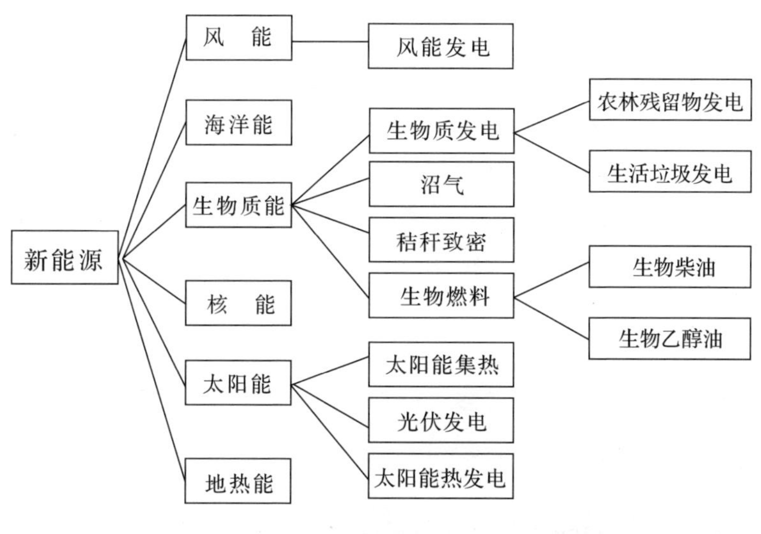

图 2-2　中国新能源的种类[㊀]

本书所研究的新能源主要包括太阳能、风能、生物质能、核能、页岩气、氢能等。

2.1.3　新能源与可再生能源

由于“新能源”与“可再生能源”在内涵释义上既有交叉部分又有互不相容之处，所以，在中国学术界，学者们对其范围的界定存在较大争议，故一般统称为“新能源和可再生能源”。“新能源”是一个发展着的概念，是那些还没有得到广泛应用而且目前正在发展着的能源，随着科技的发展和技术的进步，它的意义将被逐渐丰富起来。与传统化石能源相比，新能源具有分布广泛、储量丰富、对环境污染少等优点。它的广泛应用将会对我国保障能源安全，改善生态环境，提升国际竞争力产生深远影响。

2.2　哈伯特能源论

2.2.1　能源新规则

在 20 世纪 30 年代美国经济“大萧条”期间，哈伯特—马尔萨斯理论主

㊀ 张钦，等. 中国新能源产业发展研究［M］. 北京：科学出版社，2013.

张从货币改为能源的生活标准因素的操作模式入手来改变经济和社会。哈伯特认为在未来的世界，石油和天然气资源将迅速衰减，美国人民的生活标准也将下降，全世界人民谁也不能摆脱干系。[一]

以上经济模式是在 1938 年提出的。1933 希特勒上台，同年“技术统治联盟”成立，成立宣言中宣称：“技术治国不以权宜之计为宗旨。要想解决世界上所有问题，靠‘新措施’远远不够，必须在实行社会控制的基础上提出‘新规则’”[二]。

这是个带有个人崇拜色彩的组织，由科学家和工程师组成的社区联盟，理由是技术专家比普通的官员能更好地了解和实践真正对社会有益的做法。哈伯特是“技术统治联盟”成员。[三]

2.2.2 能源配额理论

后来，哈伯特提出了大量的治国新提案，认为太阳能虽然效率不高，但可以用来替代石油，这和奥巴马为应对全球变暖所倡导的政府定额的碳交易模式大同小异。技术治国的核心理念是“建立在能源基础上的价值观”。哈伯特等人认为，既然能源可以作为衡量制造业和服务业产值的标尺，那么货币体系的基础就只能是能源。哈伯特指出：“个体生存必须与相应消费所需的能源挂钩。应该发放能源配额，以此分配公众的购买力权限。能源配额代表了一个人的身份，而且不能更改。”[四]

事实上，如果经济体系的核心是围绕能源建立的，那么伴随石油能源萎缩，人们获得的能源配额将减少，这就会导致人们的生活水平逐渐下降。在随后的几十年里，洛克菲勒家族，以及多种依附他们的机构，如罗马俱乐部、世界野生动物基金会等，也多次主张这种说法。

从第二次世界大战爆发到 1943 年，哈伯特就职于联邦政府经济委员会。此后，他又到壳牌担任地质专家，在那里他看到石油是如何成为经济战争武器的。

哈伯特的所作所为自然博得了石油巨头们的欢心。他在 1957 年当选美国

[一] http: //www. technocracyinc. org.

[二] http: //www. technocracyinc. org/.

[三] William E Ailin. Technocracy and the American Dream: The Technocracy Movement 1900 –1941 [M]. Colifornia: University of California press, 1977: 101.

[四] http: //www. mkinghubbert-technocracy. Blogspt. com.

人文与科学学院院士，1959 年获美国地质学会授予的荣誉奖章，1962 年成为该学会主席。这为他的石油峰值论平添了所需的光环和荣耀。

2.3　经济增长理论

2.3.1　马尔萨斯的经济增长理论

马尔萨斯是最早建立宏观经济增长模式的古典经济学家。他分析了影响经济增长供需两方面的因素。从供给方面看，他认为基本因素决定经济增长，包括资本、人口、土地和技术。从需求方面看，马尔萨斯认为经济增长依赖于现有人口的需求和产品的购买力，并首次提出有效需求不足，他认为有效需求不足是制约经济增长的主要因素。他认为一国的财富，似乎部分地决定于本国的劳动所获得的产品数量，部分地决定于这种数量对现有人口的需要和购买力的适应，这种适应可以使产品具有价值。他在分析一个国家经济增长的原因时，强调的是需求；在预测经济增长的前景时，又把重点放在供给方面，即土地报酬递减引起利润率的变化。㊀

2.3.2　凯恩斯的经济增长理论

在 20 世纪 30 年代资本主义经济危机时，凯恩斯创造了经济增长理论，从宏观和动态的视角注重经济增长的研究。他认为，经济增长是由就业水平决定的，而就业水平是由国民收入来衡量，因此，经济增长应该通过国民收入水平来决定。在促进经济增长时，投资、消费、储蓄和国家干预经济等是不可缺少的因素，应该扩大国家在经济领域干预的权力，利用财政和货币政策，提高消费、投资和储蓄水平，促进经济增长。㊁

凯恩斯从国民经济可变的角度建立了宏观经济分析模式。他认为，宏观经济运行不平稳的主要原因不是来自对资源的限制，即供给的限制，主要是因为受有效需求不足的制约，有效需求不足限制了经济增长，有效需求不足是由于社会经济结构和社会心理因素来决定的。因此，转变经济结构就成了宏观经济增长的重要组成部分。凯恩斯认为从扩大总需求的角度来看，政府干预的重点

㊀ 谢地. 产业组织优化与经济集约增长［M］. 北京：中国经济出版社，1999：18.

㊁ 凯恩斯. 就业、货币与利息通论［M］. 高鸿业，译. 北京：商务印书馆，2016：91.

应该体现在鼓励投资、刺激消费，以增加有效需求。在失业率上升，经济增长乏力的情况下，采取扩张性的财政和货币政策，增加公共支出，降低利率，以增加有效需求，实现充分就业和经济增长的总供给和一般均衡需求。

2.3.3 库兹涅茨的经济增长理论

库兹涅茨的经济增长理论是运用统计方法，通过对国民生产总值及其组成部分的长期估量、分析与研究进行各国经济增长的比较，从各国经济增长的差异中探索影响经济增长的因素。库兹涅茨认为，经济增长的因素体现在增加知识储备、改变劳动生产率增长和结构方面。

第一，知识存量的增加。库兹涅茨认为，随着社会的发展和进步，在人类社会中，技术知识和社会知识的存量迅速增加。当这些知识被利用时，就成为现代经济增长的动力和迅速变化的源泉。但知识本身并不是生产力，通过知识转化为现实生产力需要的科学发现、发明、创新、改进等一系列的中间因素。在转换过程中，需要广泛的知识中介因素的影响，这些中介因素是大量物质资本和劳动力培训；创业者必须克服一系列的障碍，包括那些从来没有遇到过的阻力；用户对使用技术的适宜性做出准确判断的知识。利用这些中介因素，通过一系列知识转化，知识生产力终将成为现实。[㊀]

第二，生产率的提高。库兹涅茨认为，现代经济增长的特点是人均产出较高的增长速度。为了了解是什么导致人均 GDP 增加，库兹涅茨分析认为劳动投入和资本投入的贡献是经济高速增长的主要因素。

第三，结构变化。库兹涅茨认为，发达国家在其成长的过程中，经济结构变化得到迅速发展。按部门，从农业活动到非农业活动是第一个转变，后来又从工业活动转到服务业。从生产经营单位的平均规模来看，家族企业发展逐渐成为全国性企业，甚至大型跨国公司。库兹涅茨强调，在发达国家经济整体增长速度与生产经济的转型速度，比现代化以前建设过程中要高得多。库兹涅茨认为知识和生产要素因素应连接在一起，以突出结构性因素对经济增长的影响。库兹涅茨认为，不发达国家的经济结构变动速度缓慢，结构性因素对经济增长的影响相对较小，主要表现在不发达国家超过 60% 的劳动力聚集在传统农业部门，传统的生产技术和生产组织阻碍了经济增长；同时，

㊀ 谭崇台. 发展经济学概论［M］. 武汉：武汉大学出版社，2001：22－23.

制造业的结构已不能满足现代经济发展的要求，导致需求结构变化缓慢，消费水平低，无法形成强大的力量来推动经济增长。[㊀]

2.3.4　其他经济增长理论

英国经济学家哈罗德和美国经济学家多马进一步丰富了凯恩斯的理论，提出了现代经济增长的经典模型：假设单一品种的产品、单一水平的生产技术、资本折旧率为 0、以固定速率增加的劳动力供给、资本产出比固定不变，若以 G 表示经济增长，S 表示储蓄率即资本报酬率，C 表示资产与产出之比，这一模型可以表示为：$G=S/C$，该模型表明资本和劳动是不可替代的。[㊁]

20 世纪 60 年代，新的经济增长理论修正和发展了古典经济学理论，并形成了新理论。经济增长主要表现为三个方面的新理论。

第一，内生的技术。经济增长的古典经济理论，同时承认经济增长和技术进步的意义，但它被看作是促进经济增长和技术进步的外生力量。经济增长和技术进步的新理论，确定经济增长将是内生化的作用，强调技术进步是内部力量的经济体系。阿罗首先指出，在生产过程中所积累的经验也是经济增长的主要投入，因此，知识学习是非常重要的。他建立了边干边学的模型：$Y=f(K, A, L)$。其中，Y 是产出，K 是资本总量，L 是总的劳动人口，A 是技术进步。从该模型中可以看出，技术进步是由内生的生长因子来确定。

第二，人力资本论。人力资本是体现在劳动者的资本，知识工作者、智力、经验、能力、技能水平和健康状况的具体表现形式。通过投资形成的人力资本，投资的主要渠道是投资于教育、医疗和保健行业。新的经济增长理论认为，人力资本是经济增长的一个重要因素，在决定一个国家的经济和社会发展水平时，不是看自然资源和物质资本，而是看受过专门训练的专业人才队伍。

第三，制度创新理论。制度创新论的代表人物道格拉斯 · 诺思和詹姆斯 · 布坎等认为制度和制度创新对经济增长具有决定性的作用，是决定经济发展的制度性因素。它反映了变化中的系统和它的行为可以让每一个人参与到规范的社会和经济活动中，使其感受到约束和激励；能够改变收入分配，使之更加合理；可以改变资源的配置，使其被更有效地使用。

㊀ 谭崇台. 发展经济学概论 [M]. 武汉：武汉大学出版社，2001：31.

㊁ 徐康宁，等. 宏观经济学 [M]. 北京：石油工业出版社，2003：83.

从经济增长理论的演进可以看出，对经济增长主要因素的理解和认识是不断深入的，从消费需求的增长导致经济增长，到外生变量导致增加知识储备，再到知识存量的增加引发经济增长，再到技术进步导致经济增长。

2.4 生命周期理论

2.4.1 产品生命周期理论

生命周期（Life Cycle）的概念应用很广泛，特别是在政治、经济、环境、技术、社会等诸多领域经常出现，其基本含义可以通俗地理解为“从摇篮到坟墓”（Cradle-to-Grave）的整个过程。对于某个产品而言，就是从自然中来回到自然中去的全过程，也就是既包括制造产品所需要原材料的采集、加工等生产过程，也包括产品储存、运输等流通过程，还包括产品的使用过程以及产品报废或处置等废弃回到自然过程，这个过程构成了一个完整的产品生命周期。

生命周期有广义和狭义之分。狭义是指本义——生命科学术语，即生物体从出生、成长、成熟、衰退到死亡的全部过程。广义是本义的延伸和发展，泛指自然界和人类社会各种客观事物的阶段性变化及其规律。

产品生命周期理论是由美国经济学家雷蒙德·弗农于1966年在《产品生命周期中的国际投资和国际贸易》中提出的。它从产品生产的技术变化出发，分析了产品的生命周期以及对贸易格局的影响。他认为，制成品和生物一样具有生命周期，会先后经历创新期、成长期、成熟期、标准化期和衰亡期五个不同的阶段。

2.4.2 企业生命周期理论

企业生命周期理论主要研究就在于试图为处于不同生命周期阶段的企业找到能够与其特点相适应、并能不断促其发展延续的特定组织结构形式，使得企业可以从内部管理方面找到一个相对较优的模式来保持企业的发展能力，在每个生命周期阶段内充分发挥特色优势，进而延长企业的生命周期，帮助企业实现自身的可持续发展。

伊查克·爱迪思（Ichak Adizes），是美国最有影响力的管理学家之一，企业生命周期理论创立者，企业生命周期理论中最有代表性的人物之一。他曾用20多年的时间研究企业如何发展、老化和衰亡，于1988年写了著名的

《企业生命周期》㊀，把企业生命周期分为10个阶段，即孕育期、婴儿期、学步期、青春期、壮年期、稳定期、贵族期、官僚化早期、官僚期、死亡期，如图2-3所示。爱迪思准确生动地概括了企业生命不同阶段的特征，并提出了相应的对策，指出了企业生命周期的基本规律，揭示了企业生存过程中基本发展与制约的关系。

企业生命周期是企业的发展与成长的动态轨迹，包括发展、成长、成熟、衰退几个阶段。

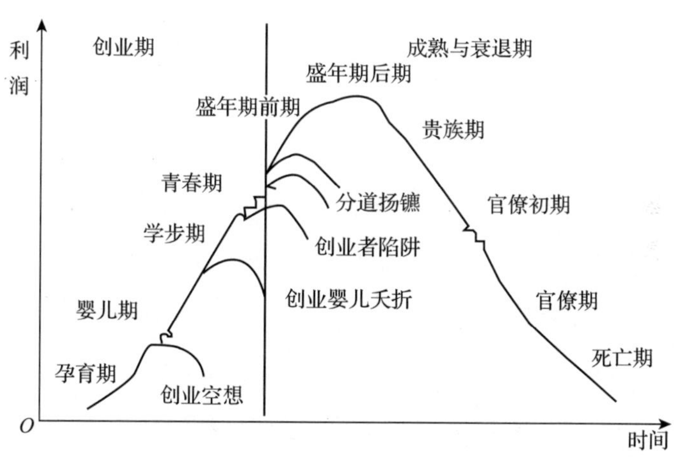

图2-3　企业生命周期的10个阶段

2.4.3　国家成长生命周期理论

国家成长与生命成长遵循同一规律。美国经济史学家金德尔伯格在研究了1500—1990年近500年间世界经济的历史后，在《世界经济霸权》一书中得出了国家生命周期理论。该理论指出：国家也同人一样有其生命周期，一个国家发展的历史轨迹可以用一个生命周期来描述、认识和理解，“它由青年、精力充沛的成年、壮年和最终老化等阶段构成，与个人的生命过程稍有相似之处”。㊁

㊀ 伊查克·爱迪思. 企业生命周期［M］. 赵睿，译. 北京：中国社会科学出版社，1997.（此书名为赵睿所译，也有译成《公司的生命周期：公司是如何成长和灭亡的及其处理方式》）。

㊁ 查尔斯P·金德尔伯格. 世界经济霸权：1500-1990［M］. 高祖贵译. 北京：商务印书馆，2003：55.

中国学者胡鞍钢在《中国大战略》一书中对这一理论做了进一步阐释，提出了国家生命周期的“五阶段说”。胡鞍钢提出国家生命周期可以分为五个阶段：第一阶段是经济发展的准备期或准备成长期，其基本任务是为现代经济发展准备各类条件，如新制度建设、工业原始积累、技术引进、开发人力资本等；第二阶段是经济迅速发展期或迅速成长期，即经济增长加速期，一般称之为经济起飞期，一个大国的经济起飞就是迅速崛起期；第三阶段是经济强盛期，在这一阶段一国的经济开始进入鼎盛期，但是经济增长速度开始减缓；第四阶段是高峰期，同时也是相对缓慢发展期；第五阶段是国力衰落期，在这一阶段国力开始衰退，如图 2－4 所示。

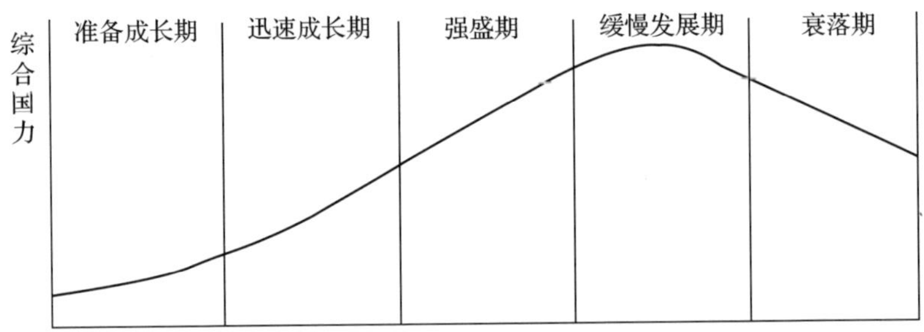

图 2－4　国家生命周期的五个阶段㊀

从国家改革的“长波段”分析，当一个大国的发展进入了第三个阶段，即经济强盛期，成为世界性的大国后，便开始“盈久则亏”，转而进入第四阶段——高峰期，它的经济发展速度开始从加速到减速，国力进入相对衰弱期。耶鲁大学著名历史学家保罗·肯尼迪在《大国兴衰论》中对自 1500 年来各大国兴衰的历史进行了探索，主要从考虑国际环境的原因分析大国的兴衰。他认为，大国崛起，开始于经济和科技的进步以及强大的军队。大国衰落，源于国际生产力重心的转变，由于过多的国际承诺、太多的军事费用，造成了帝国战线过长，直到最后崩溃。㊁

肯尼迪断言，美国已相对衰退了，美国占有世界财富和力量的比例由一个非常高的位置降到一个较为正常位置的早期阶段。与之对照的是，中国正

㊀ 崔守军. 能源大外交——中国崛起的战略支轴［M］. 北京：石油工业出版社，2012：3.

㊁ 保罗·肯尼迪. 大国的兴衰［M］. 蒋葆英，等译. 北京：求实出版社，1988：634.

在崛起。肯尼迪含蓄地表达了要应对中国的崛起，中国经济的发展将推动军事力量的发展。㊀从国家生命周期理论的“五个阶段”来看，中国处于国家实力的迅速成长期，中国借用全球化所带来的后发优势，顺利“搭便车”，借助从全球化趋势下所获得的各类资源，包括知识、技术、资本和人才等，开始加速发展。而美国则由于过度扩张，开始逐步由强盛期进入缓慢发展期。㊁受金融危机影响，布什离任前，美国联邦政府财政赤字已经高达1.3万亿美元。奥巴马政府一开始就在高赤字状态下运行，受国内多重政治压力制约，在很多问题上都是“心有余而力不足”，政府甚至一度因预算法案之争而面临被迫关门的窘境。㊂与之形成鲜明对比的是，中国这边“风景独好”，在国际经济整体衰退的大背景下“表现抢眼”。最近十年是中国改革开放30年中经济发展最快的十年，目前，中国的GDP已经超过日本，跃居世界第二位；制造业总量超过美国，跃居世界第一位。

2.5 权力理论

2.5.1 权力变迁

中国古代杰出史学家司马迁在《史记》卷二十七《天官书》中预言：“天运三十年一小变，一百年一中变，五百年一大变，三大变为一纪，三纪而大备”，这就是权力变迁理论。司马迁根据春秋242年之间日食三十六、慧星三见等星象，联系战略及秦汉之际的诸侯权力纷争、社会变乱动荡，而总结出带有规律性的历史。

从中国1978年改革开放，到2008年中国举办奥运会，中国30年的经济增长取得了举世瞩目的成就；从1840年鸦片战争到1949年中华人民共和国成立，中国从一个半殖民地半封建社会转变成社会主义社会；从1492年哥伦布发现美洲大陆开始的全球化进程，到500年后世界进入一个马克思所说的“相互依存

㊀ 保罗·肯尼迪. 大国的兴衰［M］. 蒋葆英，等译. 北京：求实出版社，1988：558.

㊁ 约瑟夫·奈. 美国定能领导世界吗［M］. 何小东，等译. 北京：军事译文出版社，1992：13.

㊂ 金灿荣，董春岭. “9·11”十年反思及对中国的影响［J］. 现代国际关系，2011（9）：16-17.

与相互作用”的越来越紧密的时代以及亚太国家的崛起，都体现了权力变迁。

公元1世纪时，亚洲GDP占全球GDP的76.3%，而同期的西欧占10.8%。公元1000年，西欧在全球GDP中的份额也只有8.7%，而同期的亚洲占70.3%。[一]500年前哥伦布首航美洲，开启了探险的热潮（地理大发现）与贸易的热潮（商业革命），最终引发了工业革命和资本主义，哥伦布的壮举改变了世界历史与人类的命运。从此，西欧不断强大，到1820年，西欧占全球GDP的比重已上升到23.6%，同期的亚洲却降到了59.2%。当时，美国、加拿大、澳大利亚和新西兰的GDP只占全球GDP的1.9%，但到了1998年，这些“支流”占全球GDP的比重已经超过25%。1998年西欧的份额是20.6%，同期的亚洲却只有37.2%。[二]

2.5.2 权力转移

权力转移最早由美国密歇根大学政治学教授奥根斯基在1958年出版的《世界政治》一书中正式提出。权力转移（Power Transition）是指“由于世界政治中国家实力发展不平衡规律的作用，国家在国际权力结构中的位置所发生的原有主导性大国地位下降，而后崛起的大国地位上升，并获得主导性大国地位的权力变化过程”[三]。

奥根斯基观察国际政治的理论方法和立场，基本上承袭了汉斯·摩根索的现实主义理论。他认为权力转移的根源，主要是国内工业化因素造成的，并认为工业化国家走上工业化的道路是不可避免的，西方因先于其他地区实现了工业化所取得的优势地位也不是永久不变的，因而权力的转移是不可避免的。

继奥根斯基之后，美国的未来学大师阿尔温·托夫勒在《权力的转移》一书中定义，“权力”是指一个国家、一个民族、一个地域甚至整个世界赖以发展的诸种力量的总和。它包括政治、经济、社会、文化诸种有形和无形的力量。[四]世界范围内的权力转移根据国家的力量变化也无时无刻地在转变，各

㈠ http://www.xzbu.com/5/view-2070153.htm.

㈡ 崔守军. 能源大外交——中国崛起的战略支轴［M］. 北京：石油工业出版社，2012：5.

㈢ A. F. K Organski. World Politics［M］. Chicago：University of Chicago Press，1958.

㈣ 阿尔温·托夫勒. 权力的转移［M］. 刘江，等译. 北京：中共中央党校出版社，1991：9.

国在国家利益的维护中不仅局限在经济、军事上，范围已经扩展到文化、科学等方面。

全球化趋势下资源、人员、技术和信息的跨国、跨地区大规模迅速流动是促成权力转移的重要动因。对于那些善于抓住全球化机遇的国家，可以实现经济增长，甚至快速的跨越式发展，缩小与其他大国的实力差距。越来越多的国家通过获得军事资源（能源资源是军事资源的重要资源），迅速提高军事实力的可能性大大提高。

《外交》季刊 2004 年 7/8 月号登载的一篇题为《正在进行的全球性权力转移》的文章以中国可能持续几十年的“非凡经济兴起”为首要内容，称“亚洲正在迅速崛起，连同其日益增长的经济力量转化为政治和军事实力”。

美国国家情报委员会在《全球趋势 2025：转变的世界》中预言，由于新兴国家的崛起、全球化的经济以及全球力量大转移，“第二次世界大战后建立的国际体系将在 2025 年变得面目全非。”“就规模、速度和流动方向而言，正在进行的全球财富和经济力量转移——粗略地讲是从西方流向东方——在现代历史上是前所未有的。”

吉米·卡特总统时期的国家安全事务助理、冷战鹰派人物布津斯基在《第二次机遇》中谈到全球政治觉醒的地缘政治时，他认为全球政治觉醒这一趋势推动了国际政治中心的重大转移，改变了全球权力分配。[一]

新加坡国立大学李光耀公共政策学院院长马凯硕（Kishore Mahbubani）在其著作《新亚洲半球——势不可挡的全球权力东移》中坦言亚洲崛起的不可阻挡性，但随着经济重心向亚太转移，大西洋中心正在向太平洋中心过渡，“去西方化”是趋势所在。到 2050 年，世界上最大的四个经济体的排序是：中国、美国、印度和日本，其中 3 个在亚洲。[二]西方主导的全球金融机构，如世界银行、国际货币基金组织和世界贸易组织等，正面临着重新调整现有决策机制安排的压力。[三]

㈠ 兹比格纽·布热津斯基. 第二次机遇：三位总统与超级大国美国的危机［M］. 陈东晓，等译. 上海：上海人民出版社，2008：163.

㈡（新）马凯硕著. 新亚洲半球——势不可挡的全球权力东移［M］. 刘春波，等译. 北京：当代中国出版社，2011：47.

㈢ 兹比格纽·布热津斯基. 第二次机遇：三位总统与超级大国美国的危机［M］. 陈东晓，等译. 上海：上海人民出版社，2008：164－165.

2.6 可持续发展理论

作为一门新兴学科，可持续发展理论在美国，日本等国家只有10年左右的历史。1987年巴比尔等人发表了一系列的经济、环境的可持续发展的文章引起了国际社会的关注。同年，布伦特兰夫人在世界环境与发展委员会在《我们共同的未来》报告中正式提出可持续发展的理念。研究重点是在这个时候经济发展如何适应人类社会，满足生态环境的承载能力，促进人口、环境、生态和资源与经济增长的协调发展。经过10多年的发展，这一领域的改变显著，并形成了自己的研究内容和研究方法。可持续发展的目标是建立和创造一个可持续发展的社会、经济和环境，核心是科技和教育的可持续发展。从思想精华上看，可持续发展包括三个方面，即人与自然共同进化的思想，世代伦理思想和效率与公平的意识形态目标。可持续发展的战略目标是：恢复经济增长；提高经济增长的质量；满足人民的基本需求；确保稳定的人口水平；保护和加强资源基础；完善技术发展方向；协调经济和生态的关系。可持续发展的理论，抛弃过去“零增长”（过分注重环保），以及过分强调经济增长的激进思想，但主张“既要生存，又要发展”。这对于发展中国家来说非常重要。在评价指标体系方面是将资源核算、环境核算和国民经济核算结合起来研究，以解决国民经济核算体系（SNA）的缺陷，建立以目标为导向的“资源——环境——经济”的可持续发展的综合管理系统。主要做法是体现在建立独立账户体系的资源、环境与经济的关系体系，将间接的环境资源因素纳入国民经济核算。联合国自20世纪80年代中期推出了“环境——经济”一体化核算体系（SEEA），及新SNA框架体系。

2.6.1 环境与可持续发展

20世纪70年代后，环境经济学家提出了“外部经济内部化”的观点，并提出了利用价格机制、税收、信贷、赔偿等经济杠杆，以使社会损失计入民营企业的成本中，并把内部因素外部化，使环境资源受到保护。里昂惕夫根据这一理论利用投入产出法，进行了“外部性”纳入到常规的国民经济投入产出中的探索。80年代以后，又进行了大量成熟的环境价值理论研究及价值评估，环境资源价值论的不断改善标志着环境经济学的成熟。环境经济学在可持续发展中的作用除了将环境资源核算纳入国民经济核算中以外，还有微观层次的建设项目持续发展的费用效益分析、中观层次的产业结构和生产力布局调整以及宏观层次的政策研究。

2.6.2　经济与可持续发展

经济与可持续发展之间的关系主要体现在两个方面：一是经济活动的生态环境成本问题；二是为工业农业协调生产优化问题。在经济活动的外部效应，即社会成本方面，可持续发展的理论把它从过去的宏观和微观因素分别考虑转向宏观和微观相结合的角度。宏观上，以 SEEA 核算体系作为经济一体化的环境指标；微观上，从微生态成本考虑，采用有效的监督机制和价格机制，从而使微观生产经营单位承担外部效应的经济责任。在农业方面，可持续发展主要是：耕作和种植制度应与环境相协调；使用共享、共生的原则进行生产，降低成本、减少污染、节约农业资源；利用物质和能量在生态农业系统多渠道、多层次的转换，可以重新建立最佳的食物链和食物网系统。

2.6.3　社会与可持续发展

人口、资源和战略方面的考虑是正确估计可持续发展的先决条件。在这方面，我们应该考虑以下几个方面：人口的绝对数量与粮食问题；人口老龄化和养老金；城市化带来的农业人口过剩；妇女问题和社会分工；人口素质、教育和社会结构的完善；人口信息的开发与利用及家庭结构问题。灾害防治和环境法制的研究也是可持续发展的重要方面。

2.6.4　区域的可持续发展

持续发展是经济增长的核心。增长点也被称为增长极，是指在经济增长过程中发挥重要作用的某些部门或地区。第一，它的作用大小应以产生足够的直接和间接影响来衡量；第二，它应该是增长最快的行业和地区；第三，它应可以通过其他部门高强度的输入输出关系实现经济增长；第四，它应该是创新的“朝阳”行业或企业。新经济增长点的作用实际上已经被证实。

2.7　小结

本章首先对涉及的能源、新能源、可再生能源的内涵及在中国的战略意义进行了阐释和归纳；然后对哈伯特能源论、经济增长理论、生命周期理论、权力理论和可持续发展理论进行了详细的介绍。

第3章

人类能源发展史

3.1 人类能源史的四个阶段

人类能源利用经历了“火与柴草”“煤炭与蒸汽机”“石油与内燃机”“新能源与可持续发展”四个阶段的演变，其中前三个阶段已经完成，第四个阶段正在发生与演变。在世界能源利用总量不断增长的同时，能源结构也在不断变化，如图3－1所示。每一次能源时代的变迁，都伴随着生产力的巨大飞跃，极大地推动了人类经济社会的快速发展。

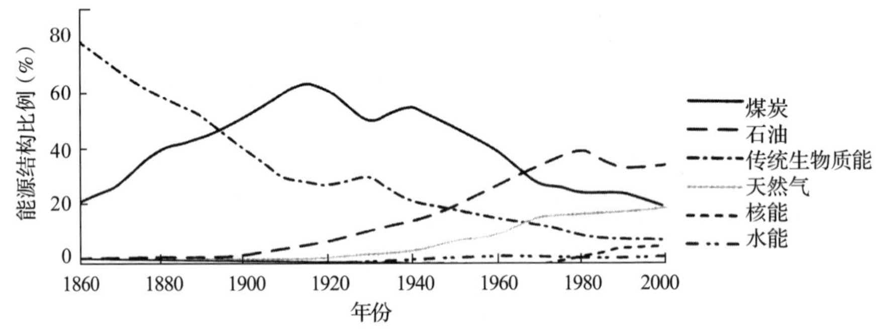

图3－1 过去100多年世界能源结构的变化㊀

3.1.1 火与柴草时代

摩擦取火的发明和柴草的利用促使古代生产力诸要素发生了巨大变化。摩擦取火使人体的机械运动化为柴草的热运动，从而使柴草通过燃烧释放出

㊀ 北京洲通投资技术研究所. 中国新能源战略研究［M］. 上海：上海远东出版社，2012：12.

大量的热能。火和柴草相结合的能源体系促使原始社会的劳动者、劳动工具和原材料迅速发展。第一，用火改变了劳动者的饮食习惯，扩大了食物的来源和种类。热食有助于人体消化吸收，这对于增进人的身体健康和脑的发展，减少疾病和延长人的寿命都具有不可低估的作用。用火燃柴还可以驱赶猛兽，从而能保证劳动者的安全。正因为摩擦取火对于人类的发展起着巨大的作用，所以人们把摩擦取火的发明作为猿转变为人的整个过渡阶段的终线。第二，火和柴草相结合的能源体系对于劳动工具的发展也起了重大作用。如木矛、弓箭、木臼、独木舟的加工，以及陶瓷工具、金属工具的制作都离不开火。第三，增加了原材料的种类，提高了原材料的质量，如陶瓷的制作、砖瓦的烘焙、金属的冶炼都需要火和柴草。

摩擦取火的发明和柴草的大规模利用，还引起古代生产力的布局发生重大转变。在远古时代，人类发祥地非洲和亚洲南部地区，都离赤道不远。因为没有火，人类很难在温带和寒带地区生息和劳作。用火燃柴会给人带来温暖，人们就可以到寒冷的地方定居，这就扩大了人类生产活动的空间，从热带扩展到温带和寒带，从而在世界范围内改变了原始社会生产力的布局。摩擦取火是人类历史上一个划时代的发明，恩格斯曾高度评价说："就世界性的解放作用而言，摩擦取火还是超过了蒸汽机，因为摩擦取火第一次使人支配了一种自然力，从而最终把人同动物分开。"

3.1.2　煤炭与蒸汽机时代

18 世纪是奴隶贸易的鼎盛时期，因为欧洲人需要更多的人力来支撑他们在美洲的种植业，因此，他们不仅从欧洲本地征召劳动力，还要奴役非洲人到美洲从事种植。人类使用太阳能的能力已遇到瓶颈，如果人类想要称霸生物圈，就必须创造出与"驯化火"相匹敌的能源奇迹。英国最终发动了一场依托于煤炭与蒸汽机的能源变革。当时，英国工业发展遇到森林资源短缺的瓶颈。1500—1630 年，英国的木材价格猛涨 7 倍，速度比通货膨胀还快了许多。后来英国采用了含能量的煤炭资源，但浅层的煤炭也很快耗尽。到 1700 年，矿井的深度也达 200ft（约 61m）。此时，人们在矿井中遇到沼气与渗水的难题。为了将矿井的水抽出来，英国动用了大量的人力、兽力、水车与风车，然而这却是一场永无止境的战役，在 1700 年左右，当时的技术还无法克服这个难题。英国的工业革命差点"胎死腹中"。因为对于当时的英国人来说，设想利用“火”来排干矿井内的积水，甚至比要当代人设想利用“氢聚变”来为屋子取暖还要困难。幸运的是，1712 年，纽可曼制造出第一台蒸汽机，后来大部分装备设在英国矿井入口抽水。1700 年，英国生产了 270 万 t 煤炭，到了 1815 年，煤炭产量达到 2300 万 t，相当于英国当时林地每年可生产能源的 20 倍。如果把这些煤炭用于蒸汽机内，那么产生的动力相当于 5000 万人所产生的动力。后来，经瓦特改良的蒸汽机问世，其每蒲式耳煤炭所产生的动力是最新式纽可曼蒸汽机的三倍，应用范围从矿井抽水扩展到磨粉、造纸、冶炼等各种行业。也正是因为蒸汽动力的运用，使运输机械发生了巨大的变革，将社会文明推上一个热火朝天的新世界。交通运输业的巨变主要表现在两个方面，即汽船、铁路与火车。汽船的发明开创了世界航运史的新时代，将全球连成一体，使人类生活的空间距离大大缩小。蒸汽动力用于陆路运输的主要标志是火车的出现。火车的鸣叫，召唤了一个“铁路时代”的到来，使世界真正认识到铁路运输的巨大优越性。但蒸汽机影响最大的行业是纺织业，这是第一个因为蒸汽机引入而商业化的产业。早在 1800 年，用蒸汽机驱动的走绽细纱机每单位时间的产量，相当于 200 ~ 300 名纺纱工人每单位时间的产量。

19 世纪建立在煤炭能源上的工业革命迅速改变了全球经济，全球的权力平衡也因此重新布局。18 世纪期间，印度、中国与欧洲的 GDP 累计占全球 GDP 的 70%，其中大致各占 1/3。但到了 1900 年，中国占全球制成品的产量比重跌到 7%，印度更是暴跌到 2%，而欧洲占 60%，美国占 20%，人类发动了第一场工业革命，导致人类的生产力急剧增长，全球权力与影响力重新洗牌。而煤炭与蒸汽机正是工业革命的关键，促进人类进入能源史的第二个阶段。

3.1.3 石油与内燃机时代

如果说煤炭与蒸汽机是能源史的第二阶段，那么石油与内燃机就掀起了第三次人类能源史的变革。1859 年，德瑞克用小型蒸汽机为动力的钻探机在 21.6m 深的地方发现石油，为美国与全球拉开了第一波石油热的序幕。石油应用和内燃机的发明，给运输领域带来了革命性变革。19 世纪后期，一种新型交通工具——汽车出现了。19 世纪 80 年代，德国人卡尔 · 本茨成功地制造了第一个汽油内燃机驱动的汽车。1896 年，美国的亨利 · 福特制造了他的第一辆四轮汽车。与此同时，许多国家已经开始建立汽车工业。随后，以内燃机为动力的机车、远洋船舶、航空器也不断出现。1903 年，莱特兄弟在美国成功试飞其自己制造的飞机，实现了人类翱翔天空的梦想。另一方面，内燃机的发明促进了石油化工工业的发展。从 19 世纪 80 年代，有机化工业也得到了发展，人们开始提取氢、苯、煤焦油合成染料。通过化学合成的方法，美国人发明了塑料，法国人发明了人造纤维，这大大促进了化工行业的发展，极大地改变了人们的生活方式，此时石油已成为一个极其重要的新能源。1870 年，世界上开采的石油只有 80 万 t，到 1900 年猛增到 2000 万 t。

依托于石油、内燃机和电力的应用，世界由“蒸汽时代”进入“电气时代”。在此期间，一些发达国家中，农业产出的工业产值实现了突破；产业重点从纺织工业到重工业、电器、化工、电信等新兴工业部门。石油被广泛应用，成为一个国家经济的血液，国家之间启动了石油资源的竞争。

3.1.4 新能源与可持续发展时代

目前世界能源发展正处于重要时代，化石能源耗竭的危险日益临近。2008 年以来，国际金融危机给世界经济造成的深层次影响错综复杂，远未消除。经济复苏迹象略有显现。国际石油价格高位震荡，高油价时代已经来临。面对新形势，各国将目光转向新能源，这给新能源的开发利用注入了动力，人类将迎来新能源的春天。

两千多年前，中国古代哲学家就提出“天人合一”的思想，倡导人与自然和谐相处，这是可持续发展追求的最高境界。事实上，中国的发展道路是艰难曲折的，目前高耗能、高污染、高排放的经济增长模式并未根本改变，但发展中的问题必须在发展中寻找解决方案。中国努力在实践中把握发展规律、创新发展理念、破解发展难题。

中国用占世界不足 7% 的耕地和人均仅有世界 28% 的水资源，养活了世界 1/5 的人口。作为最大的发展中国家，中国坚持以发展为中心，始终高度重视能源供应和能源安全问题，因为能源是经济社会发展的基本条件。改革开放 30 多年来，中国 GDP 高速增长，被誉为“中国奇迹”，同时中国也被称为“世界工厂”，中国的钢、水泥等 210 多种工业产量全球第一。中国的能源需要不断攀升，对外依存度已达 55%。积极探索和利用新能源是保证中国经济健康、可持续发展的必由之路。中国在新能源开发利用方面做出了不懈努力并取得了令人可喜的成果。低碳成为时下最流行的词语之一。低碳问题关系到全社会，小到个人、家庭，大到企业、政府，从生产方式、消费方式到生活习惯，可以说是一项系统工程。中国制定了节能减排全民行动方案，涉及方方面面。当然政府要率先垂范，要求全国各级政府机关公务用车按牌号尾数限行，每周少开一天；倡导公务员“135 出行方案”，即一公里内步行，三公里内骑自行车，五公里内乘坐公共交通工具。同时政府鼓励发展新能源汽车，特别是公共交通工具。经过长期的努力，低碳、环保理念将家喻户晓，人人身体力行，并将形成一种新型文化。

实践证明，经济的“绿色化”不是增长的负担，而是增长的引擎，是实现可持续发展的有效途径。自 2005 年以来，我国淘汰了 8383 万 kW 高耗能、污染重的小火电机组，单位国内生产总值能耗降低了 21%。“十二五”时期，我国单位国内生产总值能耗下降 16%，年均计划降低 3.4%。而 2011 年、2012 年、2013 年、2014 年、2015 年实际分别降低 2.01%、3.6%、3.7%、4.8% 和 5.6%，“十二五”末期，圆满完成了单位国内生产总值能耗降低 16% 的目标。到 2020 年，非化石能源消费占全部能源消费的比重将达到 15%，森林覆盖率提高到 21.66%，森林蓄积量增加 6 亿 m^3。[㊀]届时中国的绿色可持续发展将迈上新台阶。

3.2 泥炭与荷兰、煤炭与英国、石油与美国、新能源与中国

3.2.1 泥炭和荷兰时代

泥炭也称为土煤，是在泥土沼泽中堆积的煤炭前身。浅泥炭挖出来后，就可以安装在船上或驳船，然后可以通过农村运河运到城市。英国和斯堪的纳维亚半岛的泥炭通常在 50 ~ 150m 深度的区域，而荷兰的泥炭处于海平面下 1 ~ 2m 位置处。泥炭较重，水运是最便宜的运输方式。在这方面，荷兰的优势明显。

在荷兰，泥炭在促进经济繁荣方面发挥了重要作用。葡萄酒行业和烧石灰行业是荷兰享受低碳节能优势的两个最突出的行业。荷兰是著名的酿造优质啤酒、葡萄酒行业的国家。荷兰泥炭为这两个行业的低成本发展奠定了良

㊀ 刘玉和. 积极开发利用新能源，实现可持续发展 [R]. 2012.

好的基础。制糖业、玻璃制造、砖瓦行业和盐化工也是高耗能，一般情况下使用木柴或木炭，这意味着没有足够的森林资源，就很难发展这些产业。但是，由于荷兰拥有丰富而廉价的泥炭，这些行业都得到了很大的发展。从 16 世纪 60 年代初，荷兰在经济的可持续发展主要是利用自身能源优势，直到 1680 年泥炭资源开始枯竭。从某个角度来说，荷兰是世界上第一个现代化经济国家。在 17 世纪和 18 世纪，荷兰是世界上工业化程度最高的经济体。

泥炭促进了荷兰的经济发展，同时也使其具备了强大的军事实力，从而帮助荷兰建立自己的海外帝国。在 17 世纪，荷兰在北美、南美、非洲和亚洲都建立了殖民点。可以肯定，荷兰没有繁荣的经济不能创造这个帝国，而经济繁荣在很大程度上是由于使用了低价格的能源供应。

3.2.2　煤炭和英国

和荷兰依靠泥炭增长一样，英国也依靠丰富的煤炭能源优势，建立了“日不落”帝国。在英国的许多地区，煤炭基地靠近海岸，尤其是在纽卡斯尔和周边地区的南威尔士州，这意味着煤炭可以很容易地被运送到任何一个轮船可以到达的地方。在这一点上，英国和荷兰是幸运的。但中国则不同，中国的产煤地区远离海岸，把它运出去的成本是较昂贵的。煤炭冶铁业对英国经济具有重要意义。17 世纪，英国进口商品主要是铁，主要来自瑞典，其中一小部分来自波罗的海地区，包括俄罗斯。但是，充分利用煤炭能源后，英国成为世界上最高效的铁生产国，1700—1850 年，英国的铁产量增长了 20 倍。英国在 19 世纪 40 年代，建立了世界上最高效的冶金行业。到 1850 年，英国冶炼世界上一半的铁。英国生产的优质钢材比世界其他地区生产的钢铁都便宜。在发明了实用蒸汽机之后，煤炭也可用于其他方面的生产，蒸汽机使如此之深的煤矿向外部运送成为可能，而这又延伸到一个大的煤炭供应中。到 19 世纪 20 年代，蒸汽应用于船舶、机车、轮船和铁路的领域，所有的这些变化都依赖于煤炭提供的能源。总之，1780—1880 年，英国利用其自身的煤炭能源成为世界上技术最先进、最具活力和最繁荣的经济体。

但与荷兰泥炭生产不同的是，英国注重煤和铁的生产，这可直接用于军事。这种先进的技术，与此相关的煤炭优势，使英国建立了强大的军事机器。从 19 世纪 50 年代初，英国成立了一个以蒸汽为动力的皇家海军。在帆船时代，因为木材供应的短缺，皇家海军很难应对敌人的海上优势。对于英国，转向煤炭驱动的铁船是非常幸运的，因为英国拥有丰富的铁矿和煤矿。英国的煤炭也有助于创造更便宜、质量更高的枪械。在19世纪，英国以更低的成本生产制造的轻武器和火炮形成了自己的军事和工业优势。因此，替代能源促成了英国海军的强大，使它可以更容易地扩大版图和防御。要保卫庞大而遥远的帝国，英国必须在任何需要的地方建立稳定的煤炭供应基地。于是英国建立了一个所谓的“加煤站”网络。这些加煤站遍布世界各地，覆盖所有皇家海军的船只需要加煤的地方。大英帝国在一定程度上是建立在煤的基础上的。

3.2.3 石油和美国世纪

大约从1900年起，美国主要能源的使用从煤炭逐渐转向石油。虽然世界大部分地区都发现了石油，但在20世纪初，美国实际上已经主导了世界石油产量。从世界的油产量所占份额来看，美国第一，俄罗斯第二，委内瑞拉第三。1900—1947年，美国主导了世界石油产量。在产油区，美国已经开发了大多数石油开采相关技术。美国依赖石油，建立了自己的第二次全国交通系统，即道路、汽车和卡车。交通系统的建成，促进了美国经济的进一步发展。1912年，美国开始大规模生产汽车，但在20世纪20年代才真正形成规模。20世纪20年代，汽车才便宜到每个家庭可以拥有的程度。汽车工业对钢、玻璃和橡胶工业，以及所有与车辆有关的行业都有着非常重要的意义，也产生了深远的影响。可以说20世纪20年代后，美国的经济重心是从得克萨斯州建立的底特律汽车工业开始的。20世纪20年代到60年代是美国经济增长的关键时期，这个时期的经济增长是以廉价石油为基础的。总之，美国的经济繁荣在20世纪，很大程度上是建立在石油及各地的石油基础设施和交通运输系统基础上的。从这个意义上说，美国经济的繁荣是依赖于石油能源优势。

石油也可直接影响着美国军事的发展，就像煤直接使用在英国军事上一样。美国迅速利用石油的潜在价值，创造了自己新的军事机器。这样的变化可以被分为两个阶段。第一个阶段是建立了以石油为动力的海军。在海军舰艇使用上，石油比煤炭更具有优势，因为单位重量的石油能够储备更多能量。它使军舰可以扩大其活动范围，以使舰船在长时间航行的情况下不加油，同时也降低了船上必须携带人员的数量。第二个阶段是1942年美国建立了自己的军事和工业园区，这是一个非常了不起的成就，它的核心是创建了一个完全以石油为燃料的军事机器，其中包括空中力量、海上力量和陆地机动性三个方面的先进军事系统。显然，这是一个能源密集型的军事系统，这使得美国在第二次世界大战中作战更高效。日本和德国很难做到这一点的。在整个第二次世界大战中，同盟国享有很大的优势，原因是可以获得来自美国独家源源不断的石油供应。正是依靠石油的优势，美国确立了新的世界霸主地位。

3.2.4 新能源与中国复兴

发生在20世纪70年代的两次石油危机给全球经济带来了很大的影响，因为主要发达国家都高度依赖于石油和天然气资源的进口，导致经济发展遭遇了下滑。由于资源禀赋的约束，中国的城市化建设同样需要依靠国际能源市场的能源供应。自1993年开始，我国从石油净出口国变成了石油进口国，虽有波动，但总体发展趋势是出口下降、进口增加。2000年进口超过5000万t，2004年超过1亿t。[㊀]根据国家发展和改革委员会预测，到2020年中国的石油需求预计将达到4.5亿~6.1亿t，而中国总的石油产量约1.8亿t，进口量将达到2.7亿~4.3亿t。据中国石油发展研究部主任预计，中国的石油消费继续增长的趋势将持续到2040年。因此，为了满足对石油不断增长的快速需求，足够和稳定的能源供应已成为约束中国经济可持续发展的重要因素。

石油安全理论强调对外国石油的依赖程度可作为一个国家或地区的石油安全与否的一个重要度量指标。石油对外依存度越大，国际石油价格对这个国家或地区的影响就越大。近年来，随着能源缺口的扩大，中国石油进口量不断上升，对外依存度出现比较高的严重程度。2004年，中国石油消费总量约为3.1亿t，中国石油原油进口量首次突破1.2亿t，对外依赖度高达40%，原油和成品油净进口量达1.4亿t，加上对其他石油相关产品的净进口量，石油净进口总量高达1.5亿t，同比增长了43%。[㊁]2005年中国的石油消费总量增至3.2亿t，原油进口量上升到1.3亿t，折合对外依存度为42.7%。2006年，中国石油原油共进口1.5亿t，创下历史新高，相对2005年增加进口量1836万t。[㊂]2010年中国累计进口原油2.39亿t，同比增长17.4%，原油对外

㊀ 张曙光. 人民币汇率问题：升值及其成本—收益分析［J］. 经济研究，2005，(5).

㊁ 田春荣. 2004年我国石油进出口状况分析［J］. 国际石油经济，2005，(3)：10.

㊂ 张艳. 2006年原油进口再创新高［N］. 京华时报，2007-01-15 (9).

依存度达到53.8%，较2009年同期提高2.7个百分点。2011年累计进口原油2.54亿t，同比增长6%，石油对外依存度同比上升1.7个百分点，达到56.5%。2013年中国进口原油2.82亿t。2014年中国进口原油2.98亿t。2016年中国进口原油3.81亿t，累计同比增长13.56%。中国工程院院士童晓光预测，考虑到中国工业化和城市化水平的不断提高，到2020年中国对进口石油的依赖度将达到60%，到2030年将达到65%。表3-1为各机构对2020年中国石油对外依存度的预测。另外，中国目前尚未大规模参与能源衍生品交易，对冲石油价格波动的能力尚不完善，只能被动接受进口石油价格的涨幅，面临极大的价格风险。

表3-1　2020年中国石油对外依存度的预测结果比较㊀

机构名称	2020年
OPEC	52%
国际能源机构	76%
美国能源信息署	65.5%
中国能源研究所	55%～62%

同时，中国能源进口总量的快速增长，带动了世界能源市场对国际能源安全的担忧，因为中国的石油安全问题也是世界石油市场安全问题的一部分。国际能源机构认为，“中国对外石油依赖的日益增大和不断增长的海外资源投资，必定会影响政府在国际政治，特别是在中东、中亚、俄罗斯和东盟地区的态度和行为”。㊁德国外交关系委员会主任弗兰克·乌巴赫认为，中国对石油的需求不断增加，已影响到中国的外交和安全政策，能源安全不仅对美国、而且对欧洲也是一个挑战，甚至影响到全球经济和政治的稳定。㊂能源安全已成为中国面临的政治风险之一，也为能源安全的外交摩擦埋下了隐患。解决能源安全问题，需要长期的、多方面的努力。其中，通过新能源产业的积极

㊀ 吴磊．我国石油安全［M］．北京：中国社会科学出版社，2003：126.

㊁ IEA. China's Worldwide Quest For Energy Security［C］//OECD/ IEA，2000：125.

㊂ Ed Blanche. Chinese oil diplomacy focuses on Middle East：Increasing appetite for energy imports has Beijing courting regional producers［N］. Special to The Daily Star，2002-11-27（8）.

发展达到能源供应多样化，从长远来看才能从根本上解决能源安全问题。新能源产业的发展可以促进我们国家更加依赖于本地资源，从而减少对日益稀缺的和价格昂贵的常规资源的依赖。由于常规能源的消耗具有不可重复的特性，随着能源日益短缺，新能源产业的发展可以为经济发展带来充足的能源供应，同时也能帮助中国更快、更好履行发展承诺，树立国际形象、减少外交摩擦。

历史上每次严重的金融危机都孕育着新技术的突破和新产业的诞生。20 世纪 70 年代爆发石油危机后，IT 行业的兴起就是一个典型的例子。IT 产业的发展带动了石油危机后 20 年的经济发展。目前，金融危机影响的高峰期已基本消失，如何尽快做好经济复苏，是目前各国所面临的主要问题。新能源产业，符合绿色低碳减排的要求，发展新能源产业成为全球经济发展的焦点。

中国要实现经济的可持续发展，应该转变经济增长方式，优化经济结构，以新的经济增长点作为起点，适应转型期经济体的发展。新能源产业的发展，能有效实现发展和转型，新能源产业发展规划不仅能优化能源结构，促进产业结构升级，而且能够帮助中国摆脱金融危机，在新的经济增长周期中尽快实现经济复苏。同时，中国应该结合自身的优势和资源禀赋，积极参与由新能源产业带来的新一轮的技术驱动和发展具有竞争力的产业，以便在国际竞争中占据战略制高点。

作为目前世界上最大的二氧化碳排放国，尽管中国人均排放水平仍只有美国的 1/4，日本的 1/2，但中国仍将面临越来越大的国际压力。新能源产业的发展，将是中国解决能源和环境问题、履行对国际社会承诺的重要突破。

目前，中国的能源行业有两个“硬伤”：一个是中国的能源需求大于供应，能源分布呈现多煤、少油、少气等特点，煤炭占能源的比例较高，约占 70%；另一个是中国能源资源与能源需求呈现逆向分布，80% 以上的煤炭、水能和风能分布在西北地区，而能源需求多的地区却集中在东南部，未来也难以改变长途传输能源的状况。在新能源产业的发展上，加快上下游产业链的支持和培训，特别是积极培育新能源下游市场需求，鼓励风能、太阳能、水能、核能、潮汐能、生物质能发电等各种形式的电力发展，在资源禀赋好的地区，应大力推进规模化发展，建立大规模风电、光伏电站的同时，逐步由低水平向高水平推进，由模式单一向高科技多层次、多元化的发展格局发展。中国将继续全面推进能源产业转型发展，推进新能源的多元并举措施，进一步提高新能源占总能源消费比例，推动中国复兴与崛起创造属于中国的新能源时代。

3.3 能源发展的趋势与特点

关于能源发展的趋势与特点，具体由图 3－2 所示。

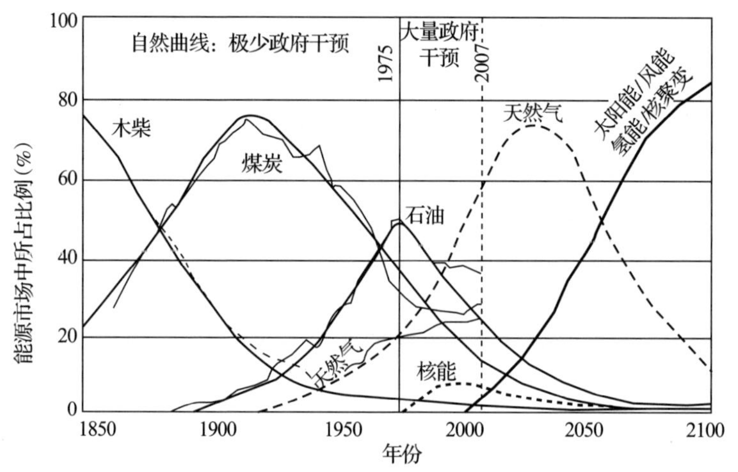

图 3－2　世界一次能源更替[一][二]

从图 3－2 中可以看出石油时代在 1973 年达到峰值，占全球能源结构的 48%，此后下降到 36% 左右。在石油出现之前，满足人类主要能源需要的是煤炭，而在煤炭之前，其他固体燃料几乎满足了人类全部能源需要。20 世纪初，煤炭所占比例开始出现衰退，从早期的 80% 下降到 2008 年的 28%。如果把核裂变算作固体能源，那么能源结构中固体能源所占比例从 1850 年的接近 100% 下降到 2007 年的 34%。世界能源结构中煤炭所占比例在 20 世纪初达到顶峰，石油在 1973 年达到顶峰；然而天然气的比例却在不断增加。从 1950 年到 2007 年，天然气在全球能源结构中所占比例从 10% 上升到 24%。根据能源专家预言天然气所占比例将继续上升，会成为发展最快的一次能源来源。根据美国人口咨询局的数据，到本世纪中叶地球上的人口将达到 90 亿人或

㊀ 罗伯特・海夫纳三世（Robert A. Hefner Ⅲ）. 能源大转型［M］. 马圆春，李博抒，等译. 北京：中信出版社，2013：23.

㊁ 细线表示实际消费水平；粗线表示预测水平。

100 亿人。这要求世界的能源格局将向更加清洁的方向发展，才会使地球能够承载人类的生息。

能源史上鲜为人知的一点是，从煤炭取代木柴开始，能源发展的进程就向越来越清洁的方向发展。换句话说，就是在能源发展的过程中不断降低能源使用过程中碳的比例，增加氢的比例。从能源的化学构成来分析，木柴中每个分子包含 1 个氢原子和 10 个碳原子，煤炭中每个分子包含 1 个氢原子和 2 个碳原子，石油中每个分子包含 2 个氢原子和 1 个碳原子，天然气中每个分子包含 4 个氢原子和 1 个碳原子。[一]19 世纪中后叶煤炭的使用降低了碳原子的比例，20 世纪初石油开始快速发展，又一次降低了碳原子的比例，20 世纪 50 年代天然气开始进入了发展的快速时期，能源排放中碳原子的比例再一次被降低。能源的每一次更替，都在降低有污染碳的比例，为能源结构增添了更多清洁氢的成分，确切地说就是能源的“氢化”过程，即提升清洁的氢的“脱碳”过程，从人类能源使用这一脱碳过程已经持续了 200 多年。人类新能源发展的终极就是氢能源的广泛使用，以实现新能源与环境的良性互动与友好共赢。

伟大的能源思想家、洛基山研究所主席、首席科学家艾默里·洛文斯在 2007 年 7 月 8 日给罗伯特·海夫纳三世的电子邮件中指出，我们现在世界所使用的煤炭、石油和天然气中 2/3 的成分实际上是氢。纽约洛克菲勒大学人类环境研究课题负责人杰西·奥苏贝明确指出：“脱碳趋势是理解能源系统发展进程的核心。”[二]国际应用系统分析研究所的罗伯特·阿吉莱拉和他的父亲卡尔加里大学工程学院教授罗伯特·阿吉莱拉曾在 2007 年合作发表了《全球能源市场的过去、现在和不久的将来》，[三]他们在文中指出，1850—1975 年氢/碳的比例不断加大，世界能源格局在向着脱碳的方向自然发生、良性发展。但 1975 年以后到 2010 年左右，脱碳过程受阻，二氧化碳排放量增加，全球气温上长到了最高阶段。这一时期，美国和世界上一些其他国家实施的能源战略和政策延长了煤炭和石油的使用时

㊀ Henry R. Linden. Global oil, gas outlook bright; US gas production nears plateau [J]. *Oil & Gas Journal* , 2006 (104).

㊁ 杰瑞米·里夫金. 氢经济 [M]. 龚英，译. 海口：海南出版社，2003.

㊂ Roberto F. Aguilera & Roberto Aguilera. 全球能源市场的过去、现在和将来 [R]. 2007.

间，用相对低廉的能源促成了人类历史上最长时期的经济增长，以确保它们在政治和经济上的地位。

人类能源的发展历程显示，尤其是20世纪70年代以来，人类使用低廉的能源维持着经济的高速增长，结果造成人为排放的二氧化碳量激增，危害到地球的大气层。我们应清楚认识到这一轮经济增长付出的代价，包括全球污染、能源和经济安全问题、以及当前大气层二氧化碳的大量聚集并没有支付经济增长和能源消费的全周期成本，而这些未支付的成本，将由我们的子孙后代来支付和承担。

3.4 小结

通过对人类能源史的论述，可以很清晰地看出，工业革命后，各国发展与独领风骚的年代皆因不同阶段能源的有效开发、利用和使用。从能源发展史，我们可以梳理出能源未来的发展趋势与特点，为中国的能源发展与建设提供政策引导与参考。

第 4 章
国内外新能源政策研究

4.1 美国的新能源政策

能源问题与国家经济和安全密切相关，能源政策是关乎国家未来的根本大计。据美国能源信息署（EIA）统计，在 2007 年美国的能源结构中，化石燃料占 84.9%，核电占 8.3%，生物质能占 3.5%，可再生能源（水电、地热、太阳能和风能）仅占 3.2%。在化石燃料中，石油占 39.2%，天然气占 23.3%，煤炭占 22.4%。其中美国石油消费量占世界总消费量的 25.4%，但其产量仅占世界开采总量的 9.9%。现在美国每年石油及油品进口量达 5.6 亿 t，占世界总进口量的 26%。由此可见，美国的能源政策与石油价格的变化及储油国之间的关系有很强的联系，美国的能源战略主要体现在以下三次转型。

4.1.1 美国能源政策的第一次转型

第一次转型发生在 1973 年的第一次石油危机，这次转型对美国的经济产生了巨大影响，导致美国经济陷入长期衰退。这使得美国政府不得不大力调整能源政策和能源结构的战略方针，主要体现在以下几个方面：第一，对中东石油摆脱依赖，实现石油进口地域多元化；第二，提高国内能源的开发效率；第三，加大在里海和非洲的资源竞争，加强与俄罗斯的能源合作，加大石油资源的开采；第四，增加石油战略储备。这个能源战略主要体现在以下几个方案之中。

1978 年 11 月 9 日卡特总统签署的《1978 年国家能源法案》（National Energy Act of 1978，NEA），奠定了美国能源法体系的基础。它由 5 个单一法案组成，即《公用事业管制政策法案》《1978 年能源税收法案》《国家节能政策法案》《电厂和工业燃料使用法案》《天然气政策法案》。这 5 个单一法案

通过后均成为公法，编号分别为 P. L.95—617、P. L.95—618、P. L.95—619、P. L.95—620 和 P. L.95—621。不难看出，这 5 个单一法案的编号是连续的，这说明美国在能源战略安排上是深思熟虑和科学规划的。

1980 年 6 月 30 日卡特总统签署了《1980 年能源安全法案》（Energy Security Act of 1980，编号为 P. L.96—294），它是在《1978 年国家能源法案》基础上的个体细分，突出了要发展新能源的要求，并由 7 个重要法案组成，包括《美国合成燃料公司法案》《生物质能和酒精燃料法案》《可再生能源法案》《太阳能和节能法案》《太阳能和节能银行法案》《地热能法案》《海洋热能转换法案》。

1992 年 10 月 24 日老布什总统签署了《1992 年能源政策法案》（Energy Policy Act of 1980，EPA1992，编号为 P. L.102—486）。这部法案篇幅巨大，共分 30 章，涉及能效、天然气、替代燃料、电动汽车、电力、可再生能源、煤、全球气候变化、能源和环境等内容，并开始将环境考虑到能源发展战略中。

4.1.2 美国能源政策的第二次转型

2001 年和 2003 年的紧急停电事故和 2004 年持续的高油价加剧了美国决策者对过度依靠化石能源的担心；再加上“9·11”事件后，美国政府对国际地缘政治态势变化的担忧，这些都促使美国能源政策发生了质的变化，开始了第二次转型。2005 年 8 月 8 日小布什总统签署的《2005 年能源政策法案》（Energy Policy Act of 2005，EPA2005，编号为 P. L.109—58），将能源政策从主要依靠国外能源，转变为降低能源国际依存度、增加国内能源供给、节约能源以及大量使用清洁能源为主，并以立法的形式确立为未来相当长时期内美国能源政策的核心思想。此次转型具体变化有：第一，增加国内能源供给，降低能源供应国际依存度；第二，运用财税杠杆，倡导节约能源；第三，发展以核能和天然气为主的清洁能源；第四，开发替代和可再生能源，实现能源供给的多元化。

2007 年 12 月 19 日小布什总统又签署了《2007 年能源独立和安全法案》（Energy Independence and Security Act of 2005，EISA，编号为 P. L.110—140），该法案是美国继《2005 年能源政策法案》之后推出的又一部大型综合性能源法案，篇幅长达 310 页。与《1992 年能源政策法案》和《2005 年能源政策法案》涉及能源的各个主要领域不同，《2007 年能源独立和安全法案》以节能和能效、促进可再生能源利用作为立法重点，将美国可再生能源开发和利用又推向一个新的高度，促进了节能和能效的提高。

4.1.3　美国能源政策的第三次转型

此次转型表现在奥巴马政府提出的能源政策构想与“新能源计划”。奥巴马上台以后，持续高位的国际油价、2007 年的美元贬值以及 2008 年的金融危机，给美国经济带来了严重冲击。虽然 2008 年下半年以来国际油价从 147 美元/桶的历史高位一度暴跌至 40 美元/桶左右，但是，油价不可能长期维持低水平。美国能源信息署（EIA）在《2009 年能源展望》中预测到 2030 年国际油价将逐步回升到 130 美元/桶（2007 年）。美国为了刺激经济复苏，延续和发展能源战略，变被动为主导，奥巴马提出的“新能源计划”，其目的是保证能源安全和环境。其核心思想是：① 提高能源效率，减少对化石尤其是进口石油燃料的依赖；② 重视新能源的开发，加大投资力度，鼓励研究和应用新能源相关技术的发展；③ 规定可再生能源发电量，提高燃油经济性标准，并减少碳排放。如果奥巴马的“新能源计划”能够逐一实现，将对世界能源格局和趋势带来显著影响，美国将拥有先进的新能源技术优势，成为清洁能源、新能源的研发力量，主导并引领“能源革命”。与此同时，如果美国实现了降低对石油等传统燃料的依赖程度和碳排放量的目标，将在全球能源和环境保护议题中重拾主动权。其相应的法案是 2009 年 2 月由奥巴马签字生效的《美国复苏和再投资法案》，使新能源成为主攻领域之一，重点包括发展高效电池、智能电网、碳储存和碳捕获、可再生能源如风能和太阳能等。

2009 年 6 月，美国众议院通过《美国清洁能源安全法案》，该法案要求减少化石能源的使用，并规定美国 2020 年的温室气体排放量要在 2005 年的基础上减少 17%，到 2050 年减少 83%。此外，该法案还引入名为“总量控制与排放交易”的温室气体排放权交易机制。

4.1.4　美国的“能源独立”

美国热爱独立，不管是金融独立、政治独立、《独立宣言》，还是独立日的纪念，都与美国人的自我独立形象和自由与自治的观念密不可分。《独立宣言》中承诺生命、自由以及对幸福的追求是所有美国人共同的信仰和与生俱

来的权利。这种独立的精神在能源安全方面也时时体现。

40多年来，“能源独立”备受美国领导人推崇，历任总统和形形色色的政客曾承诺实现能源独立，但至今尚未实现。自尼克松之后的每一位美国总统都大声疾呼需要能源独立。1973年11月7日，在石油禁运发生不久，尼克松总统曾宣布过“自给自足计划”。尼克松在一次面向全国的公开讲话中宣称：如果进口降为零，那么石油进口引发的国家安全问题将消失。尼克松总统曾保证将在6年内实现这一目标，但不久因“水门事件”黯然下台。1975年，福特总统上台后，表示要以10年为限完成尼克松的夙愿。1977年，卡特总统上台后，警告美国人，世界石油供应将在10年左右的时间开始衰退，到那时，美国人所面临的能源危机就是“战争在道德上的表现”。

自“9·11事件”之后，美国人对于这种能源自给自足前景的呼声也是越来越高了。2005年，美国通过了《能源政策法》，正式确立了面向21世纪的长期能源政策，控制能效、保障供应成为能源政策的重点。2007年，美国政府再度出台具有标志意义的《能源独立与安全法案》，该法案使可再生能源在能源结构中的比重设定大幅度提高。

奥巴马上台之后，更是把“能源独立”作为自己的战略目标之一，提出了更高的能源安全要求和更加明确的能源独立战略。2011年3月30日，奥巴马在华盛顿乔治敦大学发表能源政策演讲，公布了美国实现能源独立的新目标：2025年之前将原油进口削减1/3。奥巴马宣称：“美国不能在只拥有全球2%油气资源的情况下，继续消耗世界1/4的石油。”他强调，美国的长期繁荣和能源安全不能寄托在终将耗尽的资源之上。如果美国不想成为石油市场波动的受害者，就必须制定长远的政策，以确保获得安全可靠的能源。㊀

2011年3月31日，美国政府发布了《未来能源安全蓝图》，这份报告勾画了美国未来的国家能源政策，提出了确保美国未来能源供应和安全的三大战略：一是油气开发回归美国本土，确保美国能源供应安全，包括扩大本土油气资源开发、增加传统能源供应量以及在清洁能源领域开展全球合作；二是推广节能减排，削减美国能源消费量，提高能源利用效率；三是激发创新精神，加快发展清洁能源，通过激励民间资本投资，使民众在能源独立和清

㊀ Mini Hall. Obama outlines plan to reduce oil imports [N]. USA Today, 2011-03-31.

洁能源计划中受惠得益。[一]

油气开发回归美国本土是奥巴马政府能源政策的首要支柱。为实现这一目标，美国加强了本土非常规油气资源的开发，包括油页岩和油砂等非常规石油资源和页岩气等非常规天然气资源。美国克林顿政府时期的能源部长新墨西哥州长比尔·理查森（Bill Richardson）在英国《金融时报》撰文预测，到 2035 年美国和加拿大的原油日均产量可实现 1200 万桶，这将占到美国目前原油消费的 2/3。[二]可见，仅仅依靠国内石油的增产是无法实现“能源独立”目标的，为此，还需要积极开发碳氢能源的另外一端，那就是页岩气等非常规天然气。目前，美国已成为能够和俄罗斯并驾齐驱的世界天然气生产大国。据能源数据服务商标普全球普氏（S&P Global Platts），美国 2016 年 11 月天然气日均出口量为 74 亿立方英尺[三]，日均进口 70 亿立方英尺，日均净出口 4 亿立方英尺。美国无疑向“能源独立”的光荣目标大步迈进一大步。

美国是一个能源大国。在 20 世纪 50 年代就大建高速公路体系，迅速走向汽车社会，从石油输出国转型为石油进口国。到了 1970 年前后，美国的国内石油产量达到巅峰，之后缓慢下降，但石油消费却不断攀升。1977 年，美国 46% 的石油消费依赖进口，这个比例到 2005 年一度达到 60.3% 的峰值水平，此后趋于回落。2010 年美国进口的原油和石油产品占到美国石油总需求的 49.3%，这是自 1997 年以来美国对外石油的依存度首次降到了 50% 以下，比 2005 年的高位减少了 11 个百分点。2011 年，美国的对外石油依存度再创新低，进口石油占美国石油消耗的比例降至 44.8%。

一方面美国本土的能源产出持续增长，另一方面能源进口开始回归周边。“能源独立”战略逐步成型。2011 年美国成为石油产品的净出口国。根据 2012 年 3 月美国能源部发布的石油供给数据显示，2011 年美国石油产品的日出口量首次超过进口量，这是自 1949 年以来美国首次成为石油产品的净出口国。2011 年美国石油产品的日净出口量为 43.9 万桶，而 2010 年美国石油产

㈠ http://www.whitehouse.gov/sites/default/files/blueprint_secure_energy_future.pdf.

㈡ Bill Richardson. Stop the politics and adopt a national energy plan [N]. Financial Time, 2012-03-22.

㈢ 1 立方英尺 = $0.0283168m^3$。

品日净出口量为26.9万桶。[㊀]美国普氏（Platt）能源分析师达夫·厄恩斯伯格（Dave Ernsberger）在《华尔街日报》评价称："以前的常识是美国是一个从世界汲取能源的黑洞，但2011年的变化改变了这一状态，这预示着下一个十年新趋势的开始。"

4.2 欧洲的新能源政策

4.2.1 欧洲能源法律及政策变化

2000年11月欧盟委员会发布了一份《关于欧盟能源供应安全的绿皮书》，该《绿皮书》注意到了欧盟能源供应形势的结构脆弱性和地缘政治、社会与环境缺陷，尤其是在有关气候保护的《京都议定书》方面的承诺。《绿皮书》的目标是构建欧盟长期能源供应战略，确保其公民的福利和经济正常运转，以及市场上能源产品不中断的可得性，价格上为所有消费者负担得起，保护环境并遵循可持续发展原则。《绿皮书》中提出的能源供应安全的战略思路包括：①能源多样化计划，目的在于降低对外依存度所带来的风险；②以需求为基础的管理，促进节约能源和提高能效，引导尊重环境的消费；③完善内部市场，以促进能源运营商扩大能源供应的可选参数；④新能源和可再生能源方面给予金融支持，为核能研究提供支持；⑤以促进供应的安全性为出发点与其他供应国建立战略伙伴关系。

2004年《欧盟宪法条约》规定，在确立内部市场和需要保持环境方面，欧盟能源政策必须旨在：①确保能源市场的运行；②确保欧盟能源供应安全；③促进能源效率和节能以及新能源和可再生能源的发展。根据该条约，能源法律与政策仍然是欧盟和各成员国之间的共享职权，欧盟限定于制定框架性的法律，而各国当局仍有权推进其自身的能源政策。

2006年3月8日欧盟委员会又发布了一份"绿皮书"——《可持续、竞争和安全的能源战略》，阐明了实现欧盟"可持续、竞争和安全的"能源供应的诸多途径。新政策的关键要素包括：①与欧盟主要的供应者发展一种共同的外贸方式，包括加强欧盟—俄罗斯之间的对话，确保俄罗斯批准《能源宪

㊀ Barbara Powell. US Was Net Oil——Product Exporter for First Time Since 1949 [J]. Bloomberg, 2012.

章条约》，“以改善在俄罗斯和转型国家的投资环境”；②加强供应和运输路线的多元化，包括加快新的液化天然气（LNG）码头设施的建设，以促进天然气供应的多样化；③提高对欧盟能源的研究、开发和部署预算中的优先级，促进当地能源的研究、开发和利用，包括可再生能源和核能的发展；④改善成员国之间的联系，提高能源市场的透明度，促进竞争。

4.2.2　欧洲新能源法律与政策的主要内容

欧盟能源法律制度主要由两个法源组成：一是基本法，如《欧洲煤钢共同体条约》《阿姆斯特丹条约》等；二是从属法，它包括欧盟各机构所制定的各种条例、指令、决定、建议和意见等。欧盟能源法律与政策主要包括以下五个方面的内容：

一是能源市场。欧共体早在 20 世纪 90 年代初创立了一个“内部能源市场”。根据欧共体有关电力和天然气过境指令的规定，有关各方承担非歧视和公平的义务。2006 年欧盟通过了“绿皮书”——《可持续、竞争和安全的能源战略》。在“绿皮书”中指出，为了建立欧洲内部电力和天然气市场，需要采取以下措施：①欧洲电力和天然气网络的发展；②进一步加强成员国之间的联系；③加大投入能源产能；④促进内部市场的全面开放，取消能源保护政策；⑤提高欧盟产业的竞争力。

二是能源供应。法律与欧盟的能源供应政策主要体现在石油、天然气、电力、化石燃料、核能和能源交通等领域。1990 年和 1991 年，欧盟分别制定了《电力传输指令》和《天然气过境指令》。1994 年，欧盟通过了一项关于采矿方法的指令。与此同时，欧盟成员国仍允许继续使用核能，并建议提供核安全的法律框架，促进共同安全标准的制定。

三是能源环境。欧盟能源政策不仅是保障能源供应安全的政策，环境目标也体现在其中：①可再生能源。2001 年欧盟在《联合国气候变化框架公约》《京都议定书》的基础上，制定了《提倡电力来自可再生能源的指令》，该指令旨在鼓励增加可再生能源在国内能源消费市场中的比重。②排放交易。2000 年欧盟制定了《欧盟气候变化纲领》；2001 年制定了《温室气体排放权交易机制的指令》，该指令旨在削减针对二氧化碳的排放。③节能。2001 年欧盟执委会制定了《建筑物能源行动指令》，新建的节能标准规定，包括建筑本身的功率、制冷、取暖和照明能耗等，空调和暖气设备的定期检查，并建立

建筑节能认证制度。

四是能源研究与技术开发。欧盟《第七个框架计划》指出，优先考虑以下领域：可再生能源技术、清洁煤技术、新能源运输、提高能源效率、核裂变和核废物管理的发展等方面。

五是共同能源政策。2006 年欧盟发布的《可持续、竞争和安全的欧洲能源战略绿皮书》，旨在为欧盟各国制定“共同能源政策”。具体而言，主要体现在以下几个方面：①能源基础设施的投资增加，建设新的天然气和石油管道和液化天然气中转站；②加强能源生产国、过境国和消费国的合作伙伴关系；③有效快速对外部能源危机做出反应；④推动能源发展。

4.3 中国的新能源政策㊀

4.3.1 中国新能源政策的萌芽阶段

1995 年 1 月，国家计委、国家科委、国家经贸委制订的《1996—2010 年新能源和可再生能源发展纲要》，明确了要按照社会主义市场经济的要求，加快新能源和可再生能源的发展和产业建设的步伐。

1995 年 9 月，在中共十四届五中全会上通过的《中共中央关于制定国民经济和社会发展“九五”计划和 2010 年远景目标的建议》，要求“积极发展新能源，改善能源结构”。

1995 年 12 月，在第八届全国人民代表大会常务委员会第十七次会议通过的《中华人民共和国电力法》中明确：国家鼓励和支持利用可再生能源和清洁能源发电。

1998 年 1 月 1 日实施的《中华人民共和国节约能源法》，明确提出“国家鼓励开发利用新能源和可再生能源”。

1999 年 11 月，国家经贸委发布《关于进一步促进风力发电发展的若干意见》（国经贸电力［1999］1286 号）指出：在国家逐步加大对风力发电投入的基础上，鼓励多渠道融资发展风力发电，允许国内外企业和投资者投资风电场建设。

㊀ 中国能源经济研究院. 中国新能源和可再生能源政策法规汇编（1986—2011）［M］. 北京：经济管理出版社，2011.

4.3.2　中国新能源政策的启动阶段

2000 年 8 月，国家经贸委资源节约与综合利用司颁布的《2000—2015 年新能源和可再生能源产业发展规划》，系统分析了以新能源和可再生能源为基础的能源产业发展、市场发展、预期效益、制约因素和问题，并从以下几个阶段来规划新能源和可再生能源的发展。

第一阶段：2000—2005 年。逐步建立新能源和可再生能源系统和经济激励措施，以适应行业管理体制的制定；建立和实施质量保证、监测、服务体系；加大对重点行业，重点产品的扶持力度，促进产业发展；新能源和可再生能源的开发和利用占全部商品能源消费量的 0.7%，达到 1300 万 t 标准煤。

第二阶段：2006—2010 年。提高可再生能源产业的配套技术服务体系，进一步规范市场；完善新能源和可再生能源经济激励制度。新能源和可再生能源的开发将达到 2500 万 t 标准煤，占商品能源消费总量的 12.5%。

第三阶段：2011—2015 年。新能源和可再生能源技术的大规模应用，大部分产品实现商业化生产；完善新能源和可再生能源产业体系，使之成为中国国民经济的一个重要新兴产业，其产值达到 670 亿人民币；新能源和可再生能源的开发将达到 4300 万 t 标准煤，占当时能源消费总量的 2%。

2002 年 6 月实施的《中华人民共和国清洁生产促进法》，提出了清洁生产的概念。清洁生产是指不断采取改进设计，使用清洁的能源和原料，采用先进的技术和设备，改进管理措施，提高利用率等，在源头上减少污染；减少或避免污染物的产生和排放，以减少或消除对人类健康环境的危害。

4.3.3　中国新能源政策的发展阶段

2005 年 2 月第十届全国人民代表大会常务委员会第十四次会议通过并实施的《中华人民共和国可再生能源法》(2006 年 1 月 1 日起开始实施)，确定了可再生能源的范围，鼓励和支持可再生能源并网发电，同时规定对上网电价进行管制。

2005 年 7 月，国务院发布了《国务院关于加快发展循环经济的若干意见》，制定了对节水、节能、环保装备的技术支持目录，规定运用价格杠杆促进节能、节水和控制污染，制定支持循环经济发展的财税和收费政策。

2006 年 3 月发布的《中华人民共和国国民经济和社会发展第十一个五年

规划纲要》，明确了全面落实科学发展观，建设资源节约型和环境友好型社会的目标。

2006 年 9 月，由财政部、国家发展改革委、农业部、国家税务总局、国家林业局等五部委发布的《关于发展生物能源和生物化工财税扶持政策的实施意见》（财建［2006］702 号），重点推进生物燃料乙醇、生物柴油、生物化工新产品等生物石油替代品的发展，同时合理引导其他生物能源产品发展。鼓励利用秸秆、树枝等农林废弃物，利用薯类、甜高粱等非粮农作物，小桐子、黄连木等木本油料树种为原料加工生产生物能源，鼓励开发利用盐碱地、荒山和荒地等未利用土地建设生物能源原料基地。促进实现粮食安全与能源安全的“双赢”局面。

2007 年 6 月国务院常务会议通过的《可再生能源中长期发展规划》指出可再生能源包括水能、生物质能、风能、太阳能、地热能和海洋能等，资源潜力大、环境污染低、可永续利用，是有利于人与自然和谐发展的重要能源，鼓励生产和消费可再生能源，提高在一次能源消费中的比重。促进节能减排，积极应对气候变化，更好地满足经济和社会可持续发展的需要。

2007 年 10 月实施的《中华人民共和国节约能源法（修正案）》，其改进之处包括：提高能源利用效率，反映了市场调节与政府管理相结合，增强了法律的针对性和可操作性，提高了能效标准和监管体系，加大政策激励力度。

2008 年 8 月，《中华人民共和国循环经济促进法》明确了循环经济概念。所谓循环经济是指生产、流通和消费过程中进行的减量化、再利用、资源化活动的总称。国务院循环经济发展综合管理部门会同国务院环境保护等有关主管部门编制全国循环经济发展规划，并制定具体措施。

2009 年 3 月，财政部、住房和城乡建设部联合发布了《关于加快推进太阳能光电建筑应用的实施意见》（财建［2009］128 号）指出：中国太阳能资源丰富，开发利用太阳能是提高可再生能源应用比重，调整能源结构的重要抓手。

4.3.4 中国新能源政策的成长阶段

2009 年 8 月《可再生能源法修正案（草案）》发布。此草案的几个重要内容包括：中国的可再生能源发电将全面获得政府补贴，可再生能源发电电价管理也将进一步提高；设立一个关于可再生能源发展的基金；草案还对可再生能源发电全额保障性收购制度进一步完善，需要国家有关部门制定年度采购目标和实施计划，确定并公布对电网企业的可再生能源发电量应达到的最小目标，充分保护可再生能源的发电量，电网企业用可再生能源发电项目不得低于最低目标线。

2010 年 1 月，国家能源局、国家海洋局联合发布《国家能源局发布海上风电开发建设管理暂行办法》（国能新能［2010］29 号），强调要规范海上风电项目开发建设管理、促进海上风电有序开发、规范建设和持续发展；海上风电发展规划应当与全国可再生能源发展规划、海洋功能区划、海洋经济发展规划相协调。

2010 年 9 月《中国清洁发展机制基金管理办法》发布，强调以基金带项目，以项目促方案，以资金保证方案有效执行，促进节能减排、发展新能源等一系列活动。

2010 年 10 月《国务院关于加快培育和发展战略性新兴产业的决定》中明确指出要加快培育和发展战略性新兴产业、构建国际竞争新优势，推动节能环保、新能源等新兴产业快速发展。积极开发新一代核反应堆技术和推进先进核工业的发展；加快太阳能热利用技术的推广应用，开拓多元化的太阳能光伏光热发电市场；提高风力发电技术和设备水平，有序推进风能规模化发展，以适应新的智能电网体系建设和能源发展的运行，因地制宜地开发和利用生物质能。

2010 年 10 月，《中华人民共和国国民经济和社会发展第十二个五年规划纲要》中专设章节论述促进清洁能源多元化发展：安全高效推动煤矿的发展，推动煤炭资源整合和煤矿企业兼并重组及大型煤炭企业集团的发展。推进煤制天然气、煤制液体燃料和煤基多联产示范有序开展，稳步推进产业化。增加石油和天然气的勘探和开发力度，稳定国内石油产量，促进天然气产量快速增长，推进煤层气、页岩气等非常规油气资源开发利用。发展清洁高效、大容量燃煤机组，优先考虑利用城市的电厂、工业园区热电联产机组以及大型燃煤和煤矸石的电厂。在良好的生态保护和移民安置的前提下积极发展水电，重点推进水电站建设，因地制宜地开发水电资源，科学规划建设抽水蓄能电站。保证核电高效发展的安全基础。加强和支持风电的有效发展。积极开发其他新能源，如太阳能、生物质能、地热能等，促进分布式能源系统的推广应用。

2011年3月，《关于进一步推进可再生能源建筑应用的通知》中明确指出：要切实提高太阳能、浅层地热能、生物质能等可再生能源在建筑用能中的比重，到2020年，实现可再生能源在建筑领域消费比例占建筑能耗的15%以上。

2011年3月，国家发展改革委2011年第9号令《产业结构调整指导目录（2011年版）》在鼓励类的“新能源”方向设置了10个方面的鼓励支持类目录，在“核能”方向设置了11个方面的鼓励支持类目录，在“电力”方向设置了24个方面的鼓励支持类目录。

2011年4月，国家发展改革委、财政部、商务部在《鼓励进口技术和产品目录（2011年版）》中与新能源有关的“鼓励引进的先进技术”有A54、A55、A64、A67、A68、A105、A119、A120、A134、A135、A136、A137、A138、A139、A140[一]15个方面；与新能源有关的“鼓励进口的重要装备”有B44（商品编码84145930）、B56（商品编码85044099）[二]两个方面；与新能源有关的“鼓励发展的重点行业”有C7、C8、C9、C40[三]四个方面；与新能源有关的“资源性产品、原材料”有D14（商品编码28441000）天然铀。

2012年2月，工信部发布了《太阳能光伏产业“十二五”发展规划》，进一步明确了光伏的建设重点和产量等。

2012年6月，国家能源局发布了《关于鼓励和引导民间资本进一步扩大能源领域投资的意见》，进一步鼓励民间资本进入新能源领域。

2012年7月，国家发展改革委制定了《可再生能源“十二五”发展规划》，明确了新能源的“十二五”规划布局和建设重点工作。

2013年3月，财政部、工业和信息化部、海关总署、国家税务总局《关于调整重大技术装备进口税收政策有关目录的通知》中明确了对太阳能电池设备、锂离子动力电池设备等装备、关键零部件及原材料免征关税和进口环节增值税。

㊀ 详见2011年4月19日发布的《鼓励进口技术和产品目录（2011年版）》（发改产业［2011］937号）中序号所代表的技术名称及技术要求。

㊁ 详见2011年4月19日发布的《鼓励进口技术和产品目录（2011年版）》（发改产业［2011］937号）中序号所代表的商品名称及相关技术要求。

㊂ 详见2011年4月19日发布的《鼓励进口技术和产品目录（2011年版）》（发改产业［2011］937号）中序号所代表的行业名称及行业内涵。

2013 年 7 月，国务院下发了《关于促进光伏产业健康发展的若干意见》，进一步推动光伏产业结构调整和转型升级，持续加强行业管理，提高行业发展水平；国家发改委下发了《分布式发电管理暂行办法》；工信部形成了《光伏制造行业规范条件》。

2014 年 1 月，国家能源局《关于加强风电项目核准计划管理有关工作的通知》，取消了纳入“十二五”第一批核准计划管理的 30 个项目，共计 174.35 万 kW。

2014 年 6 月，国务院下发了《能源发展战略行动计划（2014—2020 年)》。该计划指出：以开源、节流、减排为重点，确保能源安全供应，转变能源发展方式，调整优化能源结构，创新能源体制机制，着力提高能源效率，严格控制能源消费过快增长，着力发展清洁能源，推进能源绿色发展，着力推动科技进步，切实提高能源产业核心竞争力，打造中国能源升级版，为实现中华民族伟大复兴的中国梦提供安全可靠的能源保障。坚持“节约、清洁、安全”的战略方针，加快构建清洁、高效、安全、可持续的现代能源体系。实施节约优先战略、立足国内战略、绿色低碳战略和创新驱动战略四大重点战略。

2014 年 11 月，国家能源局印发《生物柴油产业发展政策》。该政策提出，科学制定产业规划，加强各级规划衔接协调，指导生物柴油产业规范有序发展。构建适合中国资源特点，以废弃油脂为主、木（草）本非食用油料为辅的可持续原料供应体系。

2014 年 12 月，国家能源局《关于印发全国海上风电开发建设方案（2014—2016）的通知》，该《通知》不断完善海上风电管理和服务体系，促进海上风电产业持续健康发展。

2015 年 3 月，《中共中央国务院关于进一步深化电力体制改革的若干意见》。该意见明确指出：进一步深化电力体制改革，解决制约电力行业科学发展的突出矛盾和深层次问题，促进电力行业又好又快发展，推动结构转型和产业升级。

2015 年 3 月，国家发展改革委、国家能源局发布了《关于改善电力行业调节促进清洁能源多发满发的指导意见》，统筹年度电力电量平衡，积极促进清洁能源消纳；充分运用利益补偿机制为清洁能源开拓市场空间；加强电力需求侧管理，通过移峰填谷为清洁能源多发满发创造有利条件。

2015 年 7 月，国家发展改革委、国家能源局正式发布《关于促进智能电

网发展的指导意见》。该《意见》要求编制智能电网战略规划，提高输电网智能化水平。与此同时，加强发展智能配电网，鼓励分布式电源和微网建设，促进能源就地消纳。到2020年，初步建成智能电网体系。

2015年7月，国家能源局发布《关于推进新能源微电网示范项目建设的指导意见》，鼓励联网型、独立型新能源微电网示范项目建设，并提出具体技术要求和数量要求。

2015年8月，国家能源局发布《配电网建设改造行动计划（2015—2020年》，明确提出，到2020年，中心城市（区）智能化建设和应用水平大幅提高，供电可靠率达到99.99%，用户年均停电时间不超过1h，供电质量达到国际先进水平；2015—2020年，配电网建设改造投资不低于2万亿元，其中2015年投资不低于3000亿元，“十三五”期间累计投资不低于1.7万亿元。预计到2020年，高压配电网变电容量达到21亿kA、线路长度达到101万km，分别是2014年的1.5倍、1.4倍。

2015年12月，国家发展改革委、环境保护部、国家能源局联合发布《关于实行燃煤电厂超低排放电价支持政策有关问题的通知》中明确：推进煤炭清洁高效利用，促进节能减排和大气污染治理，决定对燃煤电厂超低排放实行电价支持政策。

2016年7月，财政部、国家税务总局下发了《关于继续执行光伏发电增值税政策的通知》，规定从2013年10月1日起到2015年12月31日，对纳税人销售自产的利用太阳能生产的电力产品，增值税实行即征即退50%的政策。

2016年10月，国家能源局下发了《关于进一步调控煤电规划建设的通知》，突出强调了进一步做好煤电规划建设工作，防范我国煤电过剩风险。

4.4 中国新能源法律及政策解析

4.4.1 中国能源法律体系的构成和特点

1. 中国能源法律体系的构成

（1）宪法中关于能源开发、利用的法律规范。宪法是一切法律制定的根本，同样也是中国能源立法的基础和依据。中国《宪法》第九条明确规定：矿山、水流、森林、山岭、草原、荒地、滩涂等自然资源，都属于国家所有，即全民所有。国家保障自然资源的合理利用，禁止任何组织或者个人用任何手段侵占或者破坏自然资源。这就为中国石油、煤炭、天然气等矿藏资源的开发利用管理，提供了最基本的法律依据。

（2）环境保护法中关于能源的法律规范。该法为其他环境保护单行法中有关能源合理利用的规定提供了依据。环境保护法第二十五条规定：新建工业和现有工业企业的技术改造，应当采取资源利用率高、污染物排放量少的设备和工艺，采用经济合理的废弃物综合利用技术和污染物处理技术。

（3）能源单行法律。1995 年通过的电力法，是中国第一部能源单行法律。其后一些能源单行法律陆续出台，如煤炭法、节约能源法和可再生能源法等。

2. 能源法律体系的特点

从中国能源法律体系构成中可以看出，中国能源法律体系是以宪法为根本，由一系列单行法、行政法规、规章和地方性立法所构成，呈金字塔式结构。就立法内容而言，能源立法重点转向抑制传统不可再生能源的开发利用，激励可再生能源的投资和运营。一直以来，中国能源法律与政策的重心在于通过开发利用能源资源，服务于中国经济的增长，同时由于中国新资源的严重短缺和环境的严重污染，立法与政策也鼓励节约和有效利用有限的能源资源。自 20 世纪 90 年代末以来，中国的能源法律开始转向抑制不可再生能源的开采，逐渐取消对化石燃料如煤炭的补贴，开始扶持和促进可再生能源的投资和经营。

4.4.2　中国能源政策解析

中国新能源政策解析如图 4－1 所示。

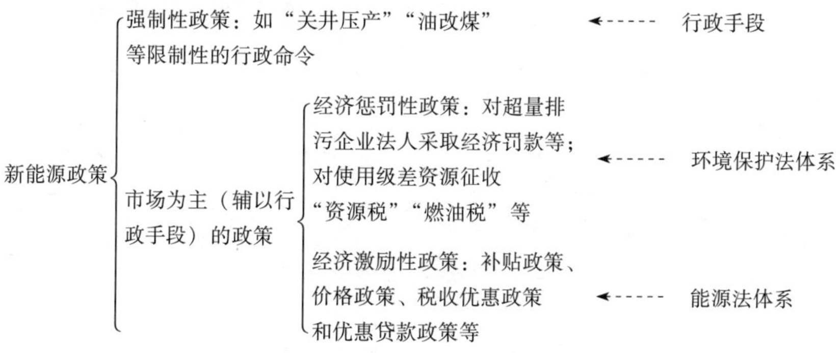

图 4－1　中国新能源政策解析

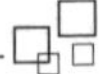

1. 政府强制性新能源政策

这类政策是对能源生产者或消费者实施高度控制的行政命令，直接干涉市场参与者的行为。它具有明确的时效性。如“关井压产”“油改煤”等限制性的行政命令，对能源产品制定标准、限制市场准入的措施等。这类政策没有全国统一的发展规划和方针政策，从而有可能使上下游产业的衔接、配套发生梗阻和冲突。以煤炭为例，煤炭短缺时提倡“大矿小矿一起上”，煤炭多时提出“关井压产”；不同时期提出的“煤改油”“油改煤”“煤改气”，也是缺乏长远发展战略的反映。

2. 以市场为主，辅以行政手段的新能源政策

这类政策主要是通过市场手段间接地影响市场参与者的行为，它又可以分为惩罚性政策和激励性政策。

（1）经济惩罚性政策。对超量排污企业法人的经济罚款规定，包括《排污费征收使用管理条例》（2003 年 7 月 1 日实施），《危险废物经营许可证管理办法》（2004 年 7 月 1 日实施），以及对使用级差资源征收资源税、燃油税等。各国的实践证明，这类政策，尤其是高标准、高强度的收费政策，不仅能起到减少污染量排放的作用，还能促进企业采用先进技术、减少能源消费、提高科技水平。这类政策的经济学依据有“科斯定理”“排污许可证法”及“庇古税法”；法律依据主要是《中华人民共和国环境保护法》及其体系（如图 4－2 所示）。

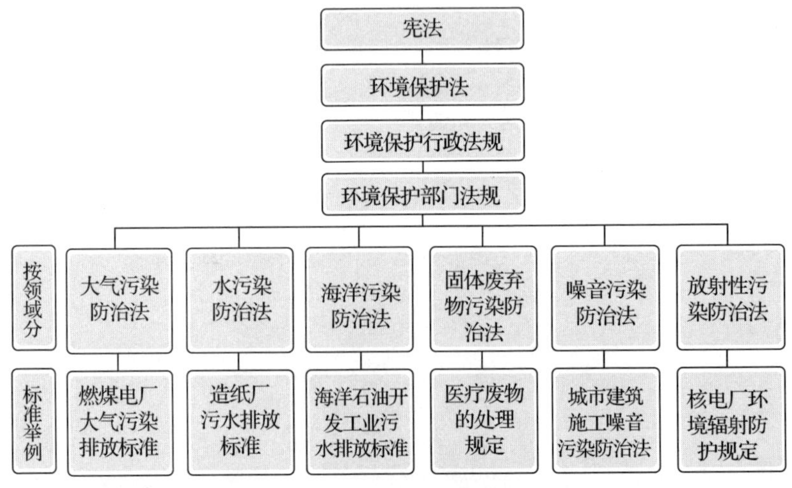

图 4－2　中国环境保护法律体系

（2）经济激励性政策。中国正处于经济体制转轨时期，借鉴发达市场经济国家的能源管理经验，已相继颁布了煤炭法、电力法、节能法等一系列能源法律、法规，但还没形成完整的能源法律体系。与欧美及日本一些国家已经建立起来的完善政策体系相比较，中国的能源政策缺乏完善的法律体系支持，政策实施缺乏统筹的项目，甚至政策出台远远落后于项目的实施。这些必然会导致诸多问题，如：政策实施缺乏法律依据，政策无法得到贯彻实施，政策缺乏前后的连贯性以及煤炭、石油、天然气、水电、新能源等各种能源发展的协调一致性等。中国能源法律体系，如图 4－3 所示。

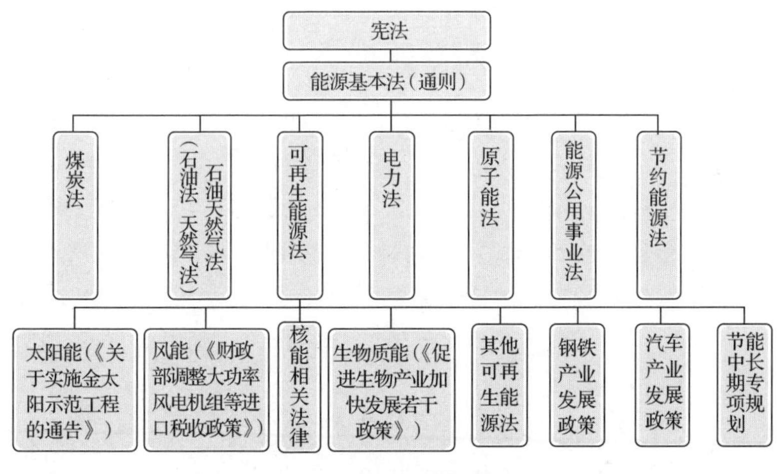

图 4－3　中国能源法体系

中国能源领域一般采用的经济激励性政策，主要包括补贴政策、价格政策、税收政策和优惠贷款政策四种。

4.5　国内外政策比较对中国新能源的启示

从政策的策略性上分析，在一定意义上可以说能源政策是一种无形的“货币”，是政府对能源产业发展导向的软投资。它影响面广，是达到相关目标有力的工具。因此，为推动中国新能源和可再生能源产业的发展，达到政府规划的目标与要求，应在能源政策层面上继续调整和深化改革。未来能源战略选择必须将视角拓展到世界范围和中国未来发展的更长周期内，使有效供应、节能优先、结构优化、环境友好、市场驱动的能源可持续发展战略得到有效实施。

4.5.1 建立长远统一的能源战略

据国际能源署《世界能源展望2003》报告预测，2010年、2020年、2030年中国的能源进口依存度将分别上升到61%、77%和82%。因此，中国应当树立强烈的能源危机意识，做到居安思危。在保证供应的前提下，根据实际国情，中国应实行多元化的能源发展战略：①立足本国，在促进国内资源开发的同时，提高能源利用效率，促进可替代的新能源发展；②保证进口多元化和进口运输安全；③实行适当的石油战备储备。

1. 在依靠本国能源的前提下，立足当前，放眼长远，提高化石能源的高效利用和低碳排放，调整能源结构，加快新能源发展

在能源结构调整上，较长时间内传统化石能源仍是中国经济社会赖以发展的基础。因此，要继续发挥煤炭、石油等化石能源的重要基础作用，大力发展能提高其利用效率和降低其排放的技术。同时，统筹协调核能、可再生能源与传统能源之间的补充、替代速度，逐步降低煤炭、石油等消费比例，增加核电和可再生能源比重。合理适度开发水电，大力发展核电，积极发展风能、太阳能和生物质能等可再生能源。从长计议，则需做好核聚变能等未来新型能源的技术研究。

加快发展新能源，必须依靠国家的支持与保护。一是做好可再生能源总体发展规划和合理安排相关配套措施建设，避免出现新能源快速建设但使用效率不高的状况。二是完善政策与法规支持体系，给予财政和税收等方面的倾斜政策，建立合理的费用分摊机制，提高新能源的竞争能力。三是在新能源技术开发上，增加国家投入，大力支持产学研合作，形成自有技术和可持续发展的创新能力，建立专业技术上的优势，从而降低可再生能源成本，有效推动新能源产业向规模化发展。

2. 保证进口多元化和进口运输安全

中国境外石油主要来自中东地区和东欧，中哈石油管线的建成是一个很好的例子，对此应进一步加强。同时，地中海周边和非洲地区，近年来石油探明储量和产量增长很快，已成为仅次于中东地区的主要产油区，战略上应予以重视。对俄罗斯及其周边应以资源性产品经贸合作为主。运输安全主要加强海上油运安全通道建设，积极开辟第二条海上通道。目前，中国进口原油的4/5通过马六甲海峡运输，且是租用外国油轮，这种方式在和平时期尚可，一旦有地区冲突发生，运输安全将会受到严重影响。应该争取在马六甲海峡地区派驻维和力量，以增加安全系数。另外，应积极与其他国家协商，开通其他运输渠道。

3. 实行适当的石油战略储备

对外国石油供应依赖程度越高，中国原油市场受国际市场影响的程度也将越深。这不仅意味着更大的经济风险，还可能蕴含着更高的政治风险和国家安全风险。作为重要的战略物资，石油始终是国际上争夺的焦点。除美国、欧盟外，中国还面临着日本、印度、韩国等国在世界石油市场的竞争。在特定时期，受世界政治、经济、军事形势的影响及少数大国的操控，完全可能出现中国石油不能满足国内需求的严重局面。加上我们进口采购方法有限，采购手段初级、单一，很容易受制于人。因此，建立石油战略储备，一方面可防止突发事件导致的石油供应中断，另一方面还可以缓解油价剧烈波动带来的冲击。

4.5.2 建立和完善可操作的能源及环境法律体系

美国的法律虽然冗长，但是执行条目详细，可操作性强，而中国的法律只是给出总体的方向，实际操作性弱。如中国已经出台了一系列关于可再生能源的法律法规，但由于缺乏实施细则，对补贴力度和优惠税率等激励政策没有统一明确的标准，政策法规与激励措施的实施尚未取得预期成效。可见，增强可操作性的可再生能源法律法规是保障该行业健康发展的重要手段。因此，一方面在出台法律法规的同时应该补充和完善其实施细则，包括明确的受惠对象、实施范围、补贴额度和优惠税率幅度等细节；另一方面应提高相关激励措施的系统性，以规范能源行业的发展。

4.5.3 将能源价格由国家定价为主逐步转变为以市场定价为主

1. 油气价格政策改革的措施

天然气和石油价格的逐步放开，使石油价格通过市场竞争形成机制，以扭转扭曲的能源价格。监管机构批准设立关于石油和天然气的勘探、生产、批发、零售等市场准入和退出制度，保证一定数量的市场主体，这样的价格机制能形成一个良好的基础竞争环境；主要是通过加快成品油调价频率，加大价格波动的幅度，控制和消除补贴的范围和交叉补贴等措施，改革成品油定价机制；适时增加资源税，以弥补生态治理环境费用的不足；规范石油市

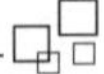

场，在条件成熟时，可在石油现货交易的基础上适度开展期货交易。

2. **电价政策改革的措施**

提高工作效率，促进经济增长，使电力供应和需求成为资源配置的标杆。中国政府应促进各发电企业尽量在内部消化新老电厂因历史原因形成的电价水平差别，或通过并购形成各类电厂新的市场价值，为竞价上网后的电价平等竞争创造条件。对不同环节电价实行不同的价格形成机制：上网电价由国家制定的容量电价和市场竞争产生的电量电价组成；输、配电价由政府确定定价原则；销售电价以上述电价为基础形成，建立与上网电价联动的机制。开展发电企业向较高电压等级或较大用电量的用户和配电网直接供电的试点工作，直供电量的价格由发电企业与用户协商确定。促使国有资本、民营资本、外资三方主体融入电煤市场竞争格局中；对市场化改革中的制度性壁垒进行松绑，鼓励煤、电大行业融合，从而实现煤炭价格与电价的良性调整。出台政策鼓励私人节余的清洁电能并网使用，减少电网的压力。㊀

4.6 小结

能源问题与国家经济和安全密切相关，能源政策是关乎国家未来的根本大计。从政策的策略性分析上讲，新能源政策可以说是一种无形的“货币”，是政府对新能源产业发展导向的软投资与干预。为推动中国新能源和可再生能源产业的发展，达到政府规划的目标与要求，应在新能源政策层面上继续调整和深化改革。而欧美国家等相对成熟的能源政策和战略，对中国仍将有着深远的影响与借鉴意义。因此，中国未来能源战略选择必须将视角拓展到世界范围和中国未来发展的更长周期。使有效供应、节能优先、结构优化、环境友好、市场驱动的能源可持续发展战略得到有效实施。

通过对美欧能源政策演进过程及能源政策主要内容的分析，对照中国能源政策构建的体系，从中给我们的启示也是明确的，欧美的能源政策体系是宏观战略清晰、战术措施科学合理、操作性好、体系相对完善。中国宏观政策站位高，在技术操作层面上的科学性和系统性有待加强，且能源政策的体系性也需进一步完善。

㊀ HaiLong Zhang, ShaoJie Zhang. *The Enlightenment of the Evolution of European and American Energy Policy on the Energy Strategy in China* [C] //shanghai: International Conference on Management and Engineering (2014),: 1288 – 1296.

第 5 章
中国新能源发展现状及问题

5.1 能源利用的现状

对大多数国家来说，“能源独立”都是空谈。[㊀]再多的生物燃料、天然气或任何其他的能源替代方案，都无法让我们马上摆脱“能源进口依赖”这个事实。但在可预见的未来，管理依赖才是真正的关键。我们有很多选择，国家可以设法通过外交来影响，减少国内需求，改进替代能源，或者找到合适的能源组合。在 20 世纪的多数时间里，西方采取了第一种方法，包括干预石油生产国的政治，结果则是喜忧参半。控制需求和发展替代能源，这两种策略自 1973 年的石油禁运以来就被断断续续地实施，然而从长远来看，它们显然最有前途。最重要的是，美国已经选择了第一种策略。“流血换石油”也许是过于简单的解释，但基本上可以肯定的是，美国在中东的长期军事存在就是为了保护自身、盟国以及全球经济的石油供应。我们还应该注意，海湾国家已经不再像过去那样针对具体的国家出售石油，而是开始向国际市场出售，因此他们就很难再通过石油禁运来惩罚他们不喜欢的那些国家。然而，这似乎很难令人放心，因为这其实意味着大家都对供应缺乏安全感。国家还是必须要设法应对这样的不安全感，加以管理和疏导，因为石油危机感不会消失。

化石燃料有巨大的实用优势：储量丰富，价格不算昂贵，用途灵活多样，而且能量非常高（单位重量或体积的化石燃料能提供很多的动力和功）。我们之所以投入巨资，围绕着化石燃料的开采和利用建立起庞大的系统，这里有合情合理的技术原因。然而，恰恰是这个庞大的系统给重大的变革提出了挑

㊀ 斯科特 L 蒙哥马利. 全球能源大趋［M］. 宋阳、姜文波，等译. 北京：机械工业出版社，2012：40.

战。尽管形势紧迫，但颠覆这样一个系统并转向新能源，需要多年的努力。毕竟新兴国家和发展中国家明白，利用烃类燃料能让他们变得更富裕。他们的产品和服务的价值，也就是 GDP，会随着能源消费的数量和多样性的增长而增长。这种关系绝不是线性的。经济的稳定和增长绝不仅仅取决于能源消耗的多少，能源利用的具体方式更重要。我们可以从图 5-1 看出某种迹象，其中三条曲线分别代表三大类能源服务——运输、发电和静止用途（楼房供暖、工业操作）。事实上，图 5-1 揭示出经济增长与电力消费的联系最紧密。当我们考虑到这种能量载体对现代社会的各个部门多么重要时，这种紧密联系又会显得非常合情合理。发展中国家也明白这一点，电气化是他们最基本的能源目标。

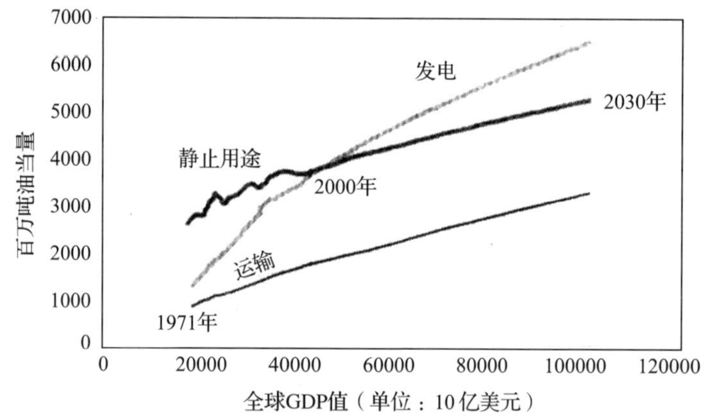

图 5-1　世界范围内能源相关的服务与全球 GDP 的函数关系

注：1. GDP 按 1995 年的美元计算，1971—2000 年的曲线依据历史数据绘制。

2. 资料来源：国际能源署《世界能源展望 2002》。

然后，这里还有另一个基本问题：不管是发电还是制造和运输产品，世界利用现有能源的效率如何？我们知道美国能源浪费惊人。美国人出门就开车，住着宽敞的房子，在沙漠中建起了拉斯维加斯，刚一出点儿汗就赶紧开空调。美国人的消费纯粹就是衡量挥霍欲望的一把尺子。这种看法不完全正确。这里有两个层面需要考虑：行为和技术。和世界的其他地区相比，美国人的行为和选择的确像贪得无厌的能源消耗者。美国人的住宅每天消耗的能源是欧洲和日本的两倍，汽车的油耗也要比他们的高很多。然而从技术上来说，随着时间的推移，美国人在大多数能源利用领域的效率都已经提高了很多。如今，一台电冰箱每天的耗电量仅为 1980 年时的一半，洗碗机、暖气炉、热水器、电吹风以及大多数的工业和制造流程，它们的能源利用效率比 30 年前高得多。按单位面积计算，美国人的住宅与德国和日本的一样高效。归结起来，衡量指标就是能源强度。

能源强度（energy intensity，EI），其定义为“生产单位 GDP 需要消耗的能源”，如英热单位/美元（实际计算通常就是用总的 GDP 除以总的能耗）。数字越大意味着经济的效率越低，数字越小则经济的效率越高，也就是说同样的经济产值需要消耗的能源越少。总的来说，国家层面的能源强度是一个相当迟钝的指标，无法解释某些关键因素，如地理（北方国家需要消耗更多的能源用于供暖）、不同的经济类型（农业经济与工业经济），或者经济演化（农业经济转向工业经济再转向服务经济），然而能源强度这个指标还是有用的，可以用来比较模式随时间的变化，如图 5－2 所示。

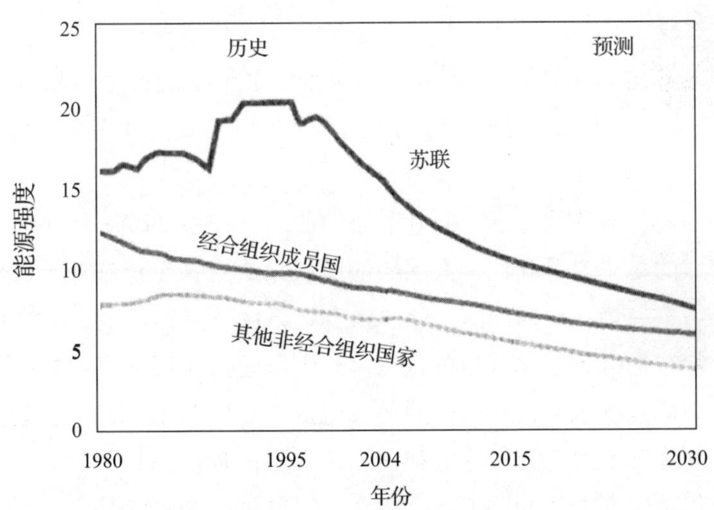

图 5－2　发达国家（经合组织成员国）、发展中国家（非经合组织国）、转型国家（苏联）等二类国家的能源强度（单位经济产值的能源消耗）

注：1. 资料来源：美国能源信息管理局《国际能源展望 2007》。

2. 能源强度的单位为千英热单位/美元 GDP（以 2000 年的美元计算）。

在发达国家，能源强度自 1940 年以来一直持续下降。这些国家减少了重工业如炼钢、造船的总量，而且自 20 世纪 70 年代以来他们有意识地通过政府政策推动了很多能源消费方面的进步，提高了能源的利用效率，总的来说，自1980年以后，能源强度每10年下降大约17%，这意味着GDP的增长比能源消费快了很多，或者换句话说，经济增长对能源消耗的依赖越来越小了。这标志着发达国家和前100年相比有了重大改变，同时说明经济演化和实际政策都能产生巨大的影响。为什么经合组织成员国的能源强度比非经合组织国家高呢？这是因为生活方式、技术和其他因素使得富裕国家的人均能源消费要高出很多倍。

发展中国家的情况就不一样了。进入20世纪80年代后期，这些国家的能源强度恶化了，因为其中很多国家扩大了电力工业和制造业。不幸的是，能源强度的升高和利用廉价过时、污染严重的技术与迅速建立化石燃料系统有关。到20世纪90年代早期，作为其中最大的两个国家，中国和印度已经转向了劳动密集度更高的轻工业和服务业，降低了单位产值的消耗，但从2000年开始，中国改变了方向，开始迅速成为一个城市化的工业强国，大力建设公路、铁路、高楼、郊区、机场、发电厂和工厂等基础设施，鼓励把储量丰富的煤炭作为首要能源。㊀2000—2008年，中国的能源消费增长超过了100%。这是惊人的增长，但是考虑到中国全力以赴的现代化努力，这也是完全可以理解的。

中国的影响体现在图5-2中最下面的曲线，2000—2008年曲线斜率骤变。这个突然的变化告诉我们，大国的能源政策决定甚至能在短短几年内就改变重要的历史趋势。根据预测，能源强度将再次下降；事实上，2008年就已经开始了。这是由于中国政府的政策——中国通过关闭大多数效率低下的制造业、用新能源技术取代陈旧落后的发电厂、在财政上遏制高耗能的工厂等方式来不断降低中国企业的能源强度。正如中国环境保护部的副部长所指出的，中国仍然还有很长的路要走，因为："同样是生产价值1万美元的产品，我们需要消耗的资源是日本的7倍，是美国的6倍，甚至比印度还多出大约2倍。"㊁

与此同时，苏联呈现出另一种情况。苏联的解体导致了能源消耗的骤降，更糟糕的是经济产值下滑甚至更加严重——贸易减少、工厂关门、产业解体，

㊀ See Daniel H. Rosen and Trevor houser, Chian Energy: A Guide for the Perplexed [M]. Washington: Peterson Institute for Inretnational Economics, 2007.

㊁ http://www.spiegel.de/international/Spiegel/0, 1518, 345694, 00.html.

所有这些导致该地区的能源强度在 20 世纪 90 年代的多数时间里都大幅度上升。进入 2000 年，石油和天然气价格的上涨带来了新的繁荣，能源强度上升的趋势得以逆转。我们无法确定图 5-2 中显示的能源强度下降有多少来自能源利用的改善。至少有三个因素可以帮助解释为什么该地区的能源强度仍然那么高：①气候（人均能源消费更高）。②经济结构（严重依赖于能源密集型的自然资源产业，如石油、天然气、木材和金属）。③苏联留下的低效率的落后技术。俄罗斯说过，他们将把能源效率作为一个首要目标；他们的确大有可为。然而，考虑到气候和资源型经济的现实，他们的能源强度将一直处于相对较高的水平。

从图 5-2 中我们可以得出这样一个重要结论：如果坚持创新，那么技术确实可以带来能源的巨大节约。与使用 20 世纪 90 年代的天然气涡轮机比起来，使用煤炭和 20 世纪 40 年代蒸汽机的工厂，简直就是吞噬资源的掠食性恐龙。同样，与燃油效率可达 40～45mile/UKgal[㊀] 的四缸小轿车相比，燃油效率仅为 20mile/UKgal 的 V-8 SUV 显然更容易推高石油需求。然而，历史往往表明，能源节约渐渐会导致能源消费的增长，这就是所谓的“富足悖论”。降低消费的重大成就往往会给疲软的市场带来“创新”，人们希望借此开发同样的能源红利，如给效率更高的住宅配上更多的设备和器具，利用效率更高的制造业来创造更高的产值，把燃油效率更高的汽车造得体积更大而且动力更强（至少过去是这样）。一般来讲，控制石油消费是个复杂的问题，尤其是在美国这样的国家——幅员辽阔，都市和城镇的运转都离不开汽车，经济和生活方式与道路密不可分，汽车文化定义了家庭和办公生活的舒适，消费者已经习惯了不把军事、医疗和环境成本包括在内的低油价。要想真正连贯地控制能源需求，唯一的办法就是采取一系列措施来影响技术、动机以及人们的选择。除了设备和价格，意识和敏感性也是解决方案的一部分。[㊁]

5.2　中国新能源发展现状

从资源和经济角度分析，目前中国大力推进新能源发展的时机基本成

㊀ 1mile = 1609.344m。1UKgal = 4.54609dm^3。

㊁ 斯科特 L 蒙哥马利. 全球能源大趋势［M］. 宋阳、姜文波，等译. 北京：机械工业出版社，2012：40.

熟。尽管如此，中国新能源开发利用技术与发达国家相比还有些差距。2012 年水电、风电、核电、太阳能等能源占一次能源消费比重仅为 8.3%，㊀而在 2009 年不包括核电在内的新能源消费总量中的比重，丹麦是 17%，瑞典高达 34%。㊁

5.2.1 水电资源现状

水电是清洁能源，可再生和无污染、运行费用低，便于进行电力调峰，有利于提高资源利用率和经济、社会的综合效益。

2013 年底，全国水电装机将达到 2.78 亿 kW，增长约 11.6%，占发电总装机比重为 22.5%。2013 年的 1～10 月，全国累计新增新能源和可再生能源发电装机 3595 万 kW，是 2012 年同期的 2 倍，占新增发电装机 57.1%，占比比 2012 年同期提高 19.5 个百分点。㊂在水电的整体规划布局上，西部地区常规水电装机规模达到 9500 万 kW，占全国的 55%，开发程度为 21.5%，其中水能资源量丰富的四川、云南水电装机容量分别达到 2700 万 kW 和 700 万 kW，开发程度分别为 22.5% 和 17%；中部地区常规水电装机规模达到 5000 万 kW，占全国的 30%，开发程度达到 68%；东部地区装机规模达到 2500 万 kW，占全国的 15%。

国家能源局统计，到 2020 年全国发电装机容量可能达到 9.5 亿 kW 左右，其中水电 2.46 亿 kW（含抽水蓄能 2600 万 kW），煤电 5.62 亿 kW，核电 4000 万 kW，气电 6000 万 kW，新能源发电 4100 万 kW。技术进步和产业升级步伐将会加快。

在“十二五”期间，中国每年水电新开工规模将为 2000 万 kW，5 年达 1 亿kW，2020 年全国水电将实现 3.5 亿 kW 的装机，能源供应结构将得到相当程度的改善。水电能源开发利用率从改革开放前的不足 10% 提高到 25%。水电事业的快速发展为国民经济和社会发展做出了重要的贡献，同时还带动了中国电力装备制造业的繁荣。三峡水电机组全部国产化，迈出了自主研发

㊀ http://www.baogaochina.com/News/2012-02/FenBuShiKeZaiShengNengYuanFaDianDeFaZhanCeLueFenXi.html.

㊁ 曹新. 中国能源发展战略问题研究［M］. 北京：中国社会科学出版社，2012：23.

㊂ http://www.chinairn.com/news/20131205/154825680.html.

和创新的可喜一步。小水电设计、施工、设备制造也已经达到国际领先水平，使中国成为小水电行业技术输出国之一。

5.2.2　太阳能资源现状

中国拥有丰富的太阳能资源，太阳能利用前景广阔。目前，中国太阳能产业规模已位居世界第一，是全球生产和使用太阳能热水器最多的国家和太阳能光伏电池的重要生产国。中国拥有较为成熟的太阳能产品，即太阳能光伏发电系统和太阳能热水系统。

中国可再生能源法的颁布和实施，对于太阳能产业的发展提供了政策支持；签署《京都议定书》，出台环保政策和国际承诺，提高了太阳能产业发展的机会；西部大开发，为太阳能产业提供了巨大的国内市场；中国能源战略的调整，使得政府加大对可再生能源的开发力度。所有这些都带来了巨大的机遇，为中国太阳能产业的发展提供了支持。

根据国家能源局综合司副司长王思强公布的数据显示，到 2010 年年底，全国太阳能发电总装机达到 60 万 kW，比上年增长 1 倍。太阳能热水器总面积 1.8 亿 m^2，增长 24%。[㊀]根据国家“十二五”发展规划，中国将以发展绿色能源为重点，且中国希望为太阳能企业提供更稳定的市场环境。根据国家能源局发布的数据显示，截至 2015 年 9 月底，全国光伏发电装机容量达到 3795 万 kW，其中，光伏电站 3170 万 kW，分布式光伏 625 万 kW，已经超过了“十二五”发展规划中预计的 2020 年的目标值。据此，中国太阳能产业前景一片光明。根据国家能源局提供的规模发展指标，到 2020 年年底，太阳能发电装机容量有望达到 1.6 亿 kW，年发电量达到 1700 亿 kW · h。[㊁]

中国太阳能技术主要集中在电池为主的产业，生产设备部分实现国产化，薄膜太阳能电池技术已开始产业化。晶硅、薄膜等太阳能电池以及其他新型太阳能电池技术的发展，为太阳能发电行业发展和市场开拓奠定了基础。目前具有 10MW 级并网光伏集成技术，已有 500kW 级光伏并网逆变器、数据采

㊀ http://energy.people.com.cn/GB/13040778.html.

㊁ http://finance.china.com.cn/industry/energy/xnyhb/20160627/3784611.shtml.

集和进程监控系统等关键设备。㊀

预计光伏发电装机增速总体平稳，保持在20%以上。国内用户光伏发电系统的发展有望加速。太阳能热发电技术在塔式、槽式热发电和太阳能低温循环发电等方面取得了重要成果，光热发电有望实现新的突破。但太阳能热发电技术与国际先进水平相比仍具有一定差距。这主要是由于太阳能热发电对光照条件要求较高，中国大多数地区基本情况并不适合用太阳能热发电。中国光伏发电与发达国家相比，总体上也存在着相当大的差距，这些差距同时表现在技术水平、产业和市场发展方面。

5.2.3 核能资源现状

中国大陆的核电起步较晚，20世纪80年代才开始兴建核电站。秦山核电站是中国自行设计建造的第一座30万kW压水堆核电站。秦山核电站工程建设自1985年3月20日开工到1991年12月15日并网发电，结束了中国大陆无核电的历史，实现了零的突破，使中国成为继美国、英国、法国、苏联、加拿大、瑞典之后世界第七个能够自行设计、建设核电站的国家。

国务院新闻办公室2016年1月27日发表的《中国的核应急》白皮书显示，截至2015年10月底，中国大陆运行核电机组27台，总装机容量2550万kW；在建核电机组25台，总装机容量2751万kW。中国在建核电机组数世界第一。㊁

在几十年的时间里，中国已经成为全球核产业的大户。目前，中国在建的核反应堆和计划建设的反应堆都是世界上最多的，因此它已成为一个至关重要的铀市场、新反应堆设计的试验场以及全世界核发展的重要潜在伙伴。尽管是一个后来者，但直到日本福岛事故之前，中国在此领域都非常活跃，近年来的核电建设速度令人惊叹。

根据国家发展和改革委员会2007年10月通过的《核电中长期发展规划（2005—2020年）》，到2020年，中国核电运行装机容量争取达到4000万kW；这一目标今天显然已远远不能满足社会经济发展的需要，据专业预

㊀ 国家能源局.《国家能源科技“十二五”规划（2011—2015）》确定4个重点技术领域［J］. 煤炭经济研究，2012（2）.

㊁ http://finance. huanqiu. com/roll/2016 - 01/8463128. html.

计，到 2020 年，中国核电装机容量将达 7000 万 ~ 8000 万 kW，到 2030 年，核电装机将提高到 2 亿 kW，2050 年则将提高到 4 亿 kW，占总装机的比例将达 5%，以扩大清洁能源供应并减少煤炭依赖。㊀

辽宁红沿河核电站位于瓦房店市红沿河镇，是国家“十一五”期间首个批准建设的核电项目，是中国首次一次同意 4 台百万 kW 级核电机组标准化、规模化建设的核电项目，是东北地区第一个核电站。截至 2015 年年底，红沿河 1、2、3 号机组为商运机组，红沿河核电站 2015 年上网电量为 125.91 亿 kW·h，占大连当年全社会用电量的 4 成以上，相当于 2.8 万 hm^2 森林的效果。2016 年 4 月 1 日 9 时 52 分，红沿河核电 4 号机组成功实现首次并网发电，这标志着该机组具备发电能力，红沿河核电一期工程即将全面建成。

5.2.4　风能资源现状

中国风能资源起步较早，在 20 世纪 50 年代末使用的是各种木结构的风篷式风车，1959 年仅江苏省就有木风车 20 多万台。到 60 年代中期主要是发展风务提水机。70 年代中后期开始风能开发利用列入了“六五”国家重点项目，并得到了迅速发展。进入 80 年代中后期，中国先后从丹麦、比利时、瑞典、美国、德国引进一批大中型风力发电机组。在新疆、内蒙古的风口及山东、浙江、福建、广东的岛屿建立了 8 座示范性风力发电场。1992 年装机容量已达 8MW。进入 21 世纪后，中国在风能的开发利用上加大投入力度，使高效清洁的风能在中国能源的格局中占据应有的地位。

国际环保组织绿色和平和中国资源综合利用协会可再生能源专业委员会于 2011 年 6 月 16 日共同发布的《风光无限——中国风电发展报告 2011》显示，中国风电经济性提升，产业进一步成熟。随着风电设备单位投资水平的下降、风场选址水平的提高以及风电机组效率的提高，风电成本将进一步降低。中国已经颁布的风电区域上网电价为 0.51 ~ 0.61 元/(kW·h)，比常规价格高出 30% 左右。随着风电装备制造在成本和质量上的竞争日益激烈，风电装备价从 2010 年年初的 4000 元/kW 下降到 2011 年的 3500 元/kW 左右，降幅高达 12.5%。这一局面将进一步提升开发商的积极性，大力推动风电的发展。

㊀ 余胜海. 能源战争［M］. 北京：北京大学出版社，2012：86.

2013 年中国风电新增装机为 1125.61 万 kW，与 2012 年相比增速放缓。但是，新增并网风电容量达到 1450 多万 kW，与 2012 年相比增速增加。[一]从风电开发商市场份额来看，截至 2013 年 12 月末，中国风电累计装机容量达到 9174.46 万 kW，分布在 33 个省、直辖市、自治区和特别行政区（中国台湾装机未统计），中国风电累计核准容量已达 13425 万 kW，其中，并网风电累计容量 7758 万 kW。[二]风电累计装机超过 100 万 kW 的省级地区共有 15 个，该 15 个省级地区风电累计装机占全国风电累计装机容量的 94.29%。其中内蒙古风电累计装机以 23.97% 市场份额位居全国第一。河北与甘肃分别位居第二位和第三位。[三]

中国风机制造企业对于国内风电市场建设前景充满信心。据预测，到 2020 年中国风电装机容量有望达到 3 亿 kW 左右，大大高于官方预期的 2.3 亿 kW。占市场份额全球第三的风力电机制造商——华锐风电董事长韩俊良在参加 2010 北京国际风能大会时表示，到 2020 年国内风电装机有望超过 2.5 亿 kW，甚至达到 3 亿 kW。

在相当长一段时间内，风能应该能够承担起全球节能减排和新能源发展的重任。中国已经做出承诺，争取到 2020 年非化石能源占一次能源消费比重达到 15%；到 2020 年单位国内生产总值温室气体排放量比 2005 年减少 40% ~45%。风电设备生产商——金风科技董事长武钢亦做出呼应，他认为 2020 年风电装机可以达到 3.2 亿 kW 左右。

中国 2009 年新增风电装机容量 13800MW（0.138 亿 kW），同比增长高达 124%，新增市场容量超过美国居全球第一；累计装机容量连续四年翻番，超越德国和西班牙，规模排在美国的 35159MW 之后，位居世界第二。中国 2013 年新增风电装机容量 75335MW（0.75335 亿 kW）[四]

5.2.5 海洋能源资源现状

中国海洋能源开发已有 40 多年的历史，新中国成立初期就兴建了 8 座潮汐电站。20 世纪 80 年代开始加快了潮汐能开发利用步伐，在沿海各

[一] http://www.chinairn.com/print/3366188.html.

[二] http://news.bjx.com.cn/html/20140108/485120.shtml.

[三] http://www.chinairn.com/print/3366188.html.

[四] http://cn.reuters.com/article/chinaNews/idCNCNE9B304A20131204.

地区陆续兴建了一批中小型潮汐电站，其中最大的潮汐电站是 1980 年 5 月建成的浙江省温岭市江厦潮汐试验电站，它是世界上已建成的较大双向潮汐电站之一，也是中国潮汐发电的国家级试验基地，共安装 6 台双向灯泡贯流式水轮发电机组，总装机容量为 3900kW。[㊀]据了解，江厦潮汐电站每昼夜可发电 14～15h，比单向潮汐电站增加发电量 30%～40%。[㊁]

经过多年的探索，中国的海洋发电技术已有较好的基础和丰富的经验，小型潮汐发电技术基本成熟，已具有开发中型潮汐发电站的技术条件。但是现有潮汐电站的整体规模和单位容量还很小，单位千瓦造价高于常规水电站，水工建筑物的施工还比较落后，水轮发电机组尚未定型标准化。这些均是中国潮汐能开发现存的问题。其中关键问题是中型潮汐电站水轮发电机组技术问题还没有完全解决，电站造价亟待降价。

据估算，中国仅长江口北支就能建 80 万 kW 的潮汐电站，年发电量为 23 亿 kW·h，接近新安江和富春江水电站发电总量；钱塘江修建 500 万 kW 的潮汐电站，年发电量约 180 亿 kW·h，约相当于 10 个新安江水电站的发电能力。由于我国海潮资源丰富，开发利用的前景十分广阔。

5.2.6　生物质能源资源现状

生物质能源是指通过光合作用而形成的各种有机体，包括所有的动植物和微生物。而所谓生物质能源，就是太阳能以化学能形式储存在生物质中的能量形式，即以生物质为载体的能量。它直接或间接地来源于绿色植物的光合作用，可转化为常规的固态、液态、气态燃料，取之不尽、用之不竭，是一种可再生能源。

生物质能源的原始能量来源于太阳，所以从广义上讲，生物质能源是太阳能的一种表现形式。目前，很多国家都在积极研究和开发利用生物质能源。

中国人口众多，资源相对不足，能源供应不能充分满足国民经济发展需要；随着经济的发展和全面小康社会建设的推进，对能源供应必将提出新的要求。从中国未来生物质能源的需求来看，城镇交通运输和农村生活用能将

㊀ http://power.in-en.com/html/power-0749074914719010.html.

㊁ http://app.chinamining.com.cn/focus/new_energy/2009-12-24/1261641912d32-713.html.

为现代生物质能源提供巨大的潜在市场。

中国沼气产业的规模呈现逐年递增的趋势，尤其是户用沼气池的数量增加明显，已经成为沼气产业的主力。中国农村户用沼气池近几年来逐年增加，2000年底，农村户用沼气池达到848万户，2006年年底已达到2200万户，2007年年底为2650万户，2008年年底为3050万户，2009年年底为3500万户，2010年年底已经超过4000万户，可以看出，户用沼气池数量一直呈现递增的发展趋势，并以平均每年约17%的速度增长。[㊀]2011年达4170万户，2012年达4300万户，2013年达4500万户，2014年达4750万户，[㊁]根据《2012—2016年中国沼气市场分析预测及投资方向研究报告》的论述："2015年，农村户用沼气用户达5000万~5500万户"（见图5-3），并依据2011—2015年平均6%的年增速，在没有官方公布数据的情况下，笔者暂认为5050万户更为合理。按《可再生能源中长期发展规划》，预计到2020年我国沼气年利用总量将达到440亿 m^3，其中农村沼气利用量将达到300亿 m^3。

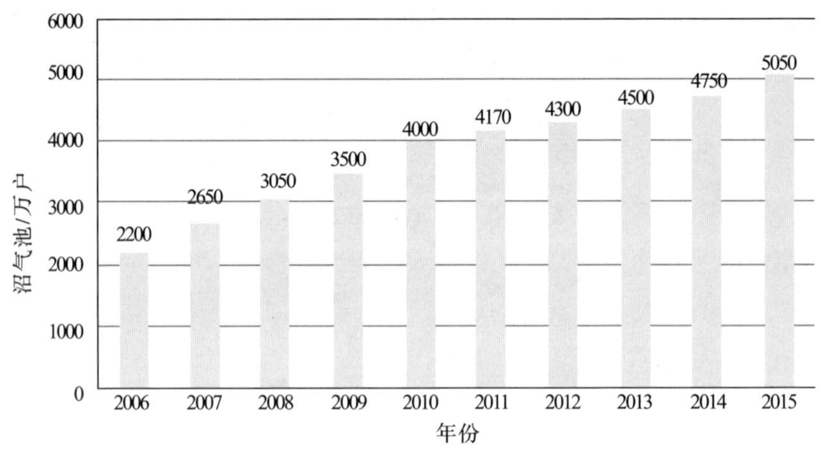

图5-3 中国农村户用沼气池增长情况

中国发展林业生物质能源有着巨大的资源优势和发展潜力。目前，中国陆地林木生物质资源总量在18亿t以上，可用生产生物质能源的主要是薪炭林、林业"三剩物"、平茬灌木等。[㊂]

㊀ http://www.qianzhan.com/analyst/detail/220/20120702-8f62a94facfb06ac.html.

㊁ 资料来源：《2012-2016年中国沼气市场分析预测及投资方向研究报告》。

㊂ http://paper.people.com.cn/scb/html/2006-06/07/content_6371336.htm.

国家林业局组织有关单位对中国林业生物质能源资源总量、开发利用和发展潜力等情况进行了调研，初步查明中国油料植物有 151 科 697 属 1554 种，其中种子含油量在 40% 以上的植物有 154 种，能够规模化利用的生物质燃料油木本植物资源约有 10 种，[一]可用来建立规模化生物燃料油原料基地的树种有 30 多种，如黄连木、文冠果、麻风树、光皮树等。中国林业生物质资源丰富，现有林业生物质中可用作工业能源原料的生物量有 3 亿 t，如全部开发利用，可替代 3 亿 t 标准煤，相当于中国化石能源消耗量的 1/10。据专家初步估计，中国仅现有的农林废弃物有 15 亿 t，约合 7.4 亿 t 标准煤，可开发量约为 4.6 亿 t 标准煤，预测到 2020 年将分别达到 11.65 亿 t 和 8.3 亿 t 标准煤。[二]另外，中国现有 300 多万 hm^2 薪炭林，每年约可获得 0.8 亿 ~1 亿 t 高燃烧值（生物量）。在中国北方地区，有大面积的灌木林亟待利用，估计每年可采集木质燃料资源 1 亿 t 左右；全国用材林已形成大约 5700 多万 hm^2 的中幼龄林，如正常抚育间伐，可提供 1 亿多 t 的生物质能源原料；[三]同时，林区木材采伐加工剩余物、城市街道绿化修枝也能提供可观的生物质能源原料。

中国现有不适宜农耕的宜林荒山地 5400 多万 hm^2，如果利用其中 20% 的土地来种植能源植物，每年可产生的生物质能源可达 2 亿 t，相当于 1 亿多 t 标准煤。中国还有近 1 亿 hm^2 的盐碱地、沙地、矿山、油田复垦地等不适宜发展农业的边际性土地，这些都可以成为发展林业生物质能源的基地。[四]

目前，中国已经掌握了成熟的生物质能源开发技术，中国利用现有黄连木种子生产生物柴油 10 万 t。[五]。根据国家能源局、林业局、农业部和相关行业协会公布的资料，2013 年中国生物质能源生产量折一次能源总量为 5191.47 万 t 标准煤，超过风能的 4117.50 万 t 标准煤和太阳能的 4722.14 万 t 标准煤，位居中国可再生能源第一位。

与其他的未来新能源发电技术相比，生物质能发电不具备资源优势，也不具有成本下降的空间，经济竞争力较弱。在生物质能应用方面，从利用的

㈠ http://news.cnpc.com.cn/system/2009/12/04/001267888.shtml.

㈡ http://paper.people.com.cn/scb/html/2006-06/07/content_6371336.htm.

㈢ http://paper.people.com.cn/scb/html/2006-06/07/content_6371336.htm.

㈣ http://paper.people.com.cn/scb/html/2006-06/07/content_6371336.htm.

㈤ http://news.xinhuanet.com/newscenter/2008-01/13/content_7412969.htm.

途径角度考虑，对生物质发电实行有限和有条件的发展。生物质发电包括农林生物质发电、垃圾发电和沼气发电。在中国“生物质直燃发电和汽化发电都已初步实现了产业化，单厂最大规模分别可以达到25MW 和 5MW”。[㊀]生物质发电技术主要分为燃烧发电和汽化发电两种技术。生物质燃烧发电（包括城市固体废物发电）技术类似燃煤技术，已经基本达到成熟阶段，且风险最小，已经进入商业化应用阶段。汽化发电技术能获得较高效率，目前尚处于商业化的早期阶段，也有将汽化装置应用于混合燃烧中发电。生物质与煤混合燃烧发电技术在挪威、瑞典和北美地区得到了应用。尤其在美国，“装机容量已达 6000MW，预计还有更多的发电厂将有可能采用此技术”。[㊁]在经济合作发展组织，生物质能在发电中所占的份额在 2020 年预计将提高到 2.1%。[㊂]如预计美国到 2020 年生物质发电量将达到 200TW。[㊃]发电常用于热电联产。大部分生物质发电都在 OECD 国家，占发电量的比例为 1% ~3%。[㊄]除了拉丁美洲各国从糖厂出来的蔗渣都是最重要的商业化生物质来源，生物质发电在发展中国家不普遍。今后的 20 年，生物质发电生产可望增加 2 倍，生物质在全球作为发电的燃料将增长到 2%；大部分重要的增长都来自 OECD 欧洲国家，生物质发电将上升到 4%。[㊄]

5.2.7 页岩气能源资源现状

页岩气是指赋存于富有机质泥页岩及其夹层中，以吸附或游离状态存在的非常规天然气，成分以甲烷为主，是一种清洁、高效的能源资源。与常规天然气相比，页岩气存在初期具有投入大、开发成本高、回收周期长等特点。近年来，美国页岩气产业快速发展，2011 年产量超过 1700 亿 m^3。国际社会普遍认为，页岩气开发是全球能源领域的一场革命，它不仅增加了天然气产量，更对

㊀ 国家能源局.《国家能源科技“十二五”规划（2011—2015）》确定 4 个重点技术领域［J］. 煤炭经济研究，2012（2）.

㊁ 姚向君. 生物质能资源清洁转化利用技术［M］. 北京：化学工业出版社，2005：227.

㊂ 武瑞娟. 基于循环经济的生物质能利用模式研究［D］. 郑州：河南农业大学. 2011：42.

㊃ 姚向君. 生物质能资源清洁转化利用技术［M］. 北京：化学工业出版社，2005：229.

㊄ 王大中.21 世纪中国能源科技发展展望［M］. 北京：清华大学出版社，2007：378.

全球天然气市场、能源供应格局、气候变化政策甚至地缘政治产生了重要影响。

中国页岩气首次出现在 2012 年的《政府工作报告》中。报告明确提出，要“加快页岩气勘查、开发攻关，提高新能源和可再生能源比重”。2012 年 3 月 16 日，由国家发展改革委、国土资源部、财政部、国家能源局等部门联合编制的《页岩气发展规划（2011～2015 年）》（以下简称《规划》）。《规划》提出，到 2015 年，全国调查与评价页岩气资源潜力基本完成；建成一批页岩气勘探和开发区，初步实现规模化生产，页岩气产量达到 65 亿 m^3/年；突破页岩气勘探开发生产主要设备的关键技术逐步实现自主化，形成一系列的国家技术标准和规范，建立完善的页岩气产业政策体系，为“十三五”快速开发页岩气奠定坚实的基础。我们不断重视页岩气资源、页岩气勘探、开发改进，开采已经蓄势待发，有望在未来的能源结构中扮演更加重要的角色。

近年来，美国在页岩气勘探和开发上实现了质的飞跃，大大提高了能源自给率，减少对国外能源的依赖。2011 年，美国页岩气产量达到了 1800 亿 m^3，占 34% 的天然气产量，比中国 2010 年的天然气产量高。这大大增加了其他国家的勘探和开采页岩气的信心，页岩气生产过程中无须排水，生产周期长，一般 30～50 年，勘探开发成功率比较高，具有较高的工业经济价值。

2012 年 3 月 1 日，国土资源部发布的报告第一次系统调查了页岩气资源，页岩气资源潜力达到 134.42 万亿 m^3，25.08 万亿 m^3 为可采资源潜力（不含青藏地区）。“这个数字与美国大体相当。”国土资源部地质勘查司副司长于海峰说。

这个预测值也与中国天然气资源开发潜力基本一致。中国常规天然气资源开发潜力大致为 52 万亿 m^3，可开采资源的潜力大致为 32 万亿 m^3。因天然气资源的可采率比页岩气的开采率要高出很多倍，所以经过折算两者的实际潜力差不多。

“十二五”规划已经明确要求，推进页岩气等新能源的开发与利用。在此期间，这种新能源的发展战略主要是勘探开发，到了“十三五”期间才可能实现规模化开采。如果能够有效开发这种新能源，预计到 2020 年其产量有望达到 1000 亿 m^3。四川、重庆、贵州、湖北、湖南、陕西、新疆等省、市、区将是这种新能源产量增长的主要区域。[㊀]

㊀ 黄晓芳. 页岩气有望改写我国能源格局［N］. 经济日报，2012－03－19.

自2010年以来，中国的页岩气勘探均取得了突破，在中国南部海相页岩地层以及鄂尔多斯盆地和四川盆地的陆相页岩地层也有进展，到2011年6月已钻探16口页岩气探井，其中10口井每日产页岩气超过2000m^3。

现在，中石化、中石油、中海油三大石油公司都进行了勘探和页岩气开发。中国石化在黔东南、渝东南、鄂西、川东北、泌阳、江汉、安徽等地有10余口探井，其中6口井获得工业气流，完钻并压裂水平井1口。中石油在四川、云南、贵州和北部地区首选了威远、长宁、昭通和富顺钻了10余口探井，其中7口井获得工业气流，完钻并压裂水平井1口，在钻井和完钻水平井多口。2011年12月，中海油开始在芜湖市开始作业，进行安徽扬子地块西页岩气勘探项目。该项目获得的（页岩气）勘探面积4800km^2，这是中海油首个陆上石油和天然气项目。

令人欣喜的是，页岩气作为一个独立矿种，可以引入多种投资，目前的石油和天然气工业在不同的系统中实行高度集中作业。它为社会资本进入页岩气勘探和开发领域提供了机会，有利于良性竞争局面的形成。这是页岩气勘探开发的机遇，加快了页岩气勘探和开发的过程。

5.2.8 氢能源资源现状

氢能被视为21世纪最具发展潜力的清洁能源，人类自200年前就对氢能的应用产生了兴趣，20世纪70年代以来，世界上许多国家和地区广泛开展氢能研究。

中国对氢能的研究与发展可以追溯到20世纪60年代初，中国科学家为发展中国的航天事业，对作为火箭燃料的液氢的生产、H_2O_2燃料电池的研制与开发进行了大量有效的工作。将氢能作为能源载体和新的能源系统进行开发，则是从20世纪70年代开始的。进入21世纪以来，为进一步开发氢能，推动氢能利用的发展，氢能技术已被列入《科技发展“十五”计划和2015年远景规划（能源）》。

氢燃料电池技术，一直被认为是利用氢能解决未来人类能源危机的终极方案。随着中国经济快速发展，汽车工业已经成为中国的支柱产业之一。在能源供应日益紧张的今天，发展新能源汽车已迫在眉睫，用氢能作为汽车的燃料无疑是最佳的选择。

5.3　国内外新能源发展对比分析

5.3.1　国外新能源发展情况

全球风能理事会（GWEC）2014 年 2 月发布的《全球风电统计数据 2013》报告显示，2013 年全球风电累计装机容量突破 3 亿 kW，达到 31813 万 kW，同比增长 12.5%。全年全球新增风电装机容量 3546 万 kW，对比 2012 年 4471 万 kW 的增量下降了约 1000 万 kW，降幅高达 22%，这也是该领域自诞生以来新增装机容量首次出现下降。该报告显示，2013 年全球风电累计装机容量超过 2000 万 kW 的国家共有 5 个，其中位列前三位的是中国、美国、德国，分别为 9142 万 kW、6109 万 kW 和 3425 万 kW。此外，中国、德国、英国分列新增装机容量前三，分别为 1610 万 kW、324 万 kW 和 188 万 kW。据全球风能理事会秘书长 Steve Sawyer 分析，导致 2013 年新增容量下降的主要原因是美国 PTC 政策（风电税额抵免政策）在 2012 年年底中断。据悉，在 2013 年之前的 20 年里，这项政策将抵消建造风力发电机组 30% 的成本。再加上美国 29 个州实施了绿色能源"可再生能源配额机制"风力发电厂在美国随处可见。2013 年全球的风电数据充分说明了，高额成本以及不稳定的风能资源已经导致美国的风电利用在生产税抵免政策中断之后遭到重创。目前风电还没有与传统能源同价格竞争的能力。在风电的发展上，全球范围内都得解决成本和技术上的问题，不然风电的发展将会很大程度上受到限制。[㊀]

在金融危机重创美国后，奥巴马政府将新能源战略作为危机重建和经济复兴的核心。其经济振兴计划中，有一半以上涉及新能源产业，政策目标包括石油独立、开发清洁能源、控制碳排放、绿色就业机会、能源提效等。奥巴马政府计划未来 10 年投入 1500 亿美元资助新能源研究，为相关企业提供税收优惠，并创造 500 万个就业机会。大力发展清洁能源，减少对石化能源的依赖。

欧盟国家很早就在新能源开发与利用领域进行了大量的投入，其相关产业化技术已经位居世界前列。英国在 2003 年首次提出了"低碳经济"概念，计划通过新能源的开发利用，使 2010 年二氧化碳排放量在 1990 年的水平上减少 20%，到 2050 年减少 60%，达到低碳经济社会的目标。德国通过了温室

㊀ http://www.cpnn.com.cn/zdyw/201402/t20140211_653121.html.

气体减排新法案，使风能、太阳能等可再生能源的利用比例从现在的14%增加到2020年的20%。[一]法国环境部于2008年11月公布了一项旨在发展可再生能源的计划，政府希望能够通过一系列举措，大幅提高可再生能源在能源消费总量中的比例。丹麦通过生态村普及风能，在其制订的最新能源计划中，明确提出到2030年能源构成将是风能占50%，太阳能占15%，生物能和其他可再生能源占35%。其中，风能在2025年还将占到电力供应总量的75%。[二]届时，丹麦将成为靠风能“驱动”的国家。另外丹麦还利用沼气、生物发酵、海浪等发电。挪威的氢经济和风能、水下潮汐发电成效显著。冰岛的地热资源（2005年已占总能源的55%）和水力发电，芬兰的生物能源，瑞典的沼气（发电、交通）和地热废热（供暖）利用都领先全球，瑞典甚至在2006年宣布15年内将摆脱石油依赖。

欧洲议会于2008年12月批准了欧盟能源气候一揽子计划，以保证欧盟到2020年把新能源和可再生能源在能源总体消耗中的比例提高到20%。2009年1月，国际能源机构，由德国、西班牙和丹麦在德国波恩成立，该机构成为可再生能源的“新代言”，其目的是工业化国家和发展中国家在全球拓展利用新能源。该组织将致力于推动全球能源结构调整，扩大使用新能源，以及给发展中国家提供技术帮助来发展自己的新能源产业。2009年10月，欧盟委员会发布了“战略能源技术计划”，宣布在未来10年将投资730亿美元发展新能源。

据国际能源机构的不完全统计，有超过50个国家和地区制定了激励政策，以促进可再生能源的发展。澳大利亚2008年12月17日公布的可再生能源需求的立法草案，到2020年可再生能源在全国的比重将上升到总能量的20%。日本通过实施“绿色新政”计划将太阳能发电量增加了20倍，使用新型环保汽车增加到40%。韩国将在2030年前斥资1030亿美元对可再生能源开发，以减少化石燃料的比例，从目前的83%降至61%，使可再生能源的比例，从目前的2.4%提高到11%。印度2008年12月26日通过了新的能源安全政策，其中之一就是推广使用清洁和可再生能源。中东、阿拉伯联合酋长国也取得了雄心勃勃的“马斯达尔（MASDAR）行动计划”，以发展新能源。

来自全球风能理事会的数据显示，2013年加拿大总装机容量780万kW，

㈠ 柳士双. 中国新能源发展的战略思考［J］. 经济与管理，2010（6）：5.

㈡ 柳士双. 中国新能源发展的战略思考［J］. 经济与管理，2010（6）：6.

在世界各国排名第九，但新增装机容量已达到 160 万 kW · h 时，排在第五位，同比增长 22.4%。这个增长速度比我们的 21.4% 还略高。

全球风能理事会秘书长 Steve Sawyer 说："全球风能市场除了欧洲和美国之外表现稳定，中国将继续引领风力发电的强劲增长。2013 年全球市场的波动对美国政策的打击沉重。而 2013 年年底，美国的建设项目共安装容量 12 万 kW，创造了新的纪录。欧洲增长了 8%，2012 年主要是在德国和英国，为风电发展在整个区域推广，仅仅有两个国家来拉动风能是不健康的发展现象。"

据全球风能理事会（GWEC）的统计，超过一半的新增风电装机来自欧美之外的非传统市场，其中贡献最大的就是中国，几乎占到了全球新增装机容量的一半，约为 1650 万 kW。至此，中国风电装机容量超过 4000 万 kW，超越美国，成为全球风电装机容量最大的国家。其他新兴风电市场还包括：印度新增 210 万 kW，巴西新增 32.6 万 kW，墨西哥新增 31.6 万 kW，北非（包括埃及、摩洛哥以及突尼斯）新增 21.3 万 kW。

5.3.2　国内外新能源发展比较

中国新能源领域涉及范围广泛，目前发展相对较为成熟的有风能、太阳能、核能以及生物质能产业，同时，还可以查阅这几种新能源的相关数据来与国外的新能源进行纵向比较，故在此节中选择了风能、太阳能、核能、生物质能以及页岩气的现状与其国家间进行比较。

1. 风能现状与国际比较

中国的风能发电机组主要采用变桨和变速技术，并结合各地具体情况开发了低温、抗沙等技术。海上 3MW 双馈式风电机组已投入应用，6MW 机组可以下线。[㊀] "中国实际可开发的风能资源总储量达有 10 亿 kW，占世界的两成。其中陆地 3 亿 kW，近海 7.5 亿 kW。"[㊁] 年均新增装机容量有望维持在 1500 万～1800 万 kW。[㊂] 2011 年，低速风能发电技术、海上风电技术日益成

㊀ 国家能源局.《国家能源科技"十二五"规划（2011—2015）》确定 4 个重点技术领域［J］. 煤炭经济研究，2012（2）.

㊁ 北京洲通投资技术研究所. 中国新能源战略研究［M］. 上海：上海远东出版社，2012：56.

㊂ 国网能源研究院. 中国新能源发电分析报告 2012［M］. 北京：中国电力出版社，2012：82.

熟，为风电多元化发展创造了条件；风电机组控制技术水平日益提高，为有效提高风电运行水平实现路基和海基风电产业化提供了条件。

在看到成绩的同时，也要正视客观存在的问题。美国早在1974年就开始实行了联邦风能开发计划。瑞典、荷兰、英国、丹麦、德国、日本、西班牙等国也都根据各自的国情制订了适合的风力发电计划。首先从技术上，中国风电自主创新能力不强，关键技术没有掌握，风电控制系统、叶片设计以及轴承等关键部件依赖进口，以致兆瓦级风力发电机组还没有完全国产化。其次立项上没有前瞻性，一直没有国家级风电联网电气工程研究中心，也没有建立国家级风能资源评估服务中心。还有相关政策有着滞后性和不确定性，致使风电消纳问题难以解决，长期无法落实风电基地消纳市场及配套政策，从根本上解决风电消纳问题。标准的技术测试和认证能力也并不完善。风电作为成本相对较低的新能源在项目的盈利上能力不足。

2. 太阳能现状与国际比较

中国太阳能技术主要集中在电池为主的产业，生产设备部分实现国产化，薄膜太阳能电池技术已开始产业化。晶硅、薄膜等太阳电池以及其他新型太阳能电池技术的发展，为太阳能发电行业的发展和市场开拓奠定了基础。目前具有10MW级并网光伏集成技术，已有500kW级光伏并网逆变器、数据采集和进程监控系统等关键设备。

中国光伏产业发展迅速，在技术方面中国的太阳能电池效率、专用基础材料和专用配套设备的性能及品种存在着相当差距。中国实验室光伏电池的效率为21%，而瑞士高达33%；中国一般商业电池效率为10%～13%，而美国、日本、德国和英国等其商业电池效率达到17%～18%。[㊀]从以上数据可以看出国内外太阳能电池的实验室最好效率和商业化电池效率的对比，差距是明显的。另外，专用原材料国产化程度不高，品种不全；已经实现国产化的材料和部件，性能比国外偏低，如银、铝浆、EVA等也是问题众多。这些差距原因在于企业，或许可以在短期内通过各种方式获得较先进的关键技术，但相关的配套技术没能及时达到同一水准，导致技术创新的实际价值降低。目前情况下，完全自行运作的并网光伏上网电价成本偏高，光伏发电市场现阶段脱离政策扶持远无法与火电竞争。

㊀ 王革华. 新能源——人类的必然选择［M］. 北京：化学工业出版社，2009：79-80.

3. 核能现状与国际比较

预计到 2020 年中国核电装机容量能达到 4000 万 kW，占全国总装机容量的 4%，这个比例远低于国际平均水平（16%）。[一]核能在 2020 年后应有继续发展的广阔空间。中国目前已具备自主设计建造 300MW、600MW 级和二代改进型 1000MW 级压水堆核电站的能力。经历了一代和二代，中国正在迈向三代核电自主化工程建设。10MW 的高温气冷实验堆可以自主研发，200MW 高温气冷堆示范工程正在建设中。四代反应堆技术的开发也取得了重大进展，中国实验快堆（CEFR）已实现临界和并网发电，正在推进商用示范快堆的建设。部分先进核燃料元件已实现国产化制造。乏燃料后处理中试厂已完成热试。

目前中国的主力方向仍然是三代核电技术，而关键设备尚未实现国产化、核燃料元件和乏燃料处理技术落后于发达国家。国际上 6 种概念第四代反应堆：气冷快堆系统（GFR）、铅合金液态金属冷却快堆系统（LFR）、熔盐反应堆系统（MSR）、液态金属钠冷却快堆系统（SFR）、超临界水冷反应堆系统（SCWR）、超高温气冷反应堆系统（VHTR），将成为世界核电技术的新趋势，中国仅在钠冷却堆技术一个方向上有所进展。

4. 生物质能现状与国际比较

2005 年，美国替代巴西跃升为世界头号燃料乙醇生产国，为美国经济带来了丰厚利益。[二]2001—2006 年，美国燃料乙醇产业为联邦政府和地方州政府增加税收 19 亿美元和 16 亿美元；同时，相应减少美国的石油进口量 170 万桶，减少开支为 87 亿美元外汇。2008 年，美国燃料乙醇产能提高了 27 亿 USgal（1USgal≈3.785L，下同），同比增长 34%；燃料乙醇厂增加了 31 家，共 170 台，总容量为 105.69 亿 USgal/年；燃料乙醇的生产达到 90 亿 USgal，年增长 38.5%。美国可再生燃料协会（RFA）认为，美国燃料乙醇产量在近几年的快速增长，主要是由于新技术和纤维素乙醇转化技术的商业应用。美国于 2007 年出台的《能源独立和安全法案》规定，到 2020 年，要求国内汽车中加入 360 亿 USgal 生物燃料，主要是乙醇。美国环境保护署 2010 年 3 月 13 日宣布，美国同意将汽油中乙醇含量的限制从目前的 10% 提高到 15%。

巴西是全球第二大燃料乙醇生产国。美国的燃料乙醇原料主要是玉米，而

[一] 王大中. 21 世纪中国能源科技发展展望［M］. 北京：清华大学出版社，2007：195.

[二] 丁声俊. 生物能源发展全球冷热不均［N］. 中国经济导报，2010-04-16.

巴西的燃料乙醇原料主要是甘蔗。通过原材料利用，巴西显著降低燃料乙醇的成本，是目前世界上成本最低的燃料乙醇生产国。2008 年，巴西的甘蔗种植面积的增加及多样化的植物品种，加上有利的气候条件和燃料乙醇技术的成熟，乙醇产量接近 70 亿 USgal，比 2007 年增长了近 40%左右。此外，为了减少对石油的依赖，倡导对燃料乙醇消耗的巴西发展战略，同时也鼓励国际贸易。巴西双燃料汽车已达到 500 万辆，巴西政府强制添加燃料乙醇燃料的比例不断增加。巴西每年生产燃料乙醇的大约 18% 出口到美国、委内瑞拉、印度、韩国、瑞典和日本等国。从巴西资源的角度来看，甘蔗乙醇的发展潜力依然很大。

欧盟是世界领先的生物柴油生产商，其生产的原料主要是菜籽油。欧盟提出，在 2020 年使用生物柴油将占到全部交通燃料的 10% 。为此，欧洲议会免除生物柴油 90% 的税收，共同促进生物柴油产业的快速发展。2008 年生物柴油产量在欧盟 27 国为 775.5×10^4t，35.7% 的年增长率，而生物柴油的生产主要在德国、法国、意大利、比利时和波兰五国，占欧盟 27 国总量的 3/4。

燃料乙醇生物能源产业在欧盟是第二大燃料，仅次于生物柴油，原料主要是谷物和甜菜。目前，欧盟现有的生物燃料乙醇生产厂有 58 家，2006—2008 年三年实际产量分别为 125×10^4t、135×10^4t 和 170×10^4t。

中国生物能源生产起步较晚，到 2007 年燃料乙醇总产量为 160×10^4t。根据国家发展和改革委员会制定的《可再生能源中长期发展规划》，到 2010 年，中国生物能源生产目标具体为：燃料乙醇 200×10^4t，生物柴油 20×10^4t；到 2020 年，燃料乙醇 1000×10^4t，生物柴油 200×10^4t。[㊀]

5. 页岩气现状与国际比较

根据美国全国石油委员会（NPC）、先进资源（ARI）和能源信息署（EIA）的研究，全球页岩气地质资源量约为 456.24 万亿 m^3[㊁㊂㊃]相当于常规天然气资源量的 1.4 倍；页岩气技术可采资源量约为 187.51 万亿 m^3，天然气

㊀ 车长波，袁际华. 世界生物质能源发展现状及方向［J］. 天然气工业 .2011（1）：105.

㊁ PERRYK，LEEJ，HOLDITCH S A，et al. Unconventional Gas Reservoirs——Tight Gas Coal Seams，and Shale.［R］. 2007.

㊂ EIA. World Shale Gas Resources：An Initial Assessment of 14 Regions Outside the United States［R］. 2011.

㊃ EIA. Annual Energy Outlook（AEO）2012：with Projections to 2035［R］. 2011.

探明剩余可采储量约为191.05万亿m^3[一][二]，两者基本相当。

美国的“页岩气革命”不仅显著减少美国对外能源的依赖程度，同时也对全球能源格局产生了深远影响，甚至改变了美国的地缘政治，美国拥有页岩气资源的长期战略发展的潜能。2011年，美国页岩气产量超过1800亿m^3，约占天然气产量的34%，占能源消费总量的8.5%。预计至2035年美国页岩气产量将达到3851亿m^3，约占总天然气产量的49%，占能源消费总量的20%。[三]因此，随着技术进步和需求不断增长，页岩气在未来，与传统能源一同成为主要的能源供应。

2011年，美国页岩气开发成本约为1元人民币/m^3（美国常规天然气开发成本约为0.7元人民币/m^3），市场销售均价约为1.7元人民币/m^3（其中居民用气2.44元人民币/m^3、商业用气2.0元人民币/m^3、工业用气1.13元人民币/m^3）。[四]近年来，随着页岩气开发价值的提升，能够吸引更多的投资，以提高页岩气在美国能源市场的竞争力，美国开始逐步取消对页岩气的各项优惠政策。

页岩气产业的发展在美国形成了强大的产业集群效应，页岩气本身年产值现已达到570亿美元，并带动相关设备和技术服务行业年营业额610亿美元的发展。中国页岩气的开发和利用也会形成一个新的产业，并推动设备的研发与制造、技术服务等相关产业的快速发展，产生巨大的经济效益。此外，页岩气开发利用规模增大的同时也保护了天然气价格的稳定，降低了经济运行成本，促进了国民经济的健康发展。

20世纪90年代，美国率先在世界上掌握了水平钻井和页岩气开发利用等关键技术，并实现了水力压裂的成功应用，2003年以后开始大量应用水平钻井技术。水平钻井成本虽为直井的1.5~2.5倍，但初始生产速度、控制储量和最终评价可采储量却是直井的3~4倍。水平井技术的应用，使美国的页岩

㊀ BP. BP Statistical Review of World Energy 2012 [R]. 2012.

㊁ MIT Energy Initiative (MITEI). The Future of Nature Gas An Interdisciplinary MIT Study [R]. 2011.

㊂ EIA. Worldwidelook at reserves and production [J]. Oil & Gas Journal, 2011, 109 (49): 47.

㊃ HIS Global Insight (USA). The Economic and Employment Contributions of Shale Gas in the United States [R]. 2011.

气钻井规模从2006年的11万口迅速增加到2011年的14多万口，开发成本降低了50%多，产量实现了跨越式发展。

页岩气作为一种新兴的清洁高效能源，亦将在保障中国能源安全中发挥重要作用。目前，中国石油对外依存度已达56.7% ㊀，天然气对外依存度达到30%以上。中国有丰富的页岩气资源。国土资源部发布的全国页岩气资源潜力调查评价结果显示，中国页岩气地质资源量为134.42万亿m^3，可采资源量为25.08万亿m^3㊁，大大超过常规天然气的资源量。开发利用页岩气资源，可有效补充天然气能源供应缺口，对中国社会经济发展至关重要，是解决中国能源短缺问题、保障国家能源安全的有效途径。2011年，中国天然气消费量为1493亿m^3，同比增长19.0 %；天然气产量为1025亿m^3㊂，同比增长8.1%；天然气进口量超过400亿m^3。2015年，中国天然气消费量为1932亿m^3，同比增长5.7%；2016年上半年，我国天然气消费量为995亿m^3，同比增长9.8%；2016年中国天然气表观消费量为2050亿m^3，同比增长7.3%。据统计增加的市场需求，中国的天然气供应缺口有可能继续扩大。如果仅依赖于天然气进口来弥补缺口，不仅增加了成本，而且由于对国外的依赖不断增加，还会给中国能源安全带来很大的不确定性。因此，解决中国能源不足的问题，必须实现能源供应多元化。页岩气产业的发展是必然的选择。从国内市场来看，天然气在近年的平均价格，总体呈上升趋势。2011年，天然气的平均价格约为2.7元/m^3（其中北京居民的天然气价格为2.05元/m^3，工业和商业用气为2.84元/m^3；广州市居民用气3.45元/m^3，工业用气为4.85元/m^3；重庆市居民用气1.55元/m^3，工业用气为2.19元/m^3），其超过美国的50%左右，这是页岩气产业在中国发展非常有利的时机。从国内开发成本来看，中国具有较复杂的地质条件，一是埋藏较深，二是缺乏关键技术导致页岩气具有较高的开发投资成本。如四川盆地一般在2000~3500m，美国页岩气藏深度一般为800~2600m。在目前勘探开发水平下估计，单口水平井的成本约8000万元，规模化生产后预计可减少到5000万元，而美国巴奈特水平页岩气井成本在1700万~3000万元，再加上土地占用和青苗补偿等费用，估计中国页岩气

㊀ 国土资源部的2011年中国国土资源公报.

㊁ 国土资源部的2012年中国矿产资源公报.

㊂ 萧芦. 2006—2011年中国天然气产量［J］. 国际石油经济. 2012（4）：102.

的开发成本大约是美国的 2.5 倍，已经超过目前国内略高的天然气价格水平，近期难以实现盈亏平衡。然而，随着科技的进步，中国管理水平和设备水平的提高，中国的页岩气开发成本预计将在 2.3 元/m^3。2012 年 11 月 5 日，财政部下发了《关于出台页岩气开发利用补贴政策的通知》对页岩气公司给予 0.4 元/m^3 的补贴（2012—2015 年），并鼓励当地政府对页岩气开发给予适当补助。因此，在当前国内天然气价格水平下，开发页岩气会得到更多的政策支持，页岩气资源将有一个良好的经济发展前景。

6. 综述

通过对能源的利用情况、中国新能源发展现状及国内外新能源发展的对比分析可以看出中国与国外新能源的发展相比还存在着一定的差距，主要表现在：

从发展的阶段看，发达国家已经完成工业化，能源需求增长缓慢，基本上不存在满足新增能源供应的压力；中国是发展中的大国，处于工业化中期阶段，能源需求将保持持续快速增长，新增压力很大。

从发展的条件看，欧美等国的新能源开发条件相对优于中国。以风电为例，德国、丹麦等国风电与负荷中心的地理距离相对较短，因此大多就近接入、就地消纳，开发成本较低。中国风电等新能源大多远离负荷中心，必须进行远距离大容量输送，开发成本相对较高。

从发展的技术看，风电、太阳能发电等新能源发电的核心技术大多控制在美国、欧盟诸国、日本等少数发达国家手中。中国除太阳能热利用和沼气外，其他新能源利用的核心技术还有赖于进口，增大了开发利用的难度和投资成本。

从发展的政策看，欧美等国家对新能源发展的政策比较完整，基本覆盖了新能源开发的各个方面，考虑了新能源开发各方的合理利益。在技术标准上，欧美等都制定了严格的可再生能源发电并网技术导则，并强制执行，减少了可再生能源发电对电力系统安全的影响。相比较而言，中国现行的新能源发展政策法规还不够完善，相关政策间缺乏协调；对新能源发电“重开发，轻输送”，特别是对风电开发带来的并网和消纳问题还缺乏有效的应对措施；可再生能源方面的技术标准偏低，风电和太阳能发电设备检测和认证环节缺乏规范管理，宏观管理和配套政策也急需加强和完善。

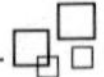

5.4 中国新能源发展存在的问题

5.4.1 中国新能源发展的制度建设缺位

1. 中国能源政策缺乏长远、系统且统一的能源战略

在能源管理上，中国缺少统筹考虑，政出多门，责任部门缺失，这不可避免地对中国能源可持续发展的有效实施增加了困难和障碍，导致中国能源战略不够清晰、变动频繁。从“一五”计划到“十二五”规划，能源换外汇、国内外开发并举、由以煤为基础的能源体系向煤油气并重的能源体系转变，节能降耗、发展新能源和清洁能源等战略相继提出，这种变化一方面是因为要适应中国经济形势快速转变，另一方面是因为缺乏明确的长远发展的指导思想，因此，各个时期的能源战略仅着眼于平衡当时的能源格局，并没有顾及未来。

由于国家能源政策的发展滞后，主要考虑经济问题，很少考虑能源、环境、经济三者之间的协调关系。这也导致了目前能源废弃物对环境造成严重污染的一个重要原因。能源结构不合理造成了清洁能源发展缓慢。同时，一些能源政策以及经济和环境政策的不配套、不同步导致了许多问题和矛盾难以解决。现有的能源、经济、环境政策存在着脱节现象，能源规划、能源的决策机制和经济改革背后的环境三者之间存在着不协调问题。

2. 缺乏完善及可操作的法律

中国能源立法以调整某一能源行业关系的能源单行法为主，缺乏全面体现能源战略和政策导向、总体调整各能源行业关系的基础性法律，且法律条文操作性、实施性差。虽然涉及中国未来能源整体战略、能源管理架构、定价机制、战略储备等重要问题的能源法草案征求意见稿已经公布，但该法案出台仍需要一个复杂的过程。

3. 新能源产业组织的缺失

中国新能源的发展历程，从起初的政策性发展阶段中的农村能源阶段为解决中国边远地区的用电问题；到后来的替代能源阶段，为了满足工业发展的需要，将新能源作为替代能源开发利用，再到清洁能源阶段，为了应对全球气候变化、环境污染问题而将新能源放到清洁能源地位；如今放眼全球新能源已经成为发达国家将其视为新兴产业来发展的产业性阶段。然而中国在上述的三个阶段发展中，新能源都是被迫发展，处于被动地位，新能源也一直没有形成产业，一直是政府的行动纲领，从事新能源的企业也是寥若晨星，即便有也只是个别企业在单打独斗，毫无竞争可言。然而，遵循发达国家范例来开发新能源，虽然理论上只是一个过程，但该过程是非常困难的。中国的市场经济本身是不完善的，再加上新能源的特殊性，使得新能源产业几乎是政府的独角戏。从 20 世纪 90 年代末至今，新能源没有形成一个完整的产业链，更没有市场机制可言，政府不遗余力地把它付诸行动，但收效甚微，其最大的原因是政府没有认识到谁是新能源的发展主体，新能源要实现持续发展，必须有一个完善且有效的市场。

4. 新能源市场的供求不均衡

数据显示，2008 年中国光伏电池产量已超过 200 万 kW，而国内需求只有 4 万 kW，需求只有产能的 2%[㊀]，国内市场这种极端的不平衡现象严重制约了中国新能源的发展。自 2010 年 10 月以来，中国已超过 300 家光伏企业倒闭歇业，剩下的只有大约 50 家。因为中国的新能源产品消费过分依赖国际市场，缺乏一个稳定的国内市场来满足消费者的需求。这主要是由于中国消费者对新能源产品缺乏社会意识，开发、利用新能源不是一个人的事情，政府也应该成为一个参与者。在美国，企业和普通公民都被纳入新能源政策的实施范围，从资金、政策、税收、补贴和支持等各方面都能保证新能源有效实施，同时鼓励他们积极参与新能源产业中去，鼓励他们积极消费。因此，政府要引导、示范和营造良好的社会环境以实现新能源产业的快速发展。

5. 政府的职能过于强大

如何理顺政府职能和市场的关系，成为中国能源产业发展的又一个羁绊。政府的过度限制中国新能源产业的发展，这可能产生三种不良后果：一是政府一味支付高额的账单不是该行业发展的一个永久的解决方案。政府职能是培养和维护良好的市场环境，而不是过分参与领导市场。政府直接薪酬激励产生的最大弊端就是惰性和惯性，因为有些公司可能会利用政府的激励措施带来的利益，而大力发展新能源，一旦政府扶持退缩，新能源企业的发展必

㊀ 刘定邦. 中国新能源产业培植制度的选择［D］. 上海：华东理工大学 . 2012.

将是昙花一现。二是政府的财力不能肩负起对电价补贴这个包袱，政府不止一次上演神话，无限制扩大政府职能。从2002年到2008年仅六年时间政府补贴实际上增长了23倍，但这毕竟不是长远之计。最后即使政府持久扶持、企业也将持续，但我们看到的新能源企业只能是一个和母亲分不开、长不大的孩子，无法推动新能源产业有效持续发展。

6. 核心技术匮乏

新能源电价为什么比传统化石能源的价格高，这主要是由于技术瓶颈。新能源是一个新兴的高科技技术产业，也是多学科的技术密集型产业。目前，中国的新能源技术整体水平不高，更多的是依赖国外的核心技术，对国外技术依存度高。缺乏核心技术，成为关键核心技术和加工零部件快速发展的巨大阻力，几乎所有的技术都是引进国外的，自主研发的只占一小部分，现有成果的推广效果也一般，自主研发的道路还有很长的路要走。以光伏产业为例，德同资本创始人邵俊指出，“光伏产业产能过剩只存在低端范围内，目前，多晶硅核心技术仍然依靠国外几家大的企业，很多中国制造项目并未掌握关键单晶硅和多晶硅提纯技术，在整个产业链中，国内企业只是赚取了加工费。”再如风能领域，中国的风电制造业的大部分依靠进口，海关数据显示，仅2009年上半年，风电设备进口金额接近1亿美元，主要进口的是关键部件。中国企业在新能源领域只是尴尬的“加工者”。技术缺陷导致了风电成本过高。同时中国的核电制造、建设和运营能力，虽然相比之前大大提升了，但核电也是依靠引进国外的设计完成的。中国的生物质能源，除了沼气之外，其他生物技术的应用还处于产业发展的初期，产业化和商业化的程度较低，缺乏自我维持能力。此外，海洋能，可燃冰还需要一系列的技术突破。与此同时，中国的新能源评价、技术标准、产品检测和认证体系不健全，人才培养不能满足市场快速发展的需要，没有技术服务体系和法律体系来支持新能源产业的发展。

7. 能源价格政策弊端突出

在能源行业，目前只有煤炭行业实现了由市场形成价格的机制。石油，天然气和电力价格形成机制改革的任务依然艰巨。

中国原油价格已经与国际市场接轨，但油价仍然受到国家调控，成品油价格调整有一个稳定的和滞后的时间间隔，只有当国际油价波动大于一定水平时，国家发展和改革委才会对国内成品油价格进行调整。但由于考虑到通货膨胀因素，通常的调整也较小。如中国一半的石油消费依赖进口，约有7%的年增长率。当国际油价超过140美元/桶时，中国石油的价格自2007年11月以来上涨幅度仅略高于9%。从长远来看，价格调控政策的实施，不仅给政府财政带来巨大压力，同时也抑制了消费者和企业的节电节能。

5.4.2　中国新能源发展的财政政策偏颇

1. 财政政策系统性不强

近年来，虽然有一些政策规划都涉及新能源的发展，但还没有建立一个完整的财政政策系统。在涉及新能源的政策中，没能与时俱进，只有一些专门针对太阳能光伏发电和风力发电行业的政策，一些政策甚至只是一个暂时的政策。这些财政政策严重滞后、缺乏统一性，不仅削弱了货币供应量的整体效果，并在一定程度上阻碍了新能源产业的健康快速发展。此外，国家发展规划中，包括国家规划和地方规划之间不能够很好地衔接，致使一些政策无法对新能源形成有力支撑。在这些产业规划中，产能目标占大部分，但却缺少利用目标的细化，而且很少提及产业链的发展平衡问题。中国目前财政政策主要是鼓励新能源的投资，特别是对重点项目投资，而促进新能源设备国产化、增加市场供应的新能源产品和加强政府采购新能源产品等方面的政策和措施不足。

2. 财政政策支持领域界定不清

2006年之前，中国的新能源范围界定不明确，新能源的开发还处于初级阶段，缺少必要清晰的支持，造成财政政策的支持和实施不明确。“越位”和“缺位”一样可以引起国家扶持资金的极大浪费，甚至可能导致整个行业的混乱和发展不平衡[㊀]。现有的财政支持政策的形式相对简单，缺乏政策执行的合理标准和规范。纵观目前的财政政策，政策的内容不丰富，没有全方位的政策支持规划。事实上，新能源市场也存在着本身市场失灵的问题，因为它是一个特殊的要素，能源的战略性和行业特点决定了新能源价格形成并不完全是由市场决定的，而是市场和政府共同作用的结果。新能源价格形成机制也

㊀ 李松. 促进我国新能源发展的财税政策研究［D］. 北京：首都经济贸易大学. 2014.

涉及国家的收入分配制度。西方国家在新能源的定价上并不完全由市场主导，而是由政府在一定额度内进行调控。我们需要界定市场与政府之间的产权关系，从而营造一个健康、有竞争力的市场环境。

3. 财政政策鼓励措施力度较小

新能源方面，在出台一系列的政策之前，我国政府作为一个整体的市场领导者，并没有建立一个稳定、合理的奖励资金来源；信贷支持政策混乱，没有建立各种扶持政策和统一的使用体系；财政政策鼓励措施单一，一般是一种新型的能源产品只能享受一种优惠政策，在大多数情况下会形成“顾此失彼”的局面。虽然我国已经采取了一系列的措施，开拓新能源市场也取得了一些显著成绩，但新能源技术的商业化还需要看这些措施的发展，特别是目前的新财政政策侧重于新能源技术的研究和发展上，导致财政和税收政策支持市场运作机制明显不足。政策支持也是明显不够的，在一些偏远地区，尽管现有的直接财政补贴推动了新能源技术和生产规模的发展，促进了一些地区和农民生活水平的逐步改善和经济的快速发展，但新能源市场的开发力度在偏远地区还是远远不够的。

4. 财政政策对地方政府的激励措施不足

我国的新能源发展还存在着体制性障碍，上级政府对下级政府缺乏有效的政策激励，这使得当地政府出于财政拨款考虑，不希望通过政府分担的方式优先考虑采购新能源。新能源产业的快速发展导致各地方政府财政负担很重。我国当前的财政政策侧重于宏观经济政策，政策体系比较零散，而且缺乏与之相关的实施细则，如对资金的来源、使用范围和使用方法等方面都没有做出明确可操作的规定。

5.4.3 中国新能源发展的税收政策不足

1. 增值税的导向性不强

增值税作为中国目前最大的税种之一，在生产和流通中普遍征收。它对新能源开发和新能源利用企业在中国的发展产生了广泛的影响。增值税转型改革进行了很多年，使一些新能源企业税收负担显著降低，增强了技术改造的动力。但是，对于新能源产品，国内还没有制定新的增值税优惠政策，而且缺乏完整性和系统性。此外，小水电 6% 的增值税税率、风电 8.5% 的税率和人工沼气等生物质能 13% 的增值税率还是很高的。虽然财政部、国家税务总局对风力发电和煤矸石、煤泥、油母页岩等发电企业实行了增值税减半征收的政策，但企业增值税退税优惠政策在一定程度上还缺乏系统性。

2. 关税的调控不均衡

关税方面，进口关税的优惠主要局限在有限的新能源装备方面。如对中国进口新能源项目的关税，优惠政策的作用非常有限，只适用于光伏电池和风力涡轮机，税收优惠更加专注于新能源的利用，其他新能源项目涉及很少。另外，关税优惠还取决于对进口产品和技术目录的有关规定与限制，国内重点项目和外商投资企业在不同的免税基础上，适用的进口税收政策也不同，这就造成了国内企业进口不予免税的新能源设备时受到的限制大于外资企业，很明显国内企业使用自有资金引进国外先进的新能源相关设备不符合新能源产业的优惠范围。

3. 企业所得税的优惠不落地

目前，中国尚未制定全国统一的新能源企业所得税的税收优惠政策，而是根据当地的具体情况制定不同的优惠政策。如企业利用“三废”等废弃物为主要原料生产的产品，减征或者免征五年所得税，其中提到的具体条款主要是针对新能源的利用，包括利用农业、林业、水产养殖和其他类型工业废弃物垃圾生产的新能源产品。此外，在新能源领域的一些地方政府也进行了一些税收优惠，如内蒙古自治区政府规定风电企业免征企业所得税两年。根据《国家当前重点鼓励发展的产品、产业和技术目录（2006 年）》的规定，一些可再生能源企业加速折旧，投资抵免和其他福利的规定，企业所得税税收优惠政策在实施过程中，投资税收抵免，操作简单，具体的政策容易实施，但加速折旧的效果往往不明显，因为加速折旧会增加短期成本，企业为了利润目标不想把成本做大，加速折旧的优惠政策会受到影响，效果不佳。而且参与新能源税收政策的范围只限于经济技术开发区内的高新技术企业，政策措施的支持力度偏小，对鼓励投资没有形成系统的规定和奖励。

4. 其他地方税种的政策不明朗

地方税主要有房产税、城镇土地使用税、土地增值税、耕地占用税等，对新能源企业来说，中国还没有出台相应的减税政策，但部分地区在风力涡轮机发电占用的土地实行了减税的做法。在其他地方，国家还没有制定相关

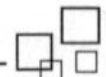

的税收优惠政策，而事实上，对于使用新能源，这些税收将能够有效区分市场主体和消费者主体，因此，在这些地方应采用有利于新能源企业发展的税收优惠，降低运营成本，推进新能源产品消费。

5.4.4 中国新能源技术创新动力不够

中国新能源技术水平近几年已有了较大的提高，开发和利用技术已具备一定基础，已初步形成了产业化。结合发达国家新能源发展各个方面的成功经验，与国际新能源技术先进水平相比，中国还有差距，而造成这些差距的因素是多方面的。

1. 新能源在技术创新上的政策和法律法规不完善

自从2005年《中华人民共和国可再生能源法》（简称《可再生能源法》）通过以来，中国出台了一系列与新能源和可再生能源有关的政策和法律措施，在促进了中国新能源发展方面取得了一定的进展。然而，客观地讲，中国新能源发展比较缓慢，以国家投资为主的局面没有得到根本扭转，民间资本投资有限。新能源企业尤其是中小型企业，作为技术创新的主体，因原材料供应、设备购买和维护、成本和盈利以及核心技术等原因普遍出现亏损或面临亏损。法律法规的不完善仍是导致中国新能源技术发展迟缓的一个重要原因。中国现行的新能源相关的政策和法律法规还并不能完全满足新能源技术创新发展的需要。

（1）从纵向上看，中央到地方的政策从上到下的理解、施行和力度所有不同。第一，中央和地方在新能源发展战略上还不够协调一致，立法前还做不到扎实地开展资源调查，实现中央与地方规划的衔接。第二，各地对全国性立法以及部门规章和政策制定的参与不够，也很少能在充分调研的基础上制定适合本地区的新能源发展的地方性法规，因地制宜地弥补全国性配套政策的不足。第三，“公众、企业及其他利益相关者没有获得充分发表意见的机会。缺乏立法研究论证，没有充分吸收公众意见，制定出来的法律在执行中也难得到各方面的支持。”㊀

（2）从横向上看，同一级多个部门涉及新能源领域，各自有分管的领域，其政策性也有差异，最终造成了有关的政策实际执行上不统一的结果。长期

㊀ 程荃. 欧盟新能源法律与政策研究［M］. 武汉：武汉大学出版社，2012：271.

以来，中国能源领域主要依赖行政手段来进行管理。中国涉及新能源法规政策制定的行政部门很多，目前国家发改委、国家能源局、财政部、住建部、农业部、科技部、国家海洋局等都分别出台与新能源有关的规章和政策，呈现多头并行的局面。各部门制定的规章和政策文件政策取向、制度安排、程序规范、奖惩措施等方面不协调，交叉重复，甚至互相冲突的情况时有出现。如中国的可再生能源立法“规划缺乏足够的资源评价基础，规划目标缺乏科学预见性，国家和地方规划间缺乏相互衔接，使可再生能源的发电规划同电网规划不同步、不协调的问题日益突出”。[㊀]这样必然影响法规、政策的质量，也难以形成清晰的法规政策框架。虽然2010年成立了国家能源委员会，但是到现在为止还未能形成能源委统一牵头，通过部门协作制定法规政策的新局面。

2. 新能源技术创新制度体系不完整

（1）新能源技术创新R&D资金投入无法保证。研发新能源新技术的投资大、发展周期冗长，需要渐进与持久地规模化发展。工业示范主要靠企业投入和承担风险，单凭技术创新的主体企业自身完成是十分困难的，加之缺乏商业化技术和投资、融资政策和信贷渠道，在相当程度上影响了新能源产业技术创新的商业化应用。与美国企业初期可以寻求SBA（Small Business Administration）帮助不同，中国对新能源、新技术和关键技术的开发投资力度太小，中国能源R&D费用占GDP的比例很低，占国家R&D总费用的比例也很低。一些发达国家之所以在新能源技术领域始终处于优势地位与其巨大的人力、财力投入是分不开的。在R&D投入少的同时，中国却不得不投入巨额资金，引进国外新能源技术和装备。新能源产业高端核心技术与装备严重依赖进口，反过来又继续影响到新能源领域的技术发展，这就进入了有投入无发展的恶性循环。

（2）中国能源领域政府主导作用不够。高效的决策和管理机制以及代表国家利益的责任主体的作用不到位。技术资源和研究成果较为分散，缺乏有效的组织合作。对重大项目过度依赖引进技术和设备。能源科技创新体系不足，使新能源利用率低，难以完成环境目标，难以满足能源消费总量和能源

㊀ 来自2010年《中华人民共和国全国人民代表大会常务委员会公报》。

结构调整的未来要求。由于缺乏明晰的产权保护制度，使新能源技术创新处于低动力、低保障的状态。目前，世界能源结构开始进入新的更迭期，发达国家通过能源技术方向的引导，纷纷制定能源发展战略，大力扶持新能源产业技术创新。一些发达国家已经形成了新能源创新的一套比较完整的体系，领先的能源技术，具备一些关键的技术研发能力，知识产权和其他技术也处于领先地位。

（3）新能源技术国际合作体系不畅通。一直以来，中国采用“以市场换技术”的技术发展战略，其主要目标就是通过开放国内市场，引进外商的直接投资，引导外资企业进行技术转移，把获得的国外先进技术通过消化吸收，形成中国独立自主的研发能力，最终实现提高中国新能源技术水平。然而，通过多年的实践来看，该战略对中国新能源发展的带动作用并不理想。造成这一结果的原因是多方面的：不是所有的技术都可以通过市场来换取的，掌握先进技术的发达国家通常采取高度的垄断方式维护自身利益，他们对新能源关键技术、核心技术是严密控制的，中国能够引进的能源技术与国际最前沿技术水平还存在着一定的差距；中国自身的技术吸收能力较弱，一些投巨资购买的技术未能被有效地消化吸收以及在其基础上再创新；作为技术引进方，应该创造良好的技术发展环境，而中国在这些方面做的明显不足。

3. 新能源技术 R&D 能力较弱

R&D 队伍“规模大”，整体水平低，创新能力不足，使得成果零碎，系统化、工程化、产业化水平低，是中国能源科技的基本特点。虽然已经在基础（基金委支持）、重点支持（“973”支持）、高技术研发（“863”支持）、攻关计划等不同层次对能源科技研究与发展进行了部署，但由于能源科研基础设施薄弱，对新能源技术创新价值链的艰巨性认识不足，加之针对性措施缺乏，重大新能源技术的研发难以形成创新价值链和产业链，无法对技术需求实现有效供给。

中国能源科技自主创新概念少，独立见解少，实验设备和测试手段落后，新试验方法少，缺乏试验大平台。新能源技术后继人才不足是影响 R&D 队伍创新水平低的重要原因。中国拥有一支绝对人数可观的科技队伍，但是比例却远无法与发达国家相比。有经验的年长者绝大部分已经退休，而年轻一代进入新能源领域的愿望很小，更难说有热情，因此新能源科技队伍建设的问题将越来越严峻。

对于新能源领域来说，充足的、持续的人力与财力的投入是支持新能源技术创新、促进产业化发展的有力支撑。虽然中国已经逐步加大对新能源企业自主创新、技术改造的财政投入，但是这部分资金只占中国公共投资的一小部分，导致新能源领域所占的份额直至真正作用于新能源技术的R&D 资金仍然很少。而由于制度原因又无法大量有效地吸纳更多其他资本。具有高水平的新能源技术人才供不应求，作为技术创新主体的企业，拥有自主创新实力的大企业也十分有限，这些都会影响中国新能源企业的自主创新能力。由于缺乏自主创新能力，许多重要新能源设备的重要部件，国内仍无法实现完全国产化。尽管中国一些已经实现国产化的新能源装备产量很大，但是存在着诸多问题。中国新能源产业的核心技术仍然落后于世界先进水平，R&D 能力和制造能力严重落后于需求，仍然难以改变受技术发达国家限制的局面。

5.4.5　中国新能源的二次转换成本高、电力并网困难

1. 新能源发电成本较高

根据中国风能资源、建设条件和风电场运行管理等技术水平，目前中国陆上风电度电成本范围为 0.4 ~0.6 元/(kW · h)(含税)。风电成本中有 25%左右是经营成本，约为0.1 元/(kW · h)。从各个地区来看，东部沿海地区度电成本明显高于内地风电度电成本，且各省度电成本价格趋势也基本符合全国四类风能资源区风电标杆电价水平。中国不同地区 2011 年风电度电成本如表5 - 1[㊀]所示。中国海上风电度电成本范围为 0.8 ~ 1.2 元/(kW · h) （含税)。

㊀ 国网能源研究院编著. 中国新能源发电分析报告（2012）［M］. 北京：中国电力出版社，2012：51.

表 5-1 中国不同地区 2011 年风电度电成本对比

单位：元/(kW·h)

典型地区	宁夏	内蒙古	河北	黑龙江	吉林	福建	山东	广东
度电成本（含税）	0.43	0.46	0.49	0.53	0.54	0.55	0.62	0.67
标杆电价	0.58	0.51 0.54	0.54 0.61	0.58 0.61	0.58 0.61	0.61	0.61	0.61

根据中国地面光伏电站建设实际情况，可以测算出不同初始投资水平下，中国目前地面光伏电站度电成本范围在 0.8～1.6 元/（kW·h）。不同初始投资条件下中国光伏度电成本如表 5-2[一]所示。

表 5-2 不同初始投资条件下中国光伏度电成本

与建筑结合的光伏发电系统		大规模光伏发电系统	
初始投资/(万元/kW)	度电成本/[元/(kW·h)]	初始投资/(万元/kW)	度电成本/[元/(kW·h)]
20000	2.27	20000	1.61
18000	2.09	18000	1.45
15000	1.76	15000	1.21
15000	1.76	15000	1.21

中国生物质能发电的度电成本不仅与规模有关，也与发电技术的种类有关。中国几种典型生物质能发电技术的度电成本变化如表 5-3[二]所示。

表 5-3 中国典型生物质能度电成本变化

单位：元/（kW·h）

技术种类	2008 年	2010 年
生物质直燃发电	0.639	0.620
生物质汽化发电	0.624	0.600
生物质混燃发电	0.357	0.337

㈠ 国网能源研究院编著. 中国新能源发电分析报告（2012）[M]. 北京：中国电力出版社，2012：54.

㈡ 国网能源研究院编著. 中国新能源发电分析报告（2012）[M]. 北京：中国电力出版社，2012：57.

浙江财经学院硕士陈钢 2012 年在其硕士论文《中国新能源产业的政府补贴研究》中研究表明："风电的成本明显比煤炭、核能、天然气等传统能源生产的成本高，生物质能发电的成本比风电还要高，太阳能光伏产业中多晶硅生产技术尚不成熟，虽然近几年成本有很大降幅，但仍然偏高。而地热能、海洋能的利用成本由于不具规模和技术的缺陷，成本也都非常高。"

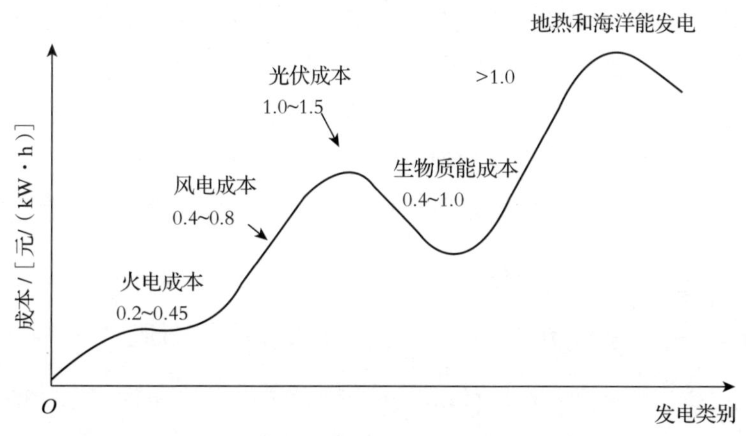

图 5－4　新能源发电与火电发电成本比较㊀

从以上的研究中很容易看出，新能源度电成本整体偏高。这是无法回避的事实。必须承认新能源度电成本过高是初期阶段性的特征，但初期阶段并没有明确的时间点，长此以往无限延长必定成为各地区的财政负担，降低甚至失去了技术创新的有效价值。

2. 新能源电力并网困难

新能源技术创新的良性发展，不仅只局限于新能源本身，还涉及并依赖于与其相关的领域。例如风能、太阳能、核能等都是以二次能源电能形式进行消费的，因此电网环境就成为新能源发展的关键之一。就现状来看，第一，中国整体火力发电装机容量不断增大，火电项目装机组的容量大幅度增长，形成传统火电与新能源发电争抢并网的局面。如果要保证新能源发电并网，便一定会以抢占火电份额为前提，这种状况对新能源产业发展和市场扩展十分不利。第二，电网本身技术也未跟上。国内目前实际上还处在电网大规模

㊀ 数据来源：2010 年可再生能源电价和费用分摊政策国际研讨会.

建设阶段，开展智能电网的系统性研究起步较晚。在参数测量技术、集成通信技术、分布式能源接入技术和信息管理系统、智能调度系统上都面临着不同程度的挑战。[㊀]

虽然在电网智能化技术的应用方面有后发优势，已经研究和实践了大量的智能化技术，但在配用电领域智能化应用研究还处在探索阶段。无论从实际情况还是从技术支持上，新能源电力都存在并网困难的情况。配套基础设施不能同时跟进，破坏了创新环境，导致技术创新受阻。

修改后的可再生能源法对配套电网建设、服务体系、保障措施等方面做了具体规定，强化了电网企业建设电网配套设施的义务，但是在实践中却很难付诸实施，并网问题成为导致风电机组等可再生能源设备大量闲置的主要原因。[㊁]

5.4.6 中国能源资源供需矛盾突出造成新能源发展压力空前

据国土资源部矿产资源储量司统计，截至2010年，全国石油探明地质储量为312.8亿t，剩余技术可采储量31.4亿t，同比增6.5%；天然气累计探明地质储量9.3万亿m^3，剩余技术可采储量3.9万亿m^3，同比增长3.7%。2010年全国石油产量2.01亿t，同比增长6.9%。天然气产量947.3亿m^3，同比增长12.2%。[㊂]

从主要盆地油气探明分布看，石油新增探明地质储量主要位于鄂尔多斯、渤海湾、塔里木、松辽和准噶尔5个盆地，占全国总量的92.8%。天然气新增探明地质储量主要位于鄂尔多斯、四川、塔里木和准噶尔4个盆地，占全国总量的94.7%。[㊂]

近几年来，随着能源消费结构的剧增，对外依存度不断攀升，能源进口的比重越来越大，确保中国能源安全的任务也越来越重，能源安全外部形势堪忧。

㊀ 北京洲通投资技术研究所. 中国新能源战略研究［M］. 上海：上海远东出版社，2012：189.

㊁ 中国法学会能源法研究会. 中国能源法研究报告（2010）［M］. 上海：立信会计出版社，2011：123.

㊂ 余胜海. 能源战争［M］. 北京：北京大学出版社，2012：93.

近几年来，全国各地都普遍经历过“煤荒”“油荒”“电荒”和“气荒”。2009 年，中国还组织动员了一次史无前例的“北煤南运”“西煤东运”工作，其影响之大，范围之广，触目惊心。于是经济发展受到影响，人民生活受到影响，物价上涨，社会矛盾也变得尖锐起来，这一切都暴露出中国能源问题的严峻形势。

在现代化进程中，中国发展了许多以化石为能源的工业企业，对石油的依存度越来越高。早在 20 世纪 90 年代初，中国就已经知道石油大概能用 50 年，煤炭大概能用 100 多年。虽然许多地方不断发现新油田、气田、煤田、但新增的耗用量远远大于开采的能源量。随着可开采量的降低，石油、煤炭枯竭的这一天离我们越来越近。比起发达国家，中国的人均消耗能源量还很少，随着经济的发展，如果达到中等发达国家水平，中国的人均消耗量将增长数十倍以上。

中国的传统工业发展模式是高污染、高消耗、粗放式，这使得能源利用不懂节约、不计成本，利用效率低，前景堪忧。因此应加快科技节能的进程，其中提高能源利用效率是当务之急。

2011 年 3 月 12 日，日本发生里氏 9.0 级大地震并引发海啸，导致福岛核电站发生核泄漏事件，核电的安全性又成为人们争论的话题。日本的核泄漏事件虽然没有改变中国发展核电的决心，但中国发展核电仍面临着许多问题和挑战。目前，中国核电设施虽然名列世界首位，但核电仅占电能比重的 2%，核电在短期内无法改变中国能源的结构。

而太阳能、风能数量很少，开发成本过高，能源密集度低且供应不稳定，远水解不了近渴，而且中国总体的能源消耗远大于可开采的量。对于生物能源，中国可利用率也远低于实际需要，科技水平还需要更大的发展和提升。

2011 年 3 月，温家宝总理在第十一届全国人大四次会议上所做的《政府工作报告》中明确了新目标，计划在“十二五”期间将非石化燃料的使用率由目前的 8% 提升到 11.4%。北京方面还计划在未来五年内将单位内生产总值消耗的能源削减 16%。

2014 年 3 月，李克强总理在第十二届全国人大二次会议上所做的《政府工作报告》中明确：“推动能源生产和消费方式变革。加大节能减排力度，控制能源消费总量，今年能源消耗强度要降低 3.9% 以上，二氧化硫、化学需氧量排放量都要减少 2%。要提高非化石能源发电比重，发展智能电网和分布式能源，鼓励发展风能、太阳能，开工一批水电、核电项目。加强天然气、煤层气、页岩气勘探开采与应用。推进资源性产品价格改革，建立健全居民用水、用气阶梯价格制度。实施建筑能效提升、节能产品惠民工程，发展清洁生产、绿色低碳技术和循环经济，提高应对气候变化能力。强化节水、节材和资源综合利用。加快开发应用节能环保的技术和产品，把节能环保产业打造成生机勃勃的朝阳产业。”㊀

我们必须清醒地看到中国目前面临的能源威胁是：煤炭——中国最具经济可行性的国内能源来源，已经使环境状况糟糕到开始成为社会不安源头的地步。煤炭对环境的主要影响包括空气污染和水供应恶化。另外，煤矿开采条件简陋、矿难频发，引发了一系列社会问题。

中国的天然气需求大幅增长，推动了相关供应项目的建设，然而中国从使用煤炭和石油转向天然气的改变速度，也让市场感到惊讶！从工作到家庭，天然气正逐步取代其他高污染能源，成为烹调、取暖和交通的能源来源。在短短十年间，中国天然气消费增长两倍多，未来十年仍将保持高速增长，届时天然气在中国能源构成中的比重将由现在的4%提高至10%。

面对日益增长的市场需求，中石油于2010年年初大幅上调对中国2020年天然气需求的预测，调幅高达50%，需求增至3000亿m^3，相当于中国目前石油消费量的3/4。中石油的研究人员指出，大幅上调预估的原因是中国的城市化和工业化进程，以及国家政策要努力实现可持续增长。因此，综合天然气需求预测与供给预测的结果可知，未来中国天然气供需缺口将逐渐扩大，有1/3的需求量无法满足。㊁

2015年全年，我国发电量56183.7亿kW·h，同比下降0.2%，其中火电发电量42101.9亿kW·h，同比下降2.8%，水电、核电、风电发电量则分别增长4.2%、28.9%和12.8%。再看发电设备利用率，火电情况恶化最为显著。2015年全国6000kW及以上电厂发电设备平均利用小时为3969h，同比减少349h，跌落到1978年以来的最低水平，其中水电、核电、风电设备同比分别降低48h、437h和172h；火电设备装机容量最大，年底全国火电装机容量9.9亿kW。㊂

㊀ http://npc.people.com.cn/BIG5/n/2014/0307/c376899-24567137.html.

㊁ 余胜海. 能源战争[M]. 北京：北京大学出版社，2012：95.

㊂ http://www.86wol.com/hangye/201604/25133542.htm.

2010 年 12 月 26 日，中国工程院的大型研究项目——“中国可再生能源发展战略研究”的结题成果正式出版。这项研究成果显示，到 2050 年，中国的能源需求将达到 50 亿 t 标准煤，可再生能源将承担起补充能源供应缺口的重任。

5.4.7　中国能源安全带给新能源严峻挑战

三十多年的改革开放，中国取得了经济的快速发展，对能源的需求正在迅速增长。经济总量已超过日本，成为美国之后的第二大经济体，但中国的人均国内生产总值在世界排名仍很靠后。然而，中国的工业化和现代化，在一个较长的时期，仍然将以高碳能源为动力。要维持这种能源的巨大需求，又能满足节能低碳经济，对中国来说是一个能源挑战。

中国原油的供应缺口巨大，石油对外依存度不断扩大，2009 年突破 50%，2011 年达到了 55%。2012 年 3 月 26 日，中国石油企业协会与中国石油大学联合在京发布《中国油气产业发展分析与展望报告蓝皮书（2011—2012)》显示，原油消费量为 4.53 亿 t，比上年增长 3.3%；天然气消费量比上年增长 20.5%，增幅较大。中国原油对外依存度达 56.5%，天然气对外依存度突破 20%。[㊀]中国石油经济技术研究院发布的报告显示，中国石油对外依存度持续攀升，2013 年达到 58.1%，逼近中国《能源发展“十二五”规划》中 61% 的“红线”。2013 年中国天然气对外依存度首破三成达到 31.6%，成为全球第三大天然气消费国。[㊁]更有甚者，有人说：“由于全球资源越来越紧缺，中国有可能为了争夺资源而与其他国家发生军事冲突”。[㊂]中国能源的对外依存度过大，这就迫切需要用新能源来满足国内日益增长的能源需求。

5.4.8　中国能源技术落后、利用效率低、消费结构不合理，环境污染严重

从全球来看，随着经济的发展，不可再生的化石能源供给日益减少，全球已探明的石油、天然气和煤炭储量，将分别在今后 40 年、60 年 和 100 年

㊀ http://companies.caixin.com/2012-03-27/100373611.html.

㊁ 摆脱石油对外依存度“恐慌症”[N]. 中国石油报，2014-02-25 (2).

㊂ 马丁·雅克，当中国统治世界：中国的崛起和西方世界的衰落 [M]. 张莉，等译. 北京：中信出版社，2010 年.

左右耗尽。㊀而中国作为世界上最大的发展中国家，由于历史的原因，人口多、底子薄，石油和天然气资源相对不足，而煤炭却相对丰富。在中国已探明的一次能源资源储量中，煤炭占94%，石油和天然气分别占5.4%和0.6%。㊁中国能源禀赋条件决定了以煤为主的能源结构难以短时间内改变，煤炭仍将是中国发展所依赖的主要能源。同时，中国的能源资源储量总体不足，人均能源资源拥有量更低，中国的石油、天然气、煤炭的人均储量分别相当于世界人均水平的11%、4.5%、79%。㊂中国能源浪费现象严重，能源利用率较低。据统计，中国矿产资源总回收利用率仅为30%，而发达国家高达50%，全国可回收而没有回收利用的再生资源价值达350亿~400亿元，每年约有200亿~300亿元的再生资源流失浪费。㊃2012年，中国一次能源总消耗已达36.2亿t标准煤，占全球的21%，创造了11%的GDP。单位GDP能耗是世界平均水平的2倍，是发达国家的4倍。高能耗、高排放、低效率的发展方式导致总能耗不断上升。能源效率严重低下，对单一能源的高度依赖也成为中国经济的“阿喀琉斯之踵”。㊄

中国经济的快速增长推动了其对资源的旺盛需求，资源进口量不断增加，同时对能源的需求量越来越大，常规能源已不能满足中国国民经济发展的需要。据英国石油公司的数据显示，中国的石油探明储量为148亿桶，占世界探明储量的1.1%，储产比为9.9；㊅天然气的探明储量为2.8万亿m^3，占世界探明储量的1.5%，储产比为29。㊆能源短缺已成为中国经济与社会发展的软肋。国家发展和改革委员会能源经济与发展战略研究中心副主任刘小丽2009年在“中国——俄罗斯——中亚石油天然气论坛”上表示，“中国石油需求正处在快速增长期，2008年中国石油消费在一次能源消费结构中仅占18%，消

㊀ 任奔、凌芳. 国际低碳经济发展经验与启示［J］. 上海节能. 2009（4）：10-14.

㊁ 崔守军. 能源大外交——中国崛起的战略支轴［M］. 北京：石油工业出版社，2012：26.

㊂ 崔守军. 能源大外交——中国崛起的战略支轴［M］. 北京：石油工业出版社，2012：28.

㊃ 陈英姿，李雨潼. 低碳经济与我国区域能源利用研究［J］. 吉林大学社会科学学报，2009：66-73.

㊄ http://futures.hexun.com/2013-12-25/160881160.html.

㊅ BP，Statistical Review of World Energy 2011，6.

㊆ BP，Statistical Review of World Energy 2011，20.

费水平仍然偏低，预计到 2015 年中国石油年需求量将达到 4.9 亿 ~5.2 亿 t，到 2020 年仍将持续增长。2008 年，中国国内原油产量达 1.9 亿 t，其中 84.8% 的产量来自于陆上油田，净进口石油近 2 亿 t，石油对外依存度达到 51%。未来中国国内石油供应主要依靠西部油田和海上油田的增产以及老油田的稳产。到 2010 年中国原油产量将达到 2 亿 t，到 2020 年中国原油产量将位于 2 亿 ~2.2 亿 t。"[一]现阶段中国的能源消费结构中，清洁能源占比低，但是未来发展潜力巨大（如图 5-5 所示）。

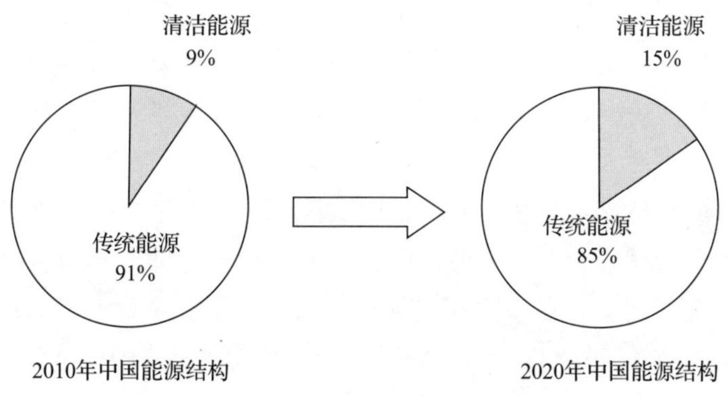

图 5-5　中国能源结构及其预测图[二]

对外经贸大学国际低碳经济研究所和社科文献出版社联合发布了《中国低碳经济发展报告（2012）》称，中国已成为全球第一大二氧化硫和二氧化碳排放国，国际环保责任压力大。据路透社报道，2010 年中国二氧化碳排放量为 83.3 亿 t，占全球排放总量的 1/4。美国二氧化碳排放量为 61.4 亿 t，中国已经经超过美国成为世界第一大排放国。[三]而相应的研究表明，地球生态系统自净二氧化碳的能力每年只有 30 亿 t，[四]按这样的研究结果测算，全世界每年剩下 300 亿 t 的二氧化碳残留在大气层中，地球生态系统将不堪重负。巨大的气体排放量和环境污染问题使中国面临巨大的环保压力。这也将对中国经济

㈠ http://news.xinhuanet.com/fortune/2009-09/23/content_12102698.htm.

㈡ 北京洲通投资技术研究所. 中国新能源战略研究［M］. 上海：上海远东出版社，2012：1.

㈢ http://cn.reuters.com/article/commoditiesNews/idCNnCN108824220110609.

㈣ 姜鑫民. 选择适合中国国情的低碳之路［J］. 中国金融. 2009（24）：45.

的快速增长形成掣肘之势。环境保护部2012年6月6日公布的《2011年全国大气环境状况》表明："2011年，325个地级及以上城市（含部分地、州、盟所在地和省辖市）中，环境空气质量达标城市比例为89.0%……2011年，监测的468个市（县）中，出现酸雨的市（县）227个，占48.5%；酸雨频率在25%以上的140个，占29.9%；酸雨频率在75%以上的44个，占9.4%。"

经济快速增长伴随能源消耗不断加大，付出了环境被污染的代价，目前中国的环境污染问题也日益严峻。常规污染物如氮氧化物、二氧化硫和烟尘等仍是主要问题，这些污染物主要是由于化石能源的使用，尤其是煤的直接燃烧所引起的。环境保护部部长周生贤向全国人大常委会报告当前大气污染防治工作的进展情况时指出，"长期以来，以煤为主的能源结构是影响中国大气环境质量的主要因素，煤炭在中国能源消费中的比例在70%左右"[㊀]，是大气环境中二氧化硫、氮氧化物、烟尘的主要来源，煤烟型污染仍将是中国大气污染的重要特征。在一些大城市中，煤烟型空气污染已开始转向煤烟与尾气排放的混合型污染。在中国一些城市，机动车排放平均占一氧化碳（CO）排放的85%和NOx排放的45%～60%。[㊁]汽车内燃机排出的碳氢化合物（HC）和细颗粒物（主要来自柴油机）也是城市空气的重要污染源。

2013年7月8日，发表在《美国国家科学院院刊》上的一则研究报告称，中国北方5亿居民因严重的空气污染，平均预期寿命缩短5.5年。[㊂]7月9日，环保部长周生贤在报告中提到：按照新环境空气质量标准（日均值为75$\mu g/m^3$，年均值为35$\mu g/m^3$），全国70%左右的城市不达标；[㊃]雾霾污染最严重时，北京市PM2.5每小时浓度最大值为680$\mu g/m^3$，石家庄则接近1000$\mu g/m^3$；2011年，世界卫生组织发布世界城市以可吸入颗粒物（PM10）为主要因子的空气质量报告，在1082个城市中，北京市排名1035位，中国城市环境空气质量好的海口市排名在800位之后。周生贤在报告中还说："既需要高速的GDP，又要干净的环境质量不可能，必须要把当前发展速度放得慢一点，别那么快，党中央定的是7%，为什么（一些地方）要搞到百分之十几，谁让你搞的，

㊀ http://china.zjol.com.cn/05china/system/2009/04/23/015450603.shtml.

㊁ http://blog.sina.com.cn/s/blog_4d21c9f801000ae7.html

㊂《看天下》杂志社．让"看不见的污染损失"数字化［J］．Vista看天下·社评．2013（19）：14.

㊃ http://kfq.china.com.cn/2013－07/10/content_6101453.htm.

你把空气污染成这样，中央要求 7%，我们搞到 7% 赶紧停。”㊀正如周生贤所说：“如果发展的结果使健康人变成了不健康的人，变成了瘸子、跛子，这是对发展的一种讽刺，这种发展是没有任何意义的。”㊁

5.4.9　全球能源危机必将牵制中国能源安全

纽约 2008 年 7 月基准原油期货定格在每桶 133.17 美元，创有史以来新高。其盘后电子交易价格一度达到每桶 135.09 美元。纽约商品交易所 7 月原油期货过去两个交易日里连续突破 129 美元和 130 美元。同日，国际期油 7 月合约上涨 1.19 美元，报每桶 130.13 美元，刷新原油期货自 1983 年开始交易以来的最高纪录。

2007 年，投资大师吉姆·罗杰斯抛出他的“油价破百”理论时，被斥为哗众取宠。一年后油价早已突破 100 美元大关，直逼 140 美元，高盛等国际著名商业机构更是预言国际油价将会涨至 200 美元。

国际原油价格几乎是一口气突破了 110 美元、120 美元、130 美元大关。国际油价节节攀升，价格记录被一破再破，从侧面反映了石油的短缺，全球能源危机重重。

有报道说，已探明的全球石油储量仅可供人类开采 40 年，天然气则可开采约 50 年，原煤也最多可采 20 年。这一系列触目惊心的数据意味着，人类将会在短短的百年之内将地球 50 亿年的能源积累消耗殆尽，全球能源危机时代已经来临。

1950—1973 年，国际原油价格平均每桶约 1.80 美元，仅为煤炭价格的一半左右。石油输出国组织 OPEC 和以美国为代表的资本主义国家在进行了长期的讨价还价后，1973 年 1 月，每桶原油才上涨了 1 美元。虽然油价没有得到大幅度提高，但阿拉伯产油国已经发现了石油的巨大威力。

1973 年第一次石油危机爆发，阿拉伯国家以石油作为武器来打击美国等国家，对这些国家实行石油提价和禁运。美国等国家对石油的依赖程度非常大，一时间它们手脚大乱。到 1973 年年底，石油价格达到每桶 11.651 美元，原油价格一下翻了好几倍。这次石油危机引发了战后资本主义世界最大的一

㊀ http://www.chinanews.com/gn/2013/07-10/5023926.shtml.

㊁ http://hb.people.com.cn/n/2013/0710/c194063-19039128-6.html

次经济危机。在这次危机中美国人吃尽了苦头，许多居民不得不拾树枝生火取暖，白宫顶上的电灯也限时关掉，尼克松甚至下令降低“空军一号”的飞行速度。

1978 年年底，第二次石油危机爆发。1978 年伊朗发生“伊斯兰革命”，社会动荡不安，一度停止输出石油，这使得国际石油市场每天短缺石油 500 万桶，约占世界总消费量的 1/10。紧接着来临的两伊战争，使国际石油市场的缺口扩大到 560 万桶。原油价格从 1979 年的每桶 13 美元猛增至 1980 年底的 41 美元。

1990 年，海湾战争爆发，国际市场石油价格在短时间内上涨一倍，第三次石油危机爆发。美国、英国经济迅速衰退，全球 GDP 增长率在 1991 年下跌 2%。

2003 年 3 月，美军发动伊拉克战争，石油价格的上涨变得一发不可收拾。近几年来非欧佩克国家石油产量的急剧减少，同时中国、印度等新兴国家对能源需求量的不断增加，使得石油变得越来越宝贵。2008 年 7 月 11 日国际原油价格创下每桶 147.27 美元的最高价。

国际能源机构（IEA）首席经济学家法旦兹·比罗尔表示，随着全球大多数主要油田纷纷步入“产能衰退期”，世界正在迎来一场“空难性”的能源危机。[㊀]

国外某著名科研机构称，到 2030 年人类只有再找到四个像沙特阿拉伯一样的富油地区，才能解决基本的能源需求问题。该机构还声称，如果人类既没发现新的大油田，也没找到新的可代替能源，那么大国之间很有可能因为抢占剩余的石油资源而引发战争。

石油危机造成的影响比较大，但也不能忽视其他能源危机的威力。2009 年初俄罗斯和乌克兰的天然气争端，受到最大伤害的不是“吵架”双方，反而是欧盟。欧盟每年要向俄罗斯进口大约 25% 的天然气体，其中大约 80% 要通过乌克兰。俄罗斯和乌克兰两国吵得热火朝天，可害苦了欧盟。欧洲的冬天异常寒冷，许多地方的气温降到 -20℃，大多数欧洲人因为没有天然气供暖不得不在寒冷的冬天挨冻。两国“斗气”，致使 9 个国家完全断供天然气，受影响的国家达到 17 个。据欧盟委员会发布的数据显示，输往匈牙利的天然

㊀ http://www.china.com.cn/news/txt/2009-08/03/content_18255616.htm.

气减少了 65%，希腊减少了 81%，保加利亚减少了 90%，法国减少了 70%，意大利减少了 90%。㊀

保加利亚成为此次俄乌天然气争端影响最严重的欧洲国家，许多学校被迫停课，企业也被迫停工停产，取暖设备被抢购一空。斯洛伐克则宣布国家进入紧急状态，斯洛伐克政府宣布，如果情况继续恶化，将不得不重新启动苏联时期的核电站。在波斯尼亚，不少人被迫砍树取暖，或者从黑市高价购煤。波斯尼亚外交部长斯旺·阿尔卡雷说："我们的 400 万人民正处于危险之中。"

从俄乌天然气争端可以看出人类对能源的依赖是多么的严重，假如一天地球上的能源消耗殆尽，那么人类面临的危机简直无法想象。

欧盟是当今世界仅次于美国的能源消耗大户，其消费量占世界能源总消费量的 14% ~15%，并呈递增趋势。

北海油田是欧洲石油的重要来源之一，可它总有被开采完的一天，预计到 2020 年，日产量原油将从目前的 700 万桶减少到不足 400 万桶。

2005 年以来，油价一路飙升，同时伊朗核问题升级，中东地区战争一触即发。2006 年伦敦和纽约两个期货交易所的原油现货及远期合约价都突破每桶 78 美元，刷新了原油价格的历史记录。一时间风声鹤唳，世界惊恐"第四次石油危机"即将来临。

可出人意料的是，"第四次石油危机"并没有爆发。原因是多方面的，主要有以下几方面：在伊朗核问题升级到剑拔弩张的时候，伊朗和美国都做出了一定程度的让步，美国承诺不会采取军事行动打击伊朗核设施，伊朗也不会封闭霍尔木兹海峡，这使得危机得到缓解。

欧美国家在三次"石油危机"中吃尽了苦头，俗话说："吃一堑，长一智。"现在欧美国家已经建立了石油储备制度。美国的战备石油储备超过 90 天库存水平；欧盟的自产原油加上战略石油储备能使欧盟维持 100 天左右的基本石油产品供应；日本的战略储备甚至可以维持自己半年的需求。

众多原因使得"第四次石油危机"没有爆发。但我们千万别以为万事大吉，因为"第四次石油危机"随时都有可能爆发。有专家指出，如果各国政府能源政策不当，当油价上涨突破每桶 200 美元时，"第四次石油危机"将会

㊀ 蒋婵杰. 巴以冲突波澜不惊，国际原油冲高回落 [N]. 期货日报，2009-01-13.

随之到来。

2010年，英国《卫报》刊登消息，维珍集团创办人布兰林和众多商界领袖共同发出警告，全球石油不久将会耗尽，未来5年将爆发能源危机，其破坏程度将超过次贷危机，希望政府尽快采取行动，以避免重蹈次贷危机来袭时不知所措的覆辙。

以原油为例，中国原油的进口来源非常集中，主要来自中东和非洲，大约占到50%和30%。[㊀]同时，由于从中东和非洲进口一般都走海上运输才能到达，海上运输的距离较长、运输安全问题明显。中国原油的供应缺口巨大，石油对外依存度不断扩大。

如果“第四次石油危机”真的来临，那必将又是人类的一场灾难。不管是国家还是个人都要未雨绸缪，做到积极应对，因为能源危机已近在眼前。

5.5 小结

通过对全球能源利用情况的描述，引进了“能源强度”的概念，强调能源的投入产出，或者说强调了单位产值的能源消耗情况。通过对水电、太阳能、核能、风能、海洋能、生物质能、氢能和页岩气现状的分析以及国内外新能源发展情况的比较，可以清楚地勾勒出中国新能源的发展轮廓。在此基础上，对中国能源存在的问题进行了深入的剖析，从宏观和微观层面找出了中国新能源发展的瓶颈所在，为进一步提出政策建议打下了前期基础。

㊀ 崔守军. 能源大外交——中国崛起的战略支轴［M］. 北京：石油工业出版社，2012：30.

第6章

中国新能源发展的效率研究

6.1 能源效率及相关指标的选取

6.1.1 能源效率

1. 能源效率的内涵概述

世界能源委员会把能源效率定义为减少提供同等能源服务的能源投入，此即能源效率的传统定义。Bosseboeuf 等从两方面对传统定义进行了拓展，即经济上的能源效率是指用相同或更少的能源获得更多产出或更好的生活质量；技术经济上的能源效率是指由于技术进步、生活方式的改变、管理的改善等导致特定能源使用的减少。[一]亚太能源研究中心指出，能源效率指标的基本任务是后评估、目标评价和在同等群体中的相对形势评估。[二]许多机构和学者都认同能源效率的传统定义，并根据传统定义构建能源效率衡量指标。Patterson 认为能源效率的衡量指标主要有4类，即热力学指标、物理热量指标、经济热量指标和纯经济指标。[三]1997年国际能源组织提出一个能源效率指标金字塔，[四]Phylipsen 等在此基础上进行了拓展研究。[五]王庆一认为，衡量能源效率的

㈠ Bosseboeuf D, Chateau B, Lapillone B. Cross-country Comparison on Energy Efficiency Indicators: The Ongoing European Effort towards a Common Methodology [J]. Energy Policy, 1997, 25 (9):673-682.

㈡ APERC. Energy Efficiency Indicators, a Study of Energy Efficiency Indicators for Industry in APEC Economies [R]. 2000.

㈢ Patterson M G. What Is Energy Efficiency? Concepts, Ihdicators and Methodological Issues [J]. Energy Policy, 1996, 24 (5):377-390.

㈣ IEA. Indicators of Energy Use and Efficiency: Understanding the Link between Energy and Human Activity [R]. 1997.

㈤ Phylipsen G M, Blok K, Worrell E. Handbook on International Comparisons of Energy Efficiency in the Manufacturing Industry [M]. Netherlands: Utrecht University, 1998.

指标可分为经济能源效率和物理能源效率两类，经济能源效率指标包括单位产值能耗和能源成本效率；物理能源效率指标包括物理能源效率（热效率）和单位产品或服务能耗。[㊀]

随着能量效率的深入研究，越来越多的学者开始质疑能量效率的传统定义，传统定义是对能量生产率的描述，能源生产率指标是表征能源输入输出之间的比例关系的，由于在测量输出时不考虑其他投入生产因素的影响，因此它具有显著的局限性。鉴于此，胡均立等在全要素生产率的框架基础上，对全要素能源效率指标进行了定义，弥补了能源生产的传统指标只考虑单一的因素的不足。魏楚等基于能量效率的想法将能源效率定义为当前的固定能量输入在当前条件下实际的最大输出，或者从输出的程度来衡量投入的水平。魏一鸣、廖华将宏观的能源效率分为能源效率、实物能源效率、物理能源效率、能源效率值、能效系数、能源要素配置效率、能源效率经济研究 7 个方面。[㊁]

2. 本书研究的能源效率

（1）能源开发效率。能源开发效率是指新能源生产过程的效率问题，即研究新能源的投入产出比，考查每一种新能源在生产过程中的效率高低问题。从新能源生产过程的角度来测算各种新能源的投入规模的合理性及各种投入资源的利用情况。

（2）能源使用效率。能源使用效率是指新能源生产后投入到生产活动过程中所带来的经济增长情况，考查新能源产品在实际生产领域的利用情况，包括投入规模的合理性及资源利用情况，主要分析资源的使用效率情况。

6.1.2 指标选取

1. 新能源开发效率指标的选取

新能源开发效率是指标的选取即新能源生产过程投入产出指标的选取。

（1）投入指标。投入指标包括资本投入指标和人员投入指标。

1）资本投入指标。资本投入指标包括：①中央财政；②地方财政；③社

㊀ 王庆一. 能源效率及其政策和技术：上［J］. 节能与环保，2001（6）：11－14.

㊁ 魏一鸣，廖华. 能源效率的七类测度指标及其测度方法［J］. 中国软科学，2010（1）：128－137.

会资本。

2）人员投入指标。人员投入指标包括年末从业人员数。

（2）产出指标。产出指标包括各种新能源的生产量（亿 kW·h）。

2. 新能源使用效率指标的选取

新能源使用效率是指标的选取即新能源在应用领域投入产出经济指标。

（1）投入指标。投入指标是指各种新能源的生产量（亿 kW·h）即开发效率指标中的产出指标，这两个数值是一致的。

（2）产出指标。

1）新能源产值占 GDP 比重。

2）新能源工业增加值。

3. 新能源种类的选取

为了使研究具有代表性，在新能源的选择上，选取了水电、核电、风能、太阳能、生物质能 5 种新能源，因数据的原因，仅仅找到了风能、核能、生物质能 3 种能源的有效数据，故在实证研究时仅针对这 3 种新能源进行实证分析。

4. 数据查找过程中的指标调整与替代

（1）新能源开发效率指标的替代。经过了近 6 个月的数据查找（在第 9 章的结论与展望中已进行了说明），因所取得的数据无法达到建模要求，即由于在“新能源开发效率指标”的“资本投入”指标中仅能找个别年份的个别新能源的“中央财政投入”和 2008 年一年的水电“社会资本”数据，而“地方财政投入”的数据根本无法取得；“人员投入”指标也仅仅找到了 3 个数据。根据这一情况，转换投入指标的选取角度，各种新能源的总装机容量就可以视为全部“资本投入”指标，因为无论是中央财政投入、地方财政投入和人员投入，最后都落在每种新能源的总装机容量上。每种新能源的总装机容量与这些选择的投入指标是成相对正比的关系，所以从数理的角度，用“总装机容量”代替全部“资本投入”指标从数理分析和逻辑角度是完全可以的，这样转换使得数据的查找与获取变成了一种可能，这符合做学术、做学问、做研究的“横看成岭侧成峰、远近高低各不同”的学术思想。

（2）新能源使用效率指标的替代。在“新能源使用效率指标”中“产出指标”中的“产值占 GDP 的比重”仅找到了 2009 年一年太阳能产值占 GDP 的比重，而“工业增加值”也仅仅找到了 2008—2011 年 4 年的数据，其他年份和其他种类新能源均无数据可取得。而“产出指标”设计时是想考证新能源在经济建设中的贡献度的问题，从这个角度延伸下去，可以将整个能源产业在经济建设中的贡献度视为一个定数，那么每种新能源占总能源的比重就可以视为新能源的贡献度，这里还有一个问题是新能源是否都用在了经济建设的过程中？是否会有剩余？有多大的剩余？从数理统计的角度讲，总能源也不会是全部用于经济建设过程中，因此，不管总能源有多大的比例投入到经济建设过程中，那么总能源的贡献度视为定数“1”的情况下，那新能源占总能源的比重自然也就是各种新能源在经济建设上的贡献度。并且在指标替代的过程中将各种新能源的指标都对应成发电量来统计考虑占比问题，符合数理分析逻辑。

6.2 数据处理

根据6.1 论述，在进行指标替代后，仍有个别年份、个别种类新能源的数据无法取得，为保持研究的严谨性和方便以后研究者对照与参考，本书将对个别缺失的数据进行插补处理并对 2014—2020 年的数据进行预测处理。数据处理过程将分两步走，第一步是对部分缺失的数据进行插值运算得到拟合数据，第二步是选择恰当的模型对 2014—2020 年的数据进行预测。

6.2.1 基于插补方法对缺失数据的处理

本书利用 SAS 软件对缺失数据进行处理，下面介绍一下 SAS 软件中 expand 过程步。它可以对有缺失数据的序列进行插值。系统默认的插值方法是 Spline 法，即样条插值。在数值分析的领域中，样条插值是一种特别的插值方法。样条就是插值的类型，是分段的多项式。通常情况下，样条插值法是首选，因为它插值的误差小。表 6 - 1、表 6 - 2 和表 6 - 3 中的部分数据即为通过样条插值法得到的（具体程序详见附录 A - 1 和附录 A - 2）。结果如下：

表6-1　风能投入产出使用情况统计表

年份	总装机容量/万kW	风能发电量/亿（kW·h）	全国发电量/亿（kW·h）	风能发电量占比（%）
2006	2537.1	10	28499	0.035
2007	5848.4	52	32644	0.16
2008	12002.1	103	34334	0.30
2009	25805.3	276	36812	0.75
2010	44733.3	501	42280	1.18
2011	62364.2	800	47217	1.69
2012	75324.2	1008	49774	2.03
2013	91413.5	1400	52451	2.67

数据来源：《中国新能源统计年鉴（2009—2010年）》《中国能源统计年鉴（2005—2012年）》《2005—2013年中国风电装机容量统计》《2010—2015年中国风电设备产业深度分析及前景预测报告》《张钦、周德群、张力菠、闫浩：中国新能源产业发展研究，2013.03》、中研网、汇能资讯网、生意宝网、搜狐财经网等文献和网站资料整理计算得出。

表6-2　核能投入产出使用情况统计表

年份	总装机容量/万kW	核电发电量/亿（kW·h）	全国发电量/亿（kW·h）	核电发电量占比（%）
2006	685	548	28499	1.92
2007	885	629	32644	1.93
2008	885	684	34334	1.99
2009	908	692	36812	1.88
2010	1082	768	42280	1.82
2011	1257	874	47217	1.85
2012	1390.3	988	49774	1.95
2013	1483.3	1107	52451	2.11

数据来源：《中国新能源统计年鉴（2009—2010年）》《中国能源统计年鉴（2005—2012年）》《世纪未来公司：2012年核电行业风险分析报告，2012.08》、中国核能行业协会核能新闻网、中国行业研究网、搜狐财经网等文献和网站资料整理计算得出。其中2012年的核电总装机容量和核电发电量为采用SAS样条插值法得到。

表 6-3 生物质能发电投入产出使用情况统计表

年份	总装机容量/万 kW	生物质能发电量/亿（kW·h）	全国发电量/亿（kW·h）	生物质能发电量占比（%）
2006	150	20.86	28499	0.07
2007	220	75.01	32644	0.23
2008	315	180.4	34334	0.53
2009	430	226.2	36812	0.61
2010	550	209.1	42280	0.53
2011	700	183.3	47217	0.42
2012	878.1	211.43	49774	0.42
2013	900	356.02	52451	0.67

数据来源：《关于国内外生物质发电产业基本情况的报告》《2010 年中国生物质发电行业风险分析》《2011—2015 年中国生物质能发电产业投资分析预测报告》《2012 年中国生物质发电建设统计报告》《2013 年中国生物质发电建设统计报告》《张钦、周德群、张力菠、闾浩：中国新能源产业发展研究，2013.03》《张铁柱：中国生物质发电行业现状及前景分析，中国新能源 2011 年第 3 期》中数据说明与统计。其中 2010 和 2011 两年的生物质能发电量为采用 SAS 样条插值法得到。

6.2.2 基于灰色预测模型对新能源数据的预测

利用 MATLAB 软件可以实现基于灰色模型（GM 模型）对新能源数据的预测。

1. 灰色模型（GM 模型）的理论

对于灰色系统的分析，往往是根据系统中的物理机理和各种状态变量间的关系，在建立了数学模型之后，再对系统进行描述。这是模型在前，行为在后，由模型到行为的研究过程称为顺过程。而系统的辨认则相反，它是在表征系统行为的特征数据得到后再拟合成模型，这是行为在前，模型在后的逆过程。社会、经济、生态系统具有明显的层次复杂性、结构关系的模糊性、动态变化的随机性、指标数据的不完全和不确定性。例如，由于技术方法、人为因素、自然环境变化等，造成各种数据误差、短缺甚至虚假现象，亦即灰色性。这些系统的作用机制不明确，系统的状态、结构、边界关系难以精确描述，属于本征性灰色系统。所以在做量化、模型化、实体化研究时，能作为反映系统主要动态特征的数据是很少的。灰色系统建模是利用减少的或不确切的表示系统行为特征的原始数据序列作生成变换后建立微分方程。由于环境对系统的干扰，使原始数据序列呈现离乱情况，离乱数列即为灰色数列，或称灰色过程，对灰色过程建立的模型称为灰色模型（GREY MODEL），简称 GM 模型。灰色模型是揭示系统内部事物连续发展变化过程的模型，所以灰色系统的模型一般是用微分方程来描述的。

灰色系统建模中，最具有特色的是针对时间序列的 GM 建模，或者说，用离散的时间序列数据建立近似（灰色）连续的微分方程模型，其中累加生成运算（Accumulated Generating Operation，简记 AGO）是基本手段。生成函数是灰色建模、预测的基础。累加生成运算的机理如下：

（1）灰色变量和灰色过程。按照系统科学的观点，常把被研究对象视为系统。研究系统，就要寻求系统的延续规律，因此就要对系统观测，以便取得系统信息，从而建立系统模型。一个恰当的系统模型，就是被研究对象的“代表”。因此建模是系统研究的基础工作，观测是获取系统信息的基本途径。观测与考察问题的层次有关。当我们局限于某一确定层次考察问题，而且相关的其他层次相对稳定时，我们可以观测到反应该层次某种演变规律的确定量。然而，其他层次不可能对该层次没有作用，只是由于观测者的忽略或处于无知状态而已。同一问题，在宏观层次上是确定的，在微观层次上可以是不确定的。这时，不确定的微观现象隐含着确定现象描述的某种规律。宏观层次与微观层次，确定量与不确定量都是相对而言的。人们很早就注意到了不确定量的研究，随着科学技术的发展，对不确定量的研究尤为突出。随机量、模糊量，是以不同的学术观点定义的不同定量。在灰色系统理论中，把不确定量定为“灰色量”。

对于系统中信息不完备的元素（不一定是数）称为灰色元素，简称灰元，记为⊗。关于灰色变量和灰色过程的定义如下：

【定义 1】 记灰元为⊗，灰域为 $D(\otimes)$，$\otimes \in D(\otimes)$。对应于⊗的变量，记为 x（⊗），称为灰色变量。$x(\otimes)=[a,\ b]\subset \mathbf{R}$，$\mathbf{R}$ 为实数集。

【定义 2】 记时间为 t，时域为 T，$t\in T$。t 的函数记为 $r(\otimes,\ t)$，称为灰色过程。

灰色过程（标量函数或向量函数）完整的描述了被研究对象的运行行为。

【定义 3】 由观测得到的函数，记为 $x^{(0)}(t)$，$x^{(0)}(t) \in x(\otimes, t)$，并称之为 $x(\otimes, t)$的一个白化函数。

$x^{(0)}(t)$提供了有关被研究对象的全部信息，其中包括确定性（对某些客观实体来说，可视为确定性）成分的信息，记为 $x_d^{(0)}(t)$；和不确定成分的信息，记为 $x_{id}^{(0)}(t)$，其表达式为

$$x^{(0)}(t) = x_d^{(0)}(t) + x_{id}^{(0)}(t) \tag{6-1}$$

（2）累加生成运算。$x^{(0)}(t)$是我们构造系统数学模型的依据。但在贫信息情况下，用概率统计方法寻求其统计规律，或用模糊统计方法寻求其隶属规律，都是不可能的。一个自然的想法，就是设法强化确定性（规律性）成分和弱化不确定性成分，对于离散过程，可在一定程度上相对增强确定性和相对减弱不确定性。例如：式（6－1）中，若 $x^{(0)}(k) \geqslant 0$，$x_d{}^{(0)}(k) \geqslant 0$，$x_{id}^{(0)}(k) \lesseqgtr 0$，$k=1, 2, \cdots, n$，则有

$$x^{(0)}(k) - x_d^{(0)}(k) = x_{id}^{(0)}(k)$$

$$\left| \sum_{k=1}^{n} x^{(0)}(k) - \sum_{k=1}^{n} x_d^{(0)}(k) \right| = \left| \sum_{k=1}^{n} x_{id}^{(0)}(k) \right|$$

$$\sum_{k=1}^{n} (x^{(0)}(k) - x_d^{(0)}(k)) \leqslant \left| \sum_{k=1}^{n} x_{id}^{(0)}(k) \right|$$

在给定下列条件下，

$$0 \leqslant \left| \sum_{k=1}^{n} x_{id}^{(0)}(k) \right| < \sum_{k=1}^{n} \left| x_{id}^{(0)}(k) \right|$$

关于累加生成运算，我们有如下定理：

定理 1：

时间序列 $\{x^{(0)}(t)\}$，$x^{(0)}(t) \geqslant 0 (t=1, 2, \cdots, n)$通过累加生成运算，得

$$x^{(1)}(k) = \sum_{t=1}^{k} x^{(0)}(t) \tag{6-2}$$

所得到生成时间序列 $x^{(1)}(k)$单调递增。

证明：

$x^{(0)}(t) \geqslant 0 (t=1, 2, \cdots, n)$由式(6－2)得

$$0 \leqslant x^{(1)}(1) \leqslant x^{(1)}(2) \leqslant, \cdots, \leqslant x^{(1)}(n)$$

定理 1 表明原始时间序列非负，其数据幅值变化无规律，而生成时间序列不但非负，而且单调递增，即数据幅值变化有一定的规律。生成时序与原

始时序相比，确定性增强了，于是，我们把问题放在生成层次上求解。通过关联分析，生成时序所接近或相像的函数，就是我们寻求的生成函数，据此建立被研究对象的模型，因此灰色系统建立的不是原始数据模型，而是生成序列的数据模型，所以通过生成序列的数据 GM 模型得到预测值，而且必须作逆生成（还原）处理，累加和累减生成数列的具体算法如下：

1）累加生成。设有原始数列

$$x^{(0)}(i)=\{x^{(0)}(1),\ x^{(0)}(2),\ \cdots,\ x^{(0)}(n)\}$$

式中 $x^{(0)}(i)$读作第 i 时刻的原始（0）数据 x。

若对原始数据作依次累加，用式（6－2），得依次累加生成数列：

$$x^{(1)}(k)=\{x^{(1)}(1),\ x^{(1)}(2),\ \cdots,\ x^{(1)}(n)\}$$

若对 $x^{(0)}(i)$作 r 次累加，用公式

$$x^{(r)}(k)=\sum_{i=1}^{k}x^{(r-1)}(i) \tag{6-3}$$

则得 r 次累加生成数列：

$$x^{(r)}(k)=\{x^{(r)}(1),x^{(r)}(2),\cdots,x^{(r)}(n)\}$$

从式（6－3）可得到下列关系式

$$\begin{aligned}x^{(r)}(k)&=\sum_{i=1}^{k-1}x^{(r-1)}(i)+x^{(r-1)}(k)\\&=x^{(r)}(k-1)+x^{(r-1)}(k)\\x^{(r)}(k)&=\sum_{i=1}^{k-1}x^{(r-1)}(i)=\sum_{i=1}^{k}(\sum_{i=1}^{k}x^{(r-2)}(i))\\&=\sum_{i=1}^{k}(\sum_{i=1}^{k}(\cdots(\sum_{i=1}^{k}x^{(0)}(i))\cdots))\end{aligned} \tag{6-4}$$

2）累减生成。累减生成是累加生成运算的逆运算，它可使累加生成序列还原为原始数列，在建模过程中往往要用它作为增量信息。

设 $x^{(r)}(k)$为 r 次累加生成数列，若对 $x^{(r)}(k)$作累减生成，其基本关系式为

$$\begin{aligned}\Delta^{(0)}(x^{(r)}(k))&=x^{(r)}(k)(k=1,2,\cdots,n)\\\Delta^{(1)}(x^{(r)}(k))&=x^{(0)}(x^{(r)}(k))-\Delta^{(0)}(x^{(r)}(k-1))\\\Delta^{(2)}(x^{(r)}(k))&=x^{(1)}(x^{(r)}(k))-\Delta^{(1)}(x^{(r)}(k-1))\\&\vdots\\\Delta^{(r)}(x^{(r)}(k))&=x^{(r-1)}(x^{(r)}(k))-\Delta^{(r-1)}(x^{(r)}(k-1))\end{aligned}$$

式中，$\Delta^{(0)}(x^{(r)}(k))$ 为 0 次累减，表示没有累减；$\Delta^{(1)}(x^{(r)}(k))$ 为一次累减，表示将第 k 个与第 $k-1$ 个时刻两个零次累减量求差，其余类推。

由上述关系，可推导出下列关系式：

$$\begin{aligned}
\Delta^{(1)}(x^{(r)}(k)) &= x^{(0)}(x^{(r)}(k)) - \Delta^{(0)}(x^{(r)}(k-1)) \\
&= x^{(r)}(k) - x^{(r)}(k-1) \\
&= \sum_{i=1}^{k} x^{(r)}(i) - \sum_{i=1}^{k} x^{(r-1)}(i) \\
&= \sum_{i=1}^{k-1} x^{(r-1)}(i) + x^{(r-1)}(k) - \sum_{i=1}^{k-1} x^{(r-1)}(i) \\
&= x^{(r-1)}(k) \\
\Delta^{(2)}(x^{(r)}(k)) &= x^{(1)}(x^{(r)}(k)) - \Delta^{(1)}(x^{(r)}(k-1)) \\
&= x^{(r-1)}(k) - x^{(r-1)}(k-1) \\
&= \sum_{i=1}^{k} x^{(r-2)}(i) - \sum_{i=1}^{k-1} x^{(r-2)}(i) \\
&= \sum_{i=0}^{k=1} x^{(r-2)}(i) + x^{(r-2)}(k) - \sum_{i=1}^{k-1} x^{(r-2)}(i) \\
&= x^{(r-2)}(k) \\
&\vdots \\
\Delta^{(r)}(x^{(r)}(k)) &= x^{(0)}(i)
\end{aligned}$$

可见，对 $x^{(r)}(k)$ 作 r 次累减，就还原为原始数列。

从不同角度、不同关系、不同用途着眼，就有不同的模型，灰色系统用到的模型，一般是微分方程描述的动态模型；时间函数形式的时间响应模型；拉普拉斯变换关系描述的线性常系数动态模型。

一个 n 阶、h 个变量的 GM 模型，记为 GM(n, h) 模型 I 不同的 n 与 h 的 GM 模型有不同的意义和用途，要求有不同的数据序列，灰色系统中常用的模型有下列三类：

①预测模型。它一般是 GM(n, 1) 模型，这里的 1 是指一个变量，对于农业产量、人口增长、商品销售量等特定变化分析和预测，就只要一个变量，即综合效果的数据序列。n 一般小于 3，n 越大，计算越复杂，而且精度并不高；$n=1$，计算简单，GM(1, 1) 的形式是

$$\frac{d_{x^{(1)}}}{d(t)} + ax = u$$

其缺点是不能反映动态过程，但通过建立多次残差 GM(1，1) 模型，对波形修改补充，就能反映动态情况。

GM(1，1) 模型是灰色系统的基础，它可用于数列预测、季节灾变预测和拓扑预测等方面。

②状态模型。它不是一个孤立的 GM(1，1) 模型，而是基于一系列相互关联的 GM(1，h) 模型，即控制论中的状态模型，或称传递函数模型，它表示一种输入与输出关系，不是单个数列的变化。因此可作为系统综合研究或预测，它不但可以了解整个系统的变化，还可以了解系统中各个环节的发展变化。

GM(1，h) 模型是反映其他 $h-1$ 个变量对某一变量的一阶导数的影响，但需要有 h 个时间序列数据，其形式是

$$\frac{\mathrm{d}_{x_1^{(1)}}}{\mathrm{d}(t)} + ax^{(1)} = b_1x^{(2)} + b_2x^{(3)} + \cdots + b_{n-1}x_n^{(1)}$$

GM(1，h) 模型虽然能反映变量 x_1 的变化规律，但是每一个时刻的 x_1 值都决定于其他变量在该时刻的值，如果其他变量 $x_i(i=2，3，\cdots，n)$的预测值没有求出，那么 x_1 的预测值也不能求得。所以在一般情况下，GM(1，h) 模型只适合于建立系统的状态模型、各变量动态关联分析以及为高阶系统建模提供基础，不适合做预测用。GM(1，1) 是预测本身数据的模型，适合预测用。GM(1，1) 是 GM(1，h) 模型(即 $h=1$) 的特例。

③ 静态模型。一般是指 GM(0，h) 模型，这里的 $n=0$，表示不考虑变量的导数，只需了解各因素间的静态关系，所以是静态模型。其形式是

$$x_1^{(0)}(t) = \sum_{i=1}^{h-1} b_i x_{i+1}(t) + b_0$$

若 $h=3$，即 GM (0，3) 模型，其形式为

$$x_1^{(0)}(t) = b_1x_2^{(0)}(t) + b_2x_3^{(0)}(t) + b_0$$

由于灰色理论的模型选择是基于关联度的概念，基于有限范围内近似的关联度收敛原理、生成数、灰微分方程等观点和方法，所以建立了微分方程模型。

灰色系统理论通过计算值与实际值之差（残差）建立残差 GM (1，1) 模型，作为调整、修正和提高模型精度的主要途径，残差模型只注重现实规律，修正最新数据，因此残差模型与主模型之间在时间上是不同步的。所以

考虑了残差 GM 模型补充和修正后的灰色预测模型，就变成差分方程模型。

灰色 GM 模型，一般采用残差大小（平均值或原点的残差值）、后验差、关联度等三种方式检验。残差大小检验是以模型精度按计算值与原始值之差来检验，是一种直观的算术检验。后验差是按残差分布统计特性来检验的。关联度检验是两条函数曲线之间的集合形状检验。

对于高阶系统建模，灰色理论是通过 GM(1，1）模型群解决的。GM 模型群为一阶微分方程组，也可以通过多级多次残差 GM 模型的补充修改来解决。

2. MATLAB 程序实现灰色模型预测

基于 MATLAB 程序实现灰色模型对风能、核能、生物质能三种能源的预测，其程序运行后得到预测结果如表 6－4、表 6－5 和表 6－6 所示。(具体程序详见附录 A－3)

表 6－4　风能投入产出使用情况统计表

年份	总装机容量/万 kW	风能发电量/亿（kW·h)	全国发电量/亿（kW·h)	风能发电量占比(%)
2006	2537.1	10	28499	0.035
2007	5848.4	52	32644	0.16
2008	12002.1	103	34334	0.30
2009	25805.3	276	36812	0.75
2010	44733.3	501	42280	1.18
2011	62364.2	800	47217	1.69
2012	75324.2	1008	49774	2.03
2013	91413.5	1400	52451	2.67
2014	126889.1	2119	57447.76	3.72
2015	168990.36	3120.88	61998.41	5.08
2016	221676.31	4494.53	66903.50	6.83
2017	290900.95	6474.08	72200.02	9.20
2018	381891.32	9327.40	77919.44	12.39
2019	501537.48	13440.94	84095.82	16.70
2020	658925.05	19372.51	90765.96	22.50

表 6－5　核能投入产出使用情况统计表

年份	总装机容量/万 kW	核电发电量/亿（kW·h）	全国发电量/亿（kW·h）	核电发电量占比（%）
2006	685	548	28499	1.92
2007	885	629	32644	1.93
2008	885	684	34334	1.99
2009	908	692	36812	1.88
2010	1082	768	42280	1.82
2011	1257	874	47217	1.85
2012	1390.3	988	49774	1.95
2013	1483.3	1107	52451	2.11
2014	1670.5	1231.2	57446.76	2.14
2015	1847.59	1373.36	61997.48	2.20
2016	2046.24	1535.15	66902.18	2.28
2017	2266.36	1716.02	72198.28	2.36
2018	2510.30	1918.25	77917.23	2.45
2019	2780.64	2144.36	84093.07	2.54
2020	3080.27	2397.18	90762.61	2.63

表 6－6　生物质能投入产出使用情况统计表

年份	总装机容量/万 kW	生物质能发电量/亿（kW·h）	全国发电量/亿（kW·h）	生物质能发电量占比（%）
2006	150	20.86	28499	0.07
2007	220	75.01	32644	0.23
2008	315	180.4	34334	0.53
2009	430	226.2	36812	0.61
2010	550	209.1	42280	0.53
2011	700	183.3	47217	0.42
2012	878.1	211.43	49774	0.42
2013	900	356.02	52451	0.67
2014	1136.7	383.52	57446.76	0.68

（续）

年份	总装机容量/万 kW	生物质能发电量/亿（kW·h）	全国发电量/亿（kW·h）	生物质能发电量占比（%）
2015	1344.66	463.36	61997.45	0.74
2016	1592.91	566.33	66902.17	0.84
2017	1887.77	693.77	72198.27	0.95
2018	2238.16	851.84	77917.23	1.08
2019	2654.70	1048.33	84093.07	1.23
2020	3150.06	1293.08	90762.61	1.41

6.3 基于 DEA 数据包络模型的中国新能源效率实证分析

6.3.1 DEA 模型

1. DEA 模型介绍

DEA（数据包络分析）是由著名的运筹学家 Charnes，Cooper 和 Rhodes 于 1978 年首先提出的，该方法的原理主要是通过保持单元的输入或输出不变，确定相对有效的生产前沿，将各个决策单元投影到 DEA 的生产前沿并通过比较决策单元偏离 DEA 前沿的程度来评价决策单元的相对效率。

DEA 基本模型为 CCR 模型：对于 n 个被评价的决策单元（DMU，各决策单元的输入指标为 m 个，输出指标为 s 个，令 $X_j=(x_{1j},\ \cdots,\ x_{ij},\ \cdots,\ x_{mj})$ $(i\in[1,\ m],\ j=1,\ 2,\ \cdots,\ n)$ 为第 j 个 DMU 的输入向量，其中 x_{ij} 为第 j 个 DMU 的第 i 种输入指标的输入值。令 $Y_j=(y_{1j},\ \cdots y_{rj},\ \cdots y_{sj})(r\in[1,\ s],\ j=1,\ 2,\ \cdots,\ n)$ 为第 j 个 DMU 的输出指标向量，其中 y_{rj} 为 j 个 DMU 的第 r 种输出指标的输出值。

$$
s.t.\begin{cases}
\min\theta \\
\sum_{j=1}^{n}\lambda_j x_j - s^+ = \theta x_0 \\
\sum_{j=1}^{n}\lambda_j y_j - s^- = y_0 \\
\lambda_j \geqslant 0, j = 1,2,\cdots n \\
s^+ \geqslant 0, s^- \geqslant 0
\end{cases}
$$

式中，s^- 为输入的冗余量；s^+ 为输出的不足量；$\theta>1$ 时，是该决策单元的相对效率，即输出相对于输入或者输入相对于输出的有效程度，反应为其相对效率，θ 越大其相对效率越大。当 $\theta=1$，且 $s^-=s^+=0$ 则称该决策单元 DEA 有效；当 $\theta<1$ 时，表示决策单元 DEA 无效。

CCR 模型发展的假定条件为规模报酬不变，然而现实的生活中大多数行业的规模报酬都是可变的，因此 CCR 模型发展产生了 BCC 模型，BCC 模型将 CCR 中的技术效率(θ)进一步分解为综合效率，纯技术效率和规模效率。并且将各个 DEA 无效的决策单元在相对有效平面进行投影分析，计算出输入输出的目标值。

DEA 的特点在于其不仅适用于多输入多输出的有效性评价，而且无须任何权重假设，而以决策单元输入输出的实际数据求得最优权重，排除了很多主观因素，具有很强的客观性。因此，自提出以来，DEA 已被广泛用于各个产业内部的相对效率的比较研究中。㊀

2. 运用 DEA 模型分别对三种新能源不同时点的绩效进行数据处理

本书利用 DEA 模型对附录 B（见附录 B 数据附表之 B-1 ~ B-36）的数据进行了绩效分析与评价，采用了不同时点同种新能源的纵向绩效评价和同一时点不同新能源的横向绩效评价，最后得到了 6.3.2 和 6.3.3 中的表 6-7 ~ 表 6-42。

表 6-7 ~ 表 6-42 中（纯技术效率为产出相对于投入而言的效率情况，当纯技术效率为 1 时，纯技术有效，即产出相对于投入而言达到最大，此时代表各种能源的经营管理使得其资源配置到达最优的程度。规模效率是指当前的规模状况的有效程度，当规模效率为 1 时，规模有效，即此时规模既不太大也不太小，处于规模报酬不变的最佳状态。综合效率 = 纯技术效率 × 规模效率）。

6.3.2　中国新能源开发效率情况

1. 同种能源不同时间结点上的开发效率数据

表 6-7　2006—2020 年风能生产过程投入产出效率分析数据

年份	综合效率	纯技术效率	规模效率	规模报酬
2006	0.134	1	0.134	递增

㊀ 潘晓栋. 基于 DEA 数据包络模型的水电站经济效率评价 [C] //中国水利学会 2011 学术年会——第二届中国小水电论坛论文集，2011: 168-173.

（续）

年份	综合效率	纯技术效率	规模效率	规模报酬
2007	0.302	0.677	0.447	递增
2008	0.292	0.474	0.616	递增
2009	0.364	0.448	0.812	递增
2010	0.381	0.429	0.888	递增
2011	0.436	0.47	0.928	递增
2012	0.455	0.483	0.943	递增
2013	0.521	0.543	0.959	递增
2014	0.568	0.583	0.974	递增
2015	0.628	0.639	0.983	递增
2016	0.69	0.697	0.989	递增
2017	0.757	0.762	0.993	递增
2018	0.831	0.834	0.996	递增
2019	0.912	0.913	0.999	递增
2020	1	1	1	—

表6－8　2006—2020年核能生产过程投入产出效率分析数据

年份	综合效率	纯技术效率	规模效率	规模报酬
2006	1	1	1	—
2007	0.888	0.893	0.995	递减
2008	0.966	0.973	0.993	递减
2009	0.953	0.96	0.993	递减
2010	0.887	0.896	0.99	递减
2011	0.869	0.881	0.987	递减
2012	0.888	0.903	0.984	递减
2013	0.933	0.95	0.982	递减
2014	0.921	0.94	0.98	递减
2015	0.929	0.949	0.979	递减
2016	0.938	0.96	0.977	递减
2017	0.946	0.97	0.976	递减
2018	0.955	0.98	0.975	递减
2019	0.964	0.99	0.974	递减
2020	0.973	1	0.973	递减

表 6－9　2006—2020 年生物质能生产过程投入产出效率分析数据

年份	综合效率	纯技术效率	规模效率	规模报酬
2006	0. 243	1	0. 243	递增
2007	0. 595	0. 936	0. 636	递增
2008	1	1	1	—
2009	0. 919	1	0. 919	递减
2010	0. 664	0. 704	0. 943	递减
2011	0. 457	0. 46	0. 993	递减
2012	0. 42	0. 447	0. 94	递减
2013	0. 691	0. 846	0. 817	递减
2014	0. 589	0. 731	0. 806	递减
2015	0. 602	0. 769	0. 782	递减
2016	0. 621	0. 814	0. 762	递减
2017	0. 642	0. 859	0. 747	递减
2018	0. 665	0. 905	0. 734	递减
2019	0. 69	0. 952	0. 725	递减
2020	0. 717	1	0. 717	递减

2. 不同能源同一时间结点上的开发效率数据

表 6－10　2006 年风、核、生物质能生产过程投入产出效率分析数据

能源类别	综合效率	纯技术效率	规模效率	规模报酬
风能	0. 005	0. 059	0. 083	递增
核能	1	1	1	—
生物质能	0. 174	1	0. 174	递增

表 6－11　2007 年风、核、生物质能生产过程投入产出效率分析数据

能源类别	综合效率	纯技术效率	规模效率	规模报酬
风能	0. 013	0. 038	0. 333	递增
核能	1	1	1	—
生物质能	0. 48	1	0. 48	递增

表 6-12　2008 年风、核、生物质能生产过程投入产出效率分析数据

能源类别	综合效率	纯技术效率	规模效率	规模报酬
风能	0. 011	0. 026	0. 423	递增
核能	1	1	1	—
生物质能	0. 741	1	0. 741	递增

表 6-13　2009 年风、核、生物质能生产过程投入产出效率分析数据

能源类别	综合效率	纯技术效率	规模效率	规模报酬
风能	0. 014	0. 019	0. 753	递增
核能	1	1	1	—
生物质能	0. 69	1	0. 69	递增

表 6-14　2010 年风、核、生物质能生产过程投入产出效率分析数据

能源类别	综合效率	纯技术效率	规模效率	规模报酬
风能	0. 016	0. 019	0. 853	递增
核能	1	1	1	—
生物质能	0. 536	1	0. 536	递增

表 6-15　2011 年风、核、生物质能生产过程投入产出效率分析数据

能源类别	综合效率	纯技术效率	规模效率	规模报酬
风能	0. 018	0. 019	0. 961	递增
核能	1	1	1	—
生物质能	0. 377	1	0. 377	递增

表 6-16　2012 年风、核、生物质能生产过程投入产出效率分析数据

能源类别	综合效率	纯技术效率	规模效率	规模报酬
风能	0. 019	1	0. 019	递减
核能	1	1	1	—
生物质能	0. 339	1	0. 339	递增

表 6-17　2013 年风、核、生物质能生产过程投入产出效率分析数据

能源类别	综合效率	纯技术效率	规模效率	规模报酬
风能	0. 021	1	0. 021	递减
核能	1	1	1	—
生物质能	0. 53	1	0. 53	递增

表 6-18　2014 年风、核、生物质能生产过程投入产出效率分析数据

能源类别	综合效率	纯技术效率	规模效率	规模报酬
风能	0. 023	1	0. 023	递减
核能	1	1	1	—
生物质能	0. 458	1	0. 458	递增

表 6-19　2015 年风、核、生物质能生产过程投入产出效率分析数据

能源类别	综合效率	纯技术效率	规模效率	规模报酬
风能	0. 025	1	0. 025	递减
核能	1	1	1	—
生物质能	0. 464	1	0. 464	递增

表 6-20　2016 年风、核、生物质能生产过程投入产出效率分析数据

能源类别	综合效率	纯技术效率	规模效率	规模报酬
风能	0. 005	1	0. 005	递减
核能	0. 203	1	0. 203	递减
生物质能	1	1	1	—

表 6-21　2017 年风、核、生物质能生产过程投入产出效率分析数据

能源类别	综合效率	纯技术效率	规模效率	规模报酬
风能	0. 029	1	0. 029	递减
核能	1	1	1	—
生物质能	0. 488	1	0. 488	递增

表 6-22　2018 年风、核、生物质能生产过程投入产出效率分析数据

能源类别	综合效率	纯技术效率	规模效率	规模报酬
风能	0. 032	1	0. 032	递减
核能	1	1	1	—
生物质能	0. 498	1	0. 498	递增

表 6-23　2019 年风、核、生物质能生产过程投入产出效率分析数据

能源类别	综合效率	纯技术效率	规模效率	规模报酬
风能	0. 035	1	0. 035	递减
核能	1	1	1	—
生物质能	0. 512	1	0. 512	递增

表 6-24 2020 年风、核、生物质能生产过程投入产出效率分析数据

能源类别	综合效率	纯技术效率	规模效率	规模报酬
风能	0.038	1	0.038	递减
核能	1	1	1	—
生物质能	0.527	0.978	0.539	递增

6.3.3 中国新能源使用效率情况

1. 同种能源不同时间结点上的使用效率数据

表 6-25 2006—2020 年风能使用过程投入产出效率分析数据

年份	综合效率	纯技术效率	规模效率	规模报酬
2006	1	1	1	—
2007	0.879	1	0.879	递减
2008	0.832	1	0.832	递减
2009	0.776	1	0.776	递减
2010	0.673	1	0.673	递减
2011	0.604	1	0.604	递减
2012	0.575	1	0.575	递减
2013	0.545	1	0.545	递减
2014	0.502	1	0.502	递减
2015	0.465	1	0.465	递减
2016	0.434	1	0.434	递减
2017	0.406	1	0.406	递减
2018	0.38	1	0.38	递减
2019	0.355	1	0.355	递减
2020	0.332	1	0.332	递减

表 6-26 2006—2020 年核能使用过程投入产出效率分析数据

年份	综合效率	纯技术效率	规模效率	规模报酬
2006	0.873	0.969	0.901	递增
2007	0.765	0.844	0.906	递增
2008	0.725	0.776	0.934	递增
2009	0.677	0.767	0.883	递增
2010	0.591	0.691	0.854	递增

（续）

年份	综合效率	纯技术效率	规模效率	规模报酬
2011	0. 528	0. 608	0. 869	递增
2012	0. 479	0. 537	0. 892	递增
2013	0. 475	0. 48	0. 991	递增
2014	0. 433	0. 462	0. 939	递减
2015	0. 399	0. 577	0. 692	递减
2016	0. 37	0. 711	0. 521	递减
2017	0. 343	0. 81	0. 423	递减
2018	0. 318	0. 899	0. 354	递减
2019	0. 295	0. 961	0. 307	递减
2020	0. 274	1	0. 274	递减

表 6－27　2006—2020 年生物质能使用过程投入产出效率分析数据

年份	综合效率	纯技术效率	规模效率	规模报酬
2006	1	1	1	—
2007	0. 914	1	0. 914	递减
2008	0. 875	1	0. 875	递减
2009	0. 804	1	0. 804	递减
2010	0. 755	0. 863	0. 875	递减
2011	0. 683	0. 773	0. 883	递减
2012	0. 592	0. 67	0. 883	递减
2013	0. 561	0. 859	0. 653	递减
2014	0. 528	0. 832	0. 635	递减
2015	0. 476	0. 86	0. 553	递减
2016	0. 442	0. 938	0. 471	递减
2017	0. 408	0. 976	0. 418	递减
2018	0. 378	0. 997	0. 379	递减
2019	0. 35	1	0. 35	递减
2020	0. 325	1	0. 325	递减

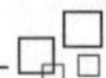

2. 不同能源同一时间节点上的使用效率数据

表 6-28 2006 年风、核、生物质能使用过程投入产出效率分析数据

能源类别	综合效率	纯技术效率	规模效率	规模报酬
风能	0.999	1.000	0.999	递增
核能	1.000	1.000	1.000	—
生物质能	0.958	0.958	0.999	递增

表 6-29 2007 年风、核、生物质能使用过程投入产出效率分析数据

能源类别	综合效率	纯技术效率	规模效率	规模报酬
风能	1.000	1.000	1.000	—
核能	0.997	1.000	0.997	递减
生物质能	0.997	0.997	0.999	递减

表 6-30 2008 年风、核、生物质能使用过程投入产出效率分析数据

能源类别	综合效率	纯技术效率	规模效率	规模报酬
风能	0.991	1.000	0.991	递增
核能	0.990	1.000	0.990	递减
生物质能	1.000	1.000	1.000	—

表 6-31 2009 年风、核、生物质能使用过程投入产出效率分析数据

能源类别	综合效率	纯技术效率	规模效率	规模报酬
风能	1.000	1.000	1.000	—
核能	1.000	1.000	1.000	—
生物质能	0.992	1.000	0.992	递增

表 6-32 2010 年风、核、生物质能使用过程投入产出效率分析数据

能源类别	综合效率	纯技术效率	规模效率	规模报酬
风能	0.929	0.979	0.949	递减
核能	0.935	1.000	0.935	递减
生物质能	1.000	1.000	1.000	—

表 6-33 2011 年风、核、生物质能使用过程投入产出效率分析数据

能源类别	综合效率	纯技术效率	规模效率	规模报酬
风能	0.922	0.996	0.926	递减
核能	0.924	1.000	0.924	递减
生物质能	1.000	1.000	1.000	—

表 6－34　2012 年风、核、生物质能使用过程投入产出效率分析数据

能源类别	综合效率	纯技术效率	规模效率	规模报酬
风能	1.000	1.000	1.000	—
核能	0.955	0.955	1.000	递增
生物质能	0.986	1.000	0.986	递增

表 6－35　2013 年风、核、生物质能使用过程投入产出效率分析数据

能源类别	综合效率	纯技术效率	规模效率	规模报酬
风能	1.000	1.000	1.000	—
核能	0.999	1.000	0.999	递增
生物质能	0.987	1.000	0.987	递增

表 6－36　2014 年风、核、生物质能使用过程投入产出效率分析数据

能源类别	综合效率	纯技术效率	规模效率	规模报酬
风能	0.990	1.000	0.990	递减
核能	0.980	0.988	0.992	递减
生物质能	1.000	1.000	1.000	—

表 6－37　2015 年风、核、生物质能使用过程投入产出效率分析数据

能源类别	综合效率	纯技术效率	规模效率	规模报酬
风能	1	1	1	—
核能	0.984	0.988	0.996	递增
生物质能	0.981	1	0.981	递增

表 6－38　2016 年风、核、生物质能使用过程投入产出效率分析数据

能源类别	综合效率	纯技术效率	规模效率	规模报酬
风能	1	1	1	—
核能	0.977	0.984	0.993	递增
生物质能	0.976	1	0.976	递增

表 6－39　2017 年风、核、生物质能使用过程投入产出效率分析数据

能源类别	综合效率	纯技术效率	规模效率	规模报酬
风能	1	1	1	—
核能	0.968	0.98	0.988	递增
生物质能	0.964	1	0.964	递增

表 6-40　2018 年风、核、生物质能使用过程投入产出效率分析数据

能源类别	综合效率	纯技术效率	规模效率	规模报酬
风能	1	1	1	—
核能	0.962	0.979	0.982	递增
生物质能	0.954	1	0.954	递增

表 6-41　2019 年风、核、生物质能使用过程投入产出效率分析数据

能源类别	综合效率	纯技术效率	规模效率	规模报酬
风能	1	1	1	—
核能	0.953	0.978	0.975	递增
生物质能	0.944	1	0.944	递增

表 6-42　2020 年风、核、生物质能使用过程投入产出效率分析数据

能源类别	综合效率	纯技术效率	规模效率	规模报酬
风能	1	1	1	—
核能	0.945	0.976	0.968	递增
生物质能	0.939	1	0.939	递增

6.3.4　中国新能源开发效率分析

1. 同种能源不同时间结点上的开发效率分析

（1）表 6-7。从表 6-7 的数据我们可以看出，2006—2013 年，除 2006 年外，风能的综合效率、纯技术效率和规模效率几乎是逐年增加的。2006 年风能的纯技术效率为 1 代表了纯技术有效，即产出相对于投入而言达到最大，说明 2006 年的风能经营管理使资源配置达到最优的程度。但无论如何，这个发展态势都说明了这八年来国家在风能上的投入是卓有成效的。2006 年的其他效率数值均不理想，可能与中国在 2006 年出台《可再生能源法》有关，国家也在不断地摸索与调整相关政策来规范和引导风能的有效和可持续发展。

2014—2020 年的数据及趋势为模型根据历史数据取得的，这 7 年的综合效率、纯技术效率和规模效率都是逐年递增的，风能的发展势头良好，并且在 2020 年 3 种效率均达到了 1。

2020 年的规模效率为 1，为规模有效，这时规模即不太大也太小，处于规模报酬不变的最佳状态。

2020 年的纯技术效率为 1，为纯技术有效，即产出相对于投入而言达到最大。纯技术效率代表风能的经营管理良好，使得其资源配置达到最优的程度。

2020 年的综合效率为 1，因为综合效率是纯技术效率与规模效率的乘积，所以这说明风能 2014 年这一年不仅规模合理，而且经营管理效率高，在其投入不变的基础上产出达到最大化，即资源达到最优配置。

除 2020 年和 2006 年的纯技术效率为 1 外，其余年份的纯技术效率、规模效率和综合效率值均未达到 1，但趋势向好。2006—2019 年的 14 年数值显示，三个效率值都不为 1，这说明国家风能投入在规模上未达到最优，存在产出不足，而且其经营管理也未使投入达到资源的最优配置，需要改进和调整的地方较多。

从表 6 - 7 最后一列可以看出，规模报酬递增，这说明风能的规模过小，其投入的边际产出为正，所以在以后的投入上增加规模将提高风能生产过程的投入产出效率。

（2）表 6 - 8。从表 6 - 8 的数据我们可以看出，2006 年规模效率、纯技术效率、综合效率均为 1，说明 2006 年国家在核能上的规模有效、纯技术有效、处于规模报酬不变的最佳状态、经营管理效率高、资源达到最优配置。

2020 年的纯技术效率为 1，其他效率不为 1，说明产出相对投入而言达到最大化，同时其规模未达到最优的状态，但经营管理得当，资源得到最优的配置，需要调整规模以提高其效率。

其他年份的其他指标最小值都在 0. 869，最高值在 0. 995，这说明核能的开发效率相对较高，各种效率的数据相对稳定。

从表 6 - 8 中也可以看出来规模报酬是递减的，综合其他指标数据，这说明核能的规模相对偏大，其投入的边际产出为负，所以在以后的投入上适当缩减规模将有利于提高核能的开发效率。

（3）表 6 - 9。从表 6 - 9 的数据我们可以看出，2006 年纯技术效率为 1、规模效率为 0. 243、综合效率均为 0. 243，说明 2006 年国家在生物质能上纯技术是有效的，规模效率不好，但经营管理一般、资源配置有待优化。

2009、2020 年的纯技术效率为 1，其他效率不为 1，说明产出相对投入而言达到最大化，同时其规模未达到最优的状态，但经营管理得当，资源得到最优的配置，需要调整规模以提高其效率。

2008 年规模效率、纯技术效率、综合效率均为 1，说明 2008 年国家在核能上的规模有效、纯技术有效、处于规模报酬不变的最佳状态、经营管理效率高、资源达到最优配置。

从表 6－9 最后一列可以看出，规模报酬在 2008 年是个分水岭，2008 年以前规模报酬是递增的，边际产出为正，即增加规模有利于提高开发效率。从 2009 年开始规模报酬是递减的，边际产出为负，即减少规模有利于提高开发效率。

2. 不同能源同一时间节点上的开发效率分析

因为是三种能源开发效率的比较，所以 DEA 模型在数据分析的基础上，一定会找个基准点来考量其他能源，所以表 6－10～表 6－24，读者都会看到规模效率、纯技术效率、综合效率为 1 的某种能源，以此来判断在这样的时间节点上，相同的投入，放在哪种新能源上的投入产出效率会更高更好。

（1）表 6－10～表 6－15。从表 6－10～表 6－15 中我们可以看出，风能、核能和生物质能这三种能源在同一年里比较，核能的规模效率、纯技术效率、综合效率均为 1，国家在核能上的规模有效、纯技术有效、处于规模报酬不变的最佳状态、经营管理效率高、资源达到最优配置。同时在表 6－10～表 6－15中生物质能的纯技术效率也为 1，这说明在相同的投入下生物质能产出相对投入而言达到最大化，但其他效率偏低，有的年份低到了 0.174。

从表 6－10～表 6－15 中的最后一列规模报酬可以看出，在同一年内相对于核能来说，应该增加风能和生物质能的规模投入，来提高这两种能源的投入产出效率。

（2）表 6－16～表 6－19、表 6－21～表 6－23。从表 6－16～表 6－19、表 6－21～表 6－23 中我们同样可以看出，风能、核能和生物质能这三种能源在同一年里比较，核能的规模效率、纯技术效率、综合效率均为 1，三种效率与其他两种能源相比达到了最优。同时我们也可以看出 2012—2015 年、2017—2019 年，风能、生物质能的纯技术效率也达到了 1，三种能源比较，可以看出随着国家对不同能源的政策调整，风能和生物质能产出相对投入达到了最大化。

表 6－16～表 6－19、表 6－21～表 6－23 中的规模报酬，针对风能是递减的，说明相同投入情况下，风能相比效率低，所以这就要求政府在这 2012—2015 年、2017—2019 年减少对风能的规模投入，提高其投入产出效率；同一

年生物质能的规模报酬是递增的，所以政府要增加对生物质能的规模投入来提高其投入产出效率。

（3）表6－20。从表6－20中我们同样可以看出，风能、核能和生物质能这三种能源在同一年里比较，生物质能的规模效率、纯技术效率、综合效率均为1，三种效率与其他两种能源相比达到了最优。同时我们也可以看出2016年风能、核能的纯技术效率也达到了1，从三种能源比较中，可以看出随着国家对不同能源的政策调整，风能和核能的经营管理使资源配置达到了最优。

在表6－20中的规模报酬，针对风能和核能是递减的，说明投入相同的情况下，风能与核能相比效率低，所以这就要求政府在2016年减少对风能和核能的规模投入，这样来提高其投入产出效率。

（4）表6－24。从表6－24我们同样可以看出，风能、核能和生物质能这三种能源在同一年里比较，核能的规模效率、纯技术效率、综合效率均为1，三种效率与其他两种能源相比达到了最优。同时我们也可以看出2020年风能的纯技术效率也达到了1，风能产出相对投入达到了最大化。

在表6－24中的规模报酬，针对风能是递减的，说明相同投入情况下，风能相比效率低，所以这就要求政府在2020年要减少对风能的规模投入，这样来提高其投入产出效率；同一年生物质能的规模报酬是递增的，所以政府要增加对生物质能的规模投入来提高其投入产出效率。

6.3.5　中国新能源使用效率分析

1. 同种能源不同时间节点上的使用效率分析

（1）表6－25。从表6－25中的数据我们可以看出，2006年风能规模效率、纯技术效率、综合效率均为1，说明2006年国家在风能使用过程上的规模有效、纯技术有效、处于规模报酬不变的最佳状态，风能产品投入过程中经营管理效率高、能源利用达到最优。也就是说在理论上把2006年当年所生产的风能全部投入到国民经济使用过程中，这时的各项效率是最优、最有效的，风能本身在2006年对国民经济的贡献度是最有效的，贡献率也是最高的，能源损失也是最小的，能源使用效率也是最高的。这样的结果一是新能源初期产品的数量不大，可以全部投入到使用过程中，推动国民经济发展；二是2006年国家颁布了《可再生能源法》，使得2006年风能的使用过程所有效率都是最优的，从理论上讲，作为国家政策制订者和引导者都希望看到这样的结果，因为这样的结果是政策效率最高、效果最明显的体现。

从表中还可以看出，2006—2020 年这 15 年间的纯技术效率都为 1，这说明风能企业也包括国家相关职能部门在风能产品投入使用过程中的管理是得当的、有效的。同时也可以看出来，2006—2020 年这 15 年间使用过程中综合效率和规模效率呈逐年递减的趋势，且规模效率和综合效率的数值都不高，主要集中在 0. 332 ~ 0. 879，所以说风能产品在使用过程中的总体效率是不高的。

从表 6 - 25 中也可以看出来规模报酬是递减的，这就要求政府或风能产品提供商，要减少当年产品在使用过程中规模，以此来提高风能产品在国民经济中贡献率。

（2）表 6 - 26。从表 6 - 26 的数据中我们可以看出，2020 年核能技术效为 1，代表纯技术有效，即在使用过程中的产出相对于投入而言达到最大。纯技术效率代表核能的经营管理良好，使得其资源配置达到最优的程度。这说明核能企业也包括国家相关职能部门在核能产品投入使用过程中管理是得当的、有效的。同时也可以看出，2006—2020 年这 15 年间使用过程中综合效率和规模效率呈逐年递减的趋势，且规模效率和综合效率的数值都不高，主要集中在 0. 274 ~ 0. 873，所以说核能产品在使用过程中的总体效率是不高的。

从表 6 - 26 中最后一列可以看出，2006—2013 年规模报酬是递增的，这就要求政策或核能产品提供商，要增加当年产品在使用过程中规模，以此来提高核能产品在国民经济中贡献率。2014—2020 年规模报酬是递减的，此时要求政府或核能产品提供商减少规模有利于提高能源的利用效率。

（3）表 6 - 27。从表 6 - 27 中的数据我们可以看出，2006 年生物质能规模效率、纯技术效率、综合效率均为 1，说明 2006 年国家在生物质能使用过程中的规模有效、纯技术有效、处于规模报酬不变的最佳状态、生物质能产品投入过程中经营管理效率高、能源利用达到最优。也就是说在理论上把 2006 年当年所生产的生物质能全部投入到国民经济使用过程中，这时的各项效率是最优、最有效的，生物质能本身在 2006 年对国民经济的贡献度是最有效的，贡献率也是最高的，能源损失也是最小的，能源使用效率也是最高的。

从表 6 - 27 中最后一列可以看出，规模报酬是递减的，这就要求政府或生物质能产品提供商，要减少当年产品在使用过程中的规模，以此来提高生物质能产品在国民经济中贡献率。

2. 不同能源同一时间节点上的使用效率分析

（1）表 6-28。从表 6-28 中的数据可以看出，三种能源在 2006 年的新能源产品使用过程中核能产品的各项效率指标最好，从规模报酬递增的角度看，相对核能，2006 年政府应该加大风能和生物质能产品的投入规模，以此提高这两种能源产品在使用过程中的效率。

（2）表 6-29。从表 6-29 中的数据可以看出，三种能源在 2007 年的新能源产品使用过程中风能产品的各项效率指标最好。从规模报酬递减的角度看，相对风能，2007 年政府应该压缩核能和生物质能产品的投入规模，以此提高这两种能源产品在使用过程中的效率。

（3）表 6-30。从表 6-30 的数据中可以看出，三种能源在 2007 年的新能源产品使用过程中生物质能产品的各项效率指标最好。对于风能其规模报酬递增的，应增加当年风能产品在使用过程中规模，提高风能在国民经济中的贡献度；对于核能，其规模报酬是递减的，应该压缩核能产品的投入规模，以此提高核能产品在使用过程中的效率。

（4）表 6-31。从表 6-31 中的数据可以分析出，三种能源在 2009 年的新能源产品使用过程中风能与核能产品的各项效率指标都达到了最优。相对风能和核能，生物质能其规模报酬递增的，应增加当年生物质能产品在使用过程中规模，提高生物质能在国民经济中的贡献度。

（5）表 6-32、表 6-33 和表 6-36。从这 3 个表的数据中可以分析出，三种能源 2010 年、2011 年、2014 年里新能源产品使用过程中生物质能产品的各项效率指标最好。从规模报酬递减的角度看，相对生物质能，2010 年、2011 年和 2014 年政府应该压缩风能和核能产品的投入规模，以此提高这两种能源产品在使用过程中的效率和为国民经济的贡献度。

（6）表 6-34 ~ 表 6-35、表 6-37 ~ 表 6-42。从表 6-34 ~ 表 6-35、表 6-37 ~ 表 6-42 的数据中可以看出，三种能源在 2012 年、2013 年、2015—2020 年的新能源产品使用过程中风能产品的各项效率指标最好。从规模报酬递增的角度看，相对于风能，政府应该在 2012 年、2013 年、2015—2020 年增加核能和生物质能产品的投入规模，以此提高这两种能源产品在使用过程中的效率和为国民经济的贡献度。

6.4 小结

本章在研究的过程中，尤其是在数据查找过程中遇到了很大的阻力，选取的指标数据无法形成可供效率分析的完整数据，因此采取了指标替代的方案，在替代方案的基础上也仅仅找到了风能、核能、生物质能三种能源9年的统计数据，其中2005年的数据不全，用了各种插值的数学模型也无法取得直观上合理的数据，只好放弃了2005年数据。仅使用了2006—2013年的数据，对于个别缺失的数据采取了SAS的Spline进行了插补数据。同时对2014—2020年的数据进行了GM模型预测，并将预测得到的数据进行了DEA效率分析，通过投入效率分析和使用效率分析，较好地梳理了近15年来新能源在投入、使用过程中的效率和效能，本章的研究思路和数据分析结果对政策制订者和新能源企业都将会是一个很好的借鉴与参考。

第7章

中国新能源发展的博弈分析

能源供应是确保中国能源安全的重中之重。世界上大多数国家都无法完全依靠自己的资源来支持经济和社会的快速发展，能源市场的供应与能源经济的发展取决于内部和外部市场双重作用的结果。在国内资源相对稀缺的情况下，只有采取确保资源的有效供给方式，即充分利用国际市场来满足能源供给。能源安全应根据世界能源为我所用研究解决世界能源供应和我们国家能源安全问题。对中国而言，在国际市场上面临着两类主体，一类是能源输出主体，即能源供应商；另一类是能源进口国。本章将利用博弈论（Game Theory，GT）对中国和两种主体之间的关系进行博弈分析，做到更好地了解自己，同时也更好地了解他人，使中国在国际能源市场上抢占有利位置。

7.1 研究对象的选择

7.1.1 国际能源市场中各类主体分析

复杂多变的国际石油和天然气市场的条件，使中国在国际石油和天然气市场方面正面临着复杂的局面，要在这个复杂的市场中赢得自己的利益，确保国内能源供应，就必须在不同条件下做出正确而有针对性的战略选择，进行国际间能源博弈是维护能源安全战略的必然选择。

有两种类型的世界能源主体，即能源出口国和能源进口国。中国属于能源进口国。两种类型的主体都在寻求自己的利益最大化。能源出口国拥有丰富的能源资源，试图通过这种有效的优势影响其他国家的决策，以保证自己的安全和国内经济的发展，获得最大的利益，提升国际地位，在对方决策后，在不利于自己的情况下会进行有效的反击，遏制对方。能源进口国，为获得最大的效益，获得大量廉价的能源，通过各种手段，试图控制能源出口国，以保证自己的能源安全，而且还提供了一个巨大而稳定的市场需求。这两类主体之间存在三种不同的博弈关系：出口国和进口国之间的博弈；能源进口国之间的博弈；能源出口国之间的博弈。中国直接参与前两种类型的博弈。作为一个能源进口国，中国和石油输出国的能源联系紧密，以保障能源供应的安全性，但潜在的风险依然存在，如中东战乱不断，很难保证石油供应的稳定性，由于西方国家抢滩，面临日趋激烈的竞争，其中能源进口国为能源利益争端而展开的竞争也日益激烈。图 7－1 显示了中国与两类主体之间的复杂关系。

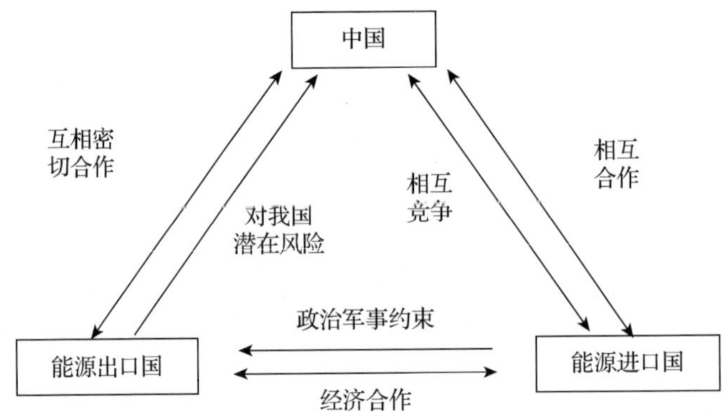

图 7－1　中国与世界能源市场两类主体关系图[㊀]

各参与主体，都有不同的经济、军事和资源，如美国拥有强大的军事实力和控制其他国家的能力；俄罗斯拥有丰富的能源资源；中国拥有巨大的消费市场，不同的筹码是影响每场博弈决策机构的一个重要因素，以市场资源实现“双赢”是我们提倡的策略。博弈论是研究主体间相互依存，相互影响的决策方法，并做出理性的决策和得到这些决策平衡的结果。博弈包括局中人、行为、信息、政策、利益的结果、平衡等因素。将不同角度的博弈分类结合，可以得到图 7－2 所示的几种类型博弈。

行动次序 信息	静态	动态
完全信息	纳什均衡	子博弈精炼纳什均衡
不完全信息	贝叶斯均衡	精炼贝叶斯均衡

图 7－2　博弈类型分类

㊀ 常军乾．我国能源安全评价体系及对策研究［D］．北京：中国地质大学，2010.

7.1.2　博弈对象的选择

能源进口国可以分为两类，即发达国家和发展中国家，前者如美国、欧盟诸国，后者如中国和印度。主要工业发达国家属于早期进入世界能源市场的主体，新兴的发展中国家都处在行业高速增长时期，属于后期进入市场的主体；能源出口国可以分为欧佩克国家和非欧佩克国家，前者如中东的石油生产国，后者如俄罗斯和非洲。纵观中国的三大能源进口区域——中东、非洲、俄罗斯。中东是中国最大的能源进口区域，很长一段时间，中国和中东国家一直进行着密切合作，外交关系取得了积极进展，在经济方面和中东的互补性强，没有强烈的冲突。而中东地区的能源牵动着许多国家的利益，美国在境外石油开发事务方面长期排斥中国。在中东地区，重点工作是与其他进口国之间的竞争和博弈。本书重点介绍的方法是探索引导未来的发展，所以为了方便起见，不对中东地区的能源出口国进行研究，但有 3 个主要国家与中国存在着明显冲突，因此，从中选择具有典型性的国家来进行博弈分析，即发达国家选择美国；发展中国家选择印度；能源出口国选择非欧佩克国家俄罗斯。其他国家和我们的国家没有明显的关系，原因在于其他国家出口到中国的石油占中国石油进口总量的比重较小，不会损害中国的石油安全，在此不作为研究对象。为了方便起见，在分析之前，先做如下假设：第一，博弈被限制在中国和其他一个国家之间进行；第二，双方必须具有做出理性选择的能力。

7.2　中国与能源进口国的博弈

7.2.1　中美能源博弈

美国是世界头号强国，是世界上最大的能源进口国和消费国，还拥有世界上最强大的军事实力。作为第一大石油进口国的中国（2013 年 9 月超过美国，成为第一大国），在全球能源关系中中美关系是一个重要因素。一方面，美国通过海湾战争和伊拉克战争，对中东石油实现了基本控制，对中国的进口构成了压力，如干扰中国和伊朗的合作，在 2003 年中国企业竞购哈萨克斯坦石油被美国限制在了门外，中国与非洲和拉丁美洲之间的石油合作也受到美国的威胁，收购优尼科公司也被排除在外，而中国与一些国家的合作也影响了美国，美国经常对中国存在敌意和不满，对中国构成一种综合的压力。另一方面，在竞争无法避免的情况下，两国之间也开展能源关系方面的对话。中国收购海外能源，需要美国的合作，美国为维护既得利益，以避免恶性竞争，也需要中国的合作，这种合作是多方面的。但在一般情况下，美国对中国的抵制大于合作，往往限制了中国能源的海外扩张。中美博弈，有两种可能：一种零和博弈，另一种就是非零和博弈。参与者之间的零和博弈强调的利益是完全冲突的，合作是不可能的，双方合作的结果是非输即赢。在和平年代，双方实际上不会通过战争来解决双方争议。非零和博弈强调“囚徒困境”模型，收入总和不为零，可能是既竞争又合作，即使双方的优劣参差不齐，但合作条件存在，合作能够持续，这与美国的博弈现状是一致的。在与美国的竞争中，中国显然是劣势的竞争，是不对称的。因此，双方应以合作博弈为主，非合作博弈为辅。在此通过三种博弈模型来进行分析。

1. 中美市场进入博弈

美国能源战略的全球化着眼于全球石油和天然气资源，保持其强有力的控制，中国要想进入，首先向市场引入博弈进行分析和比较：市场由美国控制，中国要进入可能会受到美国阻挠，但美国是否阻挠，取决于美国为此付出的代价（其中包括中国的报复），假设如图 7－3 支付矩阵。

		美国			
		高代价		低代价	
中国		允许	阻挠	允许	阻挠
	进入	4，5	－10，0	3，10	－1，14
	不进入	0，30	0，30	0，40	0，40

图 7－3　中美市场进入博弈支付矩阵

如果美国阻挠成本低，那么优先策略是妨碍；相反，如果成本过高，则默许。然而，中国应该明确阻碍成本是高还是低，这种不确定性使 GT 有存在价值，只能转换这种不确定性为风险，即海萨尼转换，然后再进行相应的选择。假设中国认为美国高成本阻挠的概率是 $P(r)$，则低成本阻挠的为 $1-P(r)$，中国若选择进入，那么期望利益就是：$40P(r)-10(1-P(r))$，不选择进入则利益为 0，求解 $40P(r)-10(1-P(r))>0$，得到 $P(r)>20\%$，即美国高成本阻挠的概率要大于 20%，中国选择竞争所得到期望利益要大于不竞争的利益，所以中国要选择进入，即贝叶斯纳什均衡，低代价则美国选择允许，反之阻挠。随着中国不断增长的国力，缩小与美国的差距，美国阻碍中国将得到中国的抵制，而美国付出的代价就会越来越大，中国进入将成为未来的趋势和一种必然。

2. 中美智猪博弈

智猪博弈可以被描述如下，圈中有两头猪，其中一大一小，猪圈两端各设一个踏板，每踩踏一下，位于猪圈另一侧的食槽会有 10 单位的猪食进入食料槽，但踩踏板的猪会付出 2 单位成本。一只猪去踩踏板，而另一只却会先吃到另一端的食物。如果小猪去踩踏板，当它回来吃食物的时候只能吃到 1 单位的残羹，如果大猪去踩踏板，那么当它回来吃食物的时候却能吃到 6 单位食物。如果两头猪都选择不去踩踏板，那么结果是谁都吃不到食物，如果都去踩踏板，小猪吃 3 个单位的食物，大猪吃 7 个单位的食物，图 7－4 为其支付矩阵。

		小猪	
		踩	不踩
大　猪	踩	7，3	6，4
	不踩	9，1	0，0

图 7－4　中美智猪博弈支付矩阵

理性的小猪会做出搭便车，即“不踩”的选择，而大猪知道小猪会选择“不踩”，从而自己选择“踩”，因此，可以预料此次双方博弈的结果为（踩，不踩）。其中小猪的战略“不踩”要好于战略“踩”，大猪的战略“踩”又会好于“不踩”。在能源选择博弈过程中，中国显然处在小猪的角色，应该审时度势地利用各种机会为自己的利益服务，任由美国去开发、控制世界上的能源，而自身应该采用等待观察的策略，当然一方面要广泛地获取能源相关信息，另一方面还要不断提高自己的优势，从而有效等待“便车”机会。在世界能源市场上，中国对能源信息的搜集和判断能力、如何与其他国家更好地进行能源合作，以及在判断国际能源对美国政府影响方面的能力都不足，因此，作为弱势的一方，选择一个策略关乎能否赢得能源博弈（原丽红，2007）。但应该注意的，可不可以“搭便车”，要根据中国对美国的威胁程度，只有在维护自身利益的情况下，才有弱者依靠强者的选择，我们要深刻认识自己的位置，也要了解他人的利益，我们应加强维护良好的中美关系，实现共同发展。

3. 中美猎鹿模型

从现实来看，中国和美国的能源战略博弈更多基于多边猎鹿博弈框架下来进行的（王帆，2008）。猎鹿模型可以被描述为：有一群猎人去猎一头鹿，大家彼此之间展开合作，可以猎到鹿；但当这些人在猎鹿的时候有一只兔子忽然经过，在这个时候只要有一个人离开猎鹿而去追赶兔子，那么他是可以获得兔子（部分利益）的，但是他们要猎的鹿将会逃脱，其他人也会因此而一无所获（失去全部利益）；而如果大家都同时去追赶兔子，那么他们都可以获得兔子（部分利益）。作为世界上最大的两个石油进口国家，中国和美国对石油输出国家的意义重大。构造中美能源博弈的猎鹿模型如图 7－5 所示：

		美国	
		合作	单独
中　国	合作	W_1，W_1	0，W_2
	单独	W_2，0	W_2，W_2

图 7－5　中美猎鹿模型支付矩阵

W_1 为中国和美国通过合作而各得收益，如果是单独行动，则收益为 W_2，$W_2 < W_1$，这个博弈有两个均衡状态，即帕累托上策均衡（合作，合作），风险上策均衡（单独，单独），显然，前者的结果要明显优于后者的结果，这是一个最佳选择。然而，在现实中，由于情况比较复杂，如果有一方不能确定自身是应该与另一方开展合作还是应该单独行动，现在假设两个选择发生的概率各占一半，记为ρ，对双方来说，只有其他方都选择合作模式，彼此才有收益 W_1，这时通过合作得到的期望收益为 $W_1 \times (P)^n$，而单独行动得到的收益为 W_2，使 $W_1 \times (P)^n > W_2$ 则 $\rho > \left(\frac{W_2}{W_1}\right)^{\frac{1}{n}}$，只有他认为合作概率大于$\left(\frac{W_2}{W_1}\right)^{\frac{1}{n}}$，才会合作，而$\left(\frac{W_2}{W_1}\right) < 1$，因此 n 越大（即参与者越多），$\left(\frac{W_2}{W_1}\right)^{\frac{1}{n}}$越大，如果开展合作越是困难，而彼此又要获得最好收益，那么合作就更需要开展更深入

的合作。因此，中国和美国应该站在给世界经济发展带来机遇的角度在能源领域开展更广泛并富有成效的合作，同时其他国家都应该站在全球能源观的高度，立足于全球能源安全，以互利合作、多元发展、协同保障的新能源安全观来维护世界能源安全和平共同发展。

7.2.2　中印能源博弈

和中国一样，印度也是一个迅速崛起的大国，而印度在本国资源有限的情况下，也存在着不断增长的能源需求，对能源进口的依赖程度日益上升，加上同属于亚洲国家，作为一个人口大国，石油进口区域也与中国重叠，所以中国和印度的能源竞争是不可避免的。长期以来，印度把中国作为能源竞争的世界假想敌，两国就利益展开相互竞争。但与美国博弈不同的是，中国和印度的竞争可以看作是对称的。2005 年 10 月 26 日，中石油获得加拿大法院的批准，成功收购哈萨克斯坦的 PK 石油公司，但在这个过程中却遭到印度石油天然气公司和钢铁大亨米塔尔联合纵队强有力的竞争投标，在此以此为例，采用懦夫博弈方法来分析中印博弈。支付矩阵如图 7－6 所示。

两者竞争，其中任何一方先给另一方一个承诺，即如果另一方首先退出竞争，则最后的竞争成功者将会把 40% 的利益让与事先的退出者，则一方得 0.6，而另一方获得 0.4，但如果都为了对方得利益，都同时选择退出，那么彼此得利均为 0，如果都选择竞争，那么都会付出很大的代价，而最后的成功者由于有另一方的激烈竞争而付出成果代价较大，最后只得利 0.1，而失败者得益 －0.5。

		印 度	
		让路	不让
中 国	让路	0，0	0.4，0.6
	不让	0.6，0.4	0.1，－0.5（中国胜） －0.5，0.1（印度胜）

图 7－6　中印博弈支付矩阵

从表中可以看出，如果中国一定参加竞争，印度的退出可得利 0.4，而参与竞争最后胜利也就得到 0.1，但是如果失败了得利为 －0.5，均小于 0.4，因此应该是一个理性的选择合作式退出；如果印度肯定会参加竞争，中国也将

选择合作式退出，对于两个国家来说，在第三国的能源供应的竞争合作是明智的，中国和印度应将能源以长期合作为主而已彼此竞争为辅的方式进行合作式竞争。

7.3　中国与能源出口国的博弈

在本节中，分析中俄能源博弈。俄罗斯石油资源丰富，由于和中国的地缘政治关系，使得俄罗斯将永远不能忽视中国的庞大消费市场。中国和俄罗斯的能源博弈主要体现在安加尔斯克（安大线）、安娜线和泰纳线之争。初次达成安大线后，由于日本的干预，俄罗斯决定放弃这条线，转向安娜线，在此通过囚徒困境来进行分析，如图 7－7 所示。

		俄罗斯	
		继　续	放　弃
中 国	合　作	2，3	1，4
	不合作	4，1	3，2

图 7－7　中俄博弈矩阵

为了使俄罗斯放弃安大线，日本承诺每年将从俄罗斯购买 5000 万 t 原油，同时每年提供 50 亿美元的贷款，并承诺继续增持至 130 亿美元，我们看到，俄罗斯选择放弃，是因为得到了最大的好处，无论是否与中国选择合作或不合作。安加尔斯克由于只有一个用户，那就是中国，这样一来俄罗斯担心价格会被中国所控制，而且安纳线不存在这个问题，安加尔斯克的建设，俄罗斯需要的资金支持为总量的 50%，而安纳线却全部由日本来负担，所以只有一个策略，即放弃，而中国只能选择不合作，双方陷入了囚徒困境博弈（不合作，放弃）中，以达到平衡。但俄罗斯不使用安纳线，因为那样会破坏中俄关系，以求在中国和日本之间权衡利弊。俄罗斯最后选择了折中做法即选择泰纳线，并承诺建立一个支线到中国，然后再建纳霍德卡管道一直修到太平洋港口。这样做的目的是，一方面可以与中国保持友好关系，另一方面，中哈石油管道给俄罗斯一定的压力，它不想失去中国市场。因此，打破囚徒困境，相比安加尔斯克、安娜线、泰纳线降低了俄罗斯的石油出口的风险，可以出口到更多的国家，促进沿线经济发展，是俄罗斯的优势选择。在通过博弈的同时，双方回到了合作。目前，全球金融危机的影响并未完全消除，在新形势下，中国和俄罗斯的能源博弈又有一个新的机会，中国和俄罗斯签署了石油贷款协议，金融危机不仅会只有让中国获得期望已久的石油，而且会在博弈中使中国更加成熟。

从以上的分析可以看出，除了团结与合作，各国都没有其他办法来解决长期存在的能源安全问题。一个国家不仅应与能源进口国之间开展合作和非竞争，而且要与能源输出国之间进行合作和非对抗。

7.4　小结

随着经济发展，能源已成为世界各国竞争和争取的重要战略资源，能源安全更是关系国家安全，本章在博弈只限于中国和另外一国双方间进行和双方都有能力做出理性选择的两个假设条件上完成了中国与美、印两个能源进口国间的博弈分析，也完成了中国与俄罗斯能源出口国间的能源博弈分析，得出了当今无论是能源还是新能源，在世界的舞台上都要以团结合作为主基调，这是保障能源安全最为有效的方法。

第 8 章

中国新能源发展的政策研究

8.1 中国新能源发展的宏观政策建议

8.1.1 中国新能源发展制度体系构建

经济基础决定上层建筑，上层建筑又反作用于经济基础。上层建筑中法律与政策又是上层建筑中的核心和国家意志的反映，所以新能源产业发展制度构建中最关键的是新能源制度体系构建。

1. 新能源制度体系基础——产权制度的设计

产权一词源于英文的“property rights”。中国经济学界比较统一的观点是财产权利的简称，中国经济学家刘诗白的观点为：“财产权简称产权，即property rights，它的第一个定义是主体拥有的对物和对象的最高的、排他的占有权。“产权，它是指特定的人（们）在特定的经济组织中对特定的物或对象的占有权。”产权是财产所有权和财产支配权的总和。[㊀] 黄少安教授从“property rights”的复数性属性出发，得出产权是“对特定财产完整的产权，而是一组权利或一个权利体系，不是某一单项权利。”[㊁]E. 菲昌博腾则称：“产权不是人与物的关系，而是指物的存在及其使用所引起的人们之间相互认可的行为关系。”[㊂]S. 平乔维奇则精练地定界为：“产权是人与人之间由于稀缺物品存在而引起的，与其使用相关的关系。”[㊃]由于产权这种界定内涵，所以，

㊀ 刘诗白. 产权新论［M］. 成都：西南财经人学出版社，1993：133，139，155.

㊁ 黄少安. 产权经济学导论［M］. 济南：山东人民出版社，1995：69.

㊂ 刘守英，等. 财产权利与制度变迁［M］. 上海：上海三联书店、上海人民出版社，1994：204.

㊃ S平乔维奇. 产权经济学［M］. 蒋琳琦译. 北京：经济科学出版社，1999：29.

“在鲁滨逊的世界里，产权是不起作用的。”[一]产权也可视为：“一种社会工具，其重要性在于事实上它们能帮助一个人形成他与其他人进行交易时的合理预期。”[二]总之，产权是交易的前提；无产权则无交易，无交易则无市场；没有市场，便没有新能源产业持续发展。

从上面产权内涵分析中我们可以看出，政府在新能源发展上应该通过产权制度安排，促进交易产生，培育有效市场，新能源产业发展要从政府制度衍生为产权制度才能完成该产业的质变，才能使新能源产业成为效率产业、有潜力和前景的产业。新能源产业必须从外生经济变量成为内生经济需求，形成以市场为主体的产权才能持之以恒并有效率。同时要将新能源产业的产权制度设计得富有绩效性，就是要在产权制度设计时体现发展与持续、效率与公平的原则。中国新能源产业发展制度设计关键在于安排产权制度及交易制度形成竞争的新能源交易市场，做好新能源产权结构设计，形成有效交易市场，推动新能源产业持续健康发展。

2. 新能源产业发展初期制度的构建

任何产业在发展初期阶段，必须有政府强大的制度来启动并支持其成长与发展，否则这个产业很难做大做强，新能源产业的发展也不例外。新能源发展初期阶段政府应该成为产业的先驱。先驱的作用体现在制定各种保障与激励制度来保证新能源产业的发展与壮大。

（1）总量发展目标制度的构架。纵观中国《中华人民共和国可再生能源法》，已经形成了总量目标制度，然而这种制度本身就存在着缺陷。在修正案第二章（资源调查与发展规划）中第 7 条规定：先制定全国总量目标，然后制定省、自治区、直辖市的总量目标，这种自上而下的方式执行起来缺少科学性和可操作性，也就是说，为了实现全国总量目标不可避免地会向各地方分摊目标和任务，这就造成一些地方政府有条件上新能源，没条件也要上新能源，这种不管地方实际情况就上马新能源项目必然会造成国家财政投入的损失和项目的无果而终。这种做法也有悖常理，因为分目标的实现是总目标

㊀ 刘守英，等. 财产权利与制度变迁［M］. 上海：上海三联书店，上海人民出版社，1994：97.

㊁ 刘守英，等. 财产权利与制度变迁［M］. 上海：上海三联书店、上海人民出版社，1994：97.

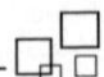

实现的基础，如果硬性规定势必造成最后统计的虚报或无法完成，规定本身失去了科学性。

如果这个总目标自下而上，可操作性会很强。也就是说先通过全国各个地方的经济发展形势及可再生能源的发展状况制定地方的可再生能源总量目标，然后再制定全国总量目标，让目标设立之初就是科学的、可操作的、可执行的、可实现的。

（2）新能源法律保障制度的构建。中国《中华人民共和国可再生能源法》（修正案）第14条明确规定：国家实行可再生能源发电全额保障性收购制度。电网企业应当按照可再生能源开发利用规划建设，依法取得行政许可或者报送备案的可再生能源发电企业签订并网协议，全额收购其电网覆盖范围内符合并网技术标准的可再生能源并网发电项目的上网电量。发电企业有义务配合电网企业保障电网安全。㊀国家通过以立法的方式强制规定可再生能源发电在总发电量中所占的比例，即配额制度。但这项制度，在目前的中国并没有很好的生存土壤。一是这种配额制无论是发电商、供电商、销售商和消费者都要承担这样的“配额”。根据研究，从图5－4可以清晰地看到，新能源的成本目前来说还是相对较高，这使得在消费者这里“配额”就很难完成，这必将导致销售商、供电商、发电商也难以完成“配额”，那这样的配额制度就很难落实。二是法律中规定的“一定比重”也很难把握和度量，并且具体多少量也不是该法案所应该承担的任务。三是“配额”制度是一种基于市场的制度，这种制度要求市场化程度高、相关法制和监管机制成熟，而中国可再生能源技术和市场处于发展阶段，不是很成熟，这样的市场本身也不欢迎“配额”制度的出现。四是新能源产业并没有形成有效的市场，这种情况下实施配额制度，只能是揠苗助长，不利于中国新能源产业的发展。五是由于政府只规定总量，没有具体规定新能源的类型，而每种新能源发展成本不同，这会造成相当多的企业为了完成“配额”，而去发展成本相对较低的新能源，必将导致新能源市场最终单一化，无法形成多元化的新能源市场。

通过研究，笔者认为目前中国实行“强制购买制度”更为适合。所谓强制购买制度是指为了达到国家或者地区的总量目标，由法律强制供电企业按照政府确定的电价购买符合规定的发电商所生产的新能源电力，而相应的电

㊀《中华人民共和国可再生能源法》（2009年修订），第14条，转载于法律教育网。

量则是由市场决定。这种制度比较适合中国的现状，因为中国总体仍处于初期发展阶段。一是通过明确的价格信号能够使得新能源企业提前预计收益与成本，让企业事先做出科学判断，理性投资；二是确定的价格有利于各类新能源企业融资进入新能源市场；三是强制购买制度可以针对不同的新能源技术制定不同的电价，可以成功地刺激各种新能源技术的发展，有利于新能源的多样化。

（3）经济激励制度的完善。任何一种制度，激励制度必将是各种制度中的核心因素，因为它在制度体系中发挥着引导所有制度有效落实与落实效果的作用。国家在发展新能源时首先正确地制定发展目标，在目标制定的框架下，利用法律制度作为保障，然后再制定一系列经济激励制度，通过激励手段来鼓励各界投资和发展新能源。通过前两种制度的分析，在新能源产业发展初期阶段实行强制购买制度，政府以明确的价格，给投资者一个清晰的价格信号，投资商就可以根据价格信息发展相应新能源。激励制度的关键是如何激发投资商的积极性。目前，投资商的积极性不高受限于以下几方面因素：一是新能源产业核心技术匮乏导致的成本高、利润低的问题；二是利润低造成的企业参与度不高无法形成有效竞争性市场的问题；三是没有竞争性市场导致的无法实现技术进步和创新，从而无法形成核心技术。这三个方面最终就会形成恶性死循环，必须加大政府的激励力度、制定相应激励制度。要形成新能源的良性循环，政府就要通过补贴、税收、以及低息（贴现）等制度来加大投资商进行投资意愿的激励，同时更需要对新能源核心技术进行激励。

3. 新能源产业发展中期的制度构建

（1）中期市场的特点和政府的定位。新能源产业发展中期的主要体现是技术创新过程和制度变迁过程。在这个过程中政府与市场对新能源产业的发展都起着提高和促进作用，然而政府是激励加约束，市场是激励加激励，市场激励的无限性使厂商追求利益最大化、发展规模经济，最终导致行业垄断。一旦出现行业垄断必将扼杀自由竞争的市场经济运行原动力，市场价格受到人为因素的操纵，价格随着价值波动的理论也将受到人为因素的制约，进而使经济丧失活力，不利于资源的合理有效配置。垄断性市场出现就会出现行业壁垒不利于技术交流、推广与创新。在成本和需求条件相同的情况下，竞争性产业的创新收益远高于垄断性产业。换言之，竞争性市场将会增加企业激发创新的动力。某一行业的创新技术能力越强，企业数量增长得就越快。

市场就会越大，竞争就会越激烈，就会形成过度竞争的局面，或形成某一新能源的产能过剩，这是市场自由竞争的结果，是市场本身无法解决的。要求政府制定相应的制度以保护新能源竞争性市场环境，形成合理竞争，避免过度竞争，即让新能源产业内形成有效的竞争环境，在保持市场竞争活力同时，充分利用规模经济，形成规模效益，建立大批量生产体系，从而实现资源合理配置的目标。产业组织制度是指政府为了达到理想的市场标准，对市场结构的调整以及对市场行为规范的制度。如反垄断法、反托拉斯法、反不正当竞争行为法及公司企业法等都是为了获得理想的市场绩效（市场运行的效率），由政府制定干预和调整产业的市场结构和市场行为，调节企业间的公共政策。㊀通过产业组织制度的建立，使政府发挥协调竞争与规模经济两者之间关系的有效实施主体，以建立有效的市场秩序。

（2）建立产业组织制度。在新能源发展中期建立产业组织制度是保持新能源产业有效发展的一剂良方。产业组织制度包括市场结构、市场行为、市场绩效三方面内容。建立产业组织制度侧重从以下两个方面进行：① 构建市场结构控制，发挥专业化和规模经济的作用，有效遏制过度竞争；② 发挥市场行为控制，鼓励竞争、打破垄断，维护市场良性秩序。建立反垄断和反不正当竞争制度；鼓励产业内部企业的横向和纵向联合，扩大企业规模、提高产业国际竞争力，促进规模经济，实现资源优化配置，促使资源合理流动，提高市场绩效。

4. 新能源产业培植制度的建立

（1）制度扶持促进新能源产业技术创新。国外新能源产业的发展历程告诉我们，新能源产业一般要经历四个时期的进化与进步，即技术研发初始期、技术示范成长期、商业化开创期和商业化成熟期。每一时期都对新能源产业发展起着至关重要的作用。在技术研发初始期和示范成长期，技术创新是新能源产业发展的主导，技术革命偶发，然而技术创新将转变资金流向，使一部分人利益增加，另一部分人利益受损。正如兰迪斯（1965）所言“技术创新从来都不是自发进行的。它意味着现有技术方法被淘汰，既得利益集团受到伤害，而且往往会导致严重的人口迁移”。刘易斯（1955）也称“一种创新可能危害以某些方式谋生的所有阶级人，从而这些阶级人就抵抗这种创新的

㊀ 苏东水. 产业经济学［M］. 北京：高等教育出版社，2005：346.

引进”。因此，技术创新甚至会引发剧烈的社会动荡和利益冲突。

（2）制度创新促进新能源产业持续发展。兰迪斯曾言：“机器和新技术本身并不构成工业革命，它们意味着生产要素的相对重要性从劳动力向资本的转移。但是，所谓革命既是指组织的转变，也是指生产的转变。”从这句话中我们可以看出技术创新总会伴随着制度创新，因此，新能源产业发展与其说是技术创新所致不如说是制度创新所致。也就是说，技术创新带来了生产变革和技术革命，而制度创新恰恰是这场变革或革命的原动力，为其提供源源不断的动力。在新能源产业商业化开创期，新能源产业发展态势的好坏由交易制度的优劣所决定，只有发挥市场竞争激励作用，才能有效促进技术创新。因此，此时期需要有不断与时俱进的制度，完善交易规则、培育竞争良性环境，这也正应了菲尼的一句话：“新技术常常为新制度的创新给予刺激力”，同时制度创新又会为技术创新提供支持、保障和动力。技术创新既是市场竞争的产物也是制度维系的产物，但归根到底是制度变化的产物，因为制度变了，市场就变了，市场变了，技术也相应变了。诺斯（1981）曾言，“知识和技术存量规定了人们活动的上限，但它们本身并不能决定在这些限度内人类如何取得成功。政治和经济组织机构决定了一个经济的实绩及知识和技术存量的增长率。”大师的这句话也印证了前面的辩证逻辑。技术创新一直拓展着人类活动边际、效能和效率，制度创新制约着人类活动的方式、道德选择，并为技术创新提供动力。因此，真正决定增长与发展的是制度创新。新能源产业发展被视为第四次革命，所以它的发展不是简单意义上的技术替代和创新，而是一个融社会、经济、法律和制度全方位立体支撑有利可图的效率产业，也是人类能源利用史的终极，不仅涉及能源安全、国家安全，还涉及百姓生活的各个方面，必须有完整制度的制约、规范和支撑。“效率革命的某些方面现在可以在负成本的条件下得以实现，即有利可图。通过效率革命实现有利可图的方面越来越多。”（魏茨察克，1997）效率革命是市场在政府培育下形成的，是从无限政府过渡到有限政府，从政府激励过渡到市场激励的一种必然选择。新能源产业只有走既有有限政府扶持又有市场诱致，两者合力为之的这条道路，才会走出可持续发展之路。新能源产业在发展之初，须有政府全方位激励手段来启动和扶持新能源产业萌芽和成长，新能源产业到了发展阶段就要求政府激励不断淡出、市场激励持续跟进来完成新能源产业的发展与壮大。中国新能源产业发展规定众多，但却存在着立法边界模糊，可操作性不强、相关法律制度缺失，激励制度不健全、体系性不完善等问题。仅以中国的《可再生能源法》为例，这是一部政策框架法，该法案中有关激励制度的一些条款多是原则性、指导性、政策性的规定，缺乏与之相配套的明晰有效的保障措施，可操作性不强，难以产生好的实施效果。

5. 新能源产业政策研究及管理制度的建立

(1) 成立国家新能源产业政策研究中心。成立研究中心的目的是解决相关课题周期较长及承担单位分散不易沟通的问题，该中心的职能是协助政府相关部门及时解决国家新能源发展中的战略、规划和政策问题，包括提出外贸争端的解决方案，预测世界未来新能源的发展趋势，建议中国新能源产业发展的环境要求、发展方向等。研究中心还要根据新能源种类设置相应的研究所。

(2) 开展新能源产业政策研究。用系统的思想开展相关的政策研究。一是梳理国家有关新能源的现有产业政策，分析单项政策的合理性，检查政策之间的协调性，评估各项政策的实施效果；二是在制定新政策时，可以采取自上而下和自下而上相结合的方式反复论证，并征询公众意见；三是健全和完善各项配套法规、规章制度。

(3) 加强新能源产业规划和实施力度。制定恰当的新能源产业发展目标，注意产业各个环节的平衡发展，重点解决产业的瓶颈问题。

(4) 严格执行规划的战略目标。政府能源主管部门在制定规划时，应考虑原料资源的供应或获取问题（包括风力资源、生物质资源、太阳光照分布等），在审批新项目时更要注意项目的布局和总量规模，切忌无序发展。

6. 改革科研管理体制

(1) 建立公共研发平台。根据新能源的不同类别，建立并提供新能源产业项目各种开发试验平台，包括仪器设施的使用、科学数据和科技文献的共享。建设平台的资金一般由政府负责，国内其他资本也可参与。公共平台对国内企业实行优惠的有偿服务以部分弥补其资金的不足。

(2) 成立国家级研发机构。在风电、核能等新能源行业，整合科研资源，成立国家级研发机构，且这些机构应独立于任何组织。这些机构的职能是预测新能源技术的发展趋势，攻克技术难关，占据世界先进技术的制高点，制定行业的技术标准。

(3) 建立项目成果共享机制。政府应加强技术的扩散工作。对于国家财政所资助的科研成果，不能被依托单位所独占，在评估其价值以后，可按相关方投入资金的多少进行分配，政府有权支配应得部分，或有偿转让给需要该技术的企业。

8.1.2　中国新能源发展的财政政策建议

1. 明晰指导思想，确保财政政策落实到位

(1) 借鉴国外经验，体现中国国情。“他山之石，可以攻玉”，在世界扁平化的当代，要借鉴国外发达国家新能源行业在财税政策方面的成功经验，出台政策时要充分考虑并体现中国自己的国情和因素。不管在哪个国家，不论什么时间，制定财政政策时都要符合一国的基本国情，因为任何一个具体的政策措施有其存在的经济环境和客观依据，如果我们实施财政政策忽视客观条件和外部经济环境，就不能促进其发挥有效的作用。不论是安排财政补贴资金，还是实施具体的税收优惠措施，都要体现中国的基本国情。

(2) 以市场为导向，适度的政策支持。建立政府扶持的政策体系是新能源发展的重要保证。因技术因素和成本的限制，在发展早期阶段的新能源，还很难与常规能源竞争，政府支持仍是新能源发展的重要动力。目前，中国已经设立了新能源发展专项启动资金，新能源发展政策体系的财政支持正在逐步建立，但新能源产业最终得以发展，还需要提高产业竞争力。政府建立支持体系，要立足于发挥市场的力量，政府主要创造好的发展环境，发挥财政杠杆作用，增强产业的自我发展能力。在市场存在失灵的领域，通过政府的政策措施，适度进行政策倾斜，达到矫正市场失灵的目的，促进新能源产业持续健康发展。政府进行干预的财政政策要适当控制，当新能源产业市场成熟时，政府应该主动退出，保持政府“中立”作用，让市场机制充分发挥推动的作用，以达到行业间的公平竞争。

(3) 部门联动，政策有效配合。新能源产业的发展，将涉及能源、国土资源、科技服务、市场监督管理、财政、税务等多个部门的多个方面，所以在新能源激励措施制定的过程中，应考虑到其他部门的具体规划，并与不同部门制定的促进新能源发展政策结合起来，形成协同效应，避免政策错位，避免出现多头管理、实则无人负责、无人管理的局面。

(4) 明确职责，完善体制机制。新能源产业的发展，有利于能源安全、

环境保护，也有利于产业结构调整，发展地方经济，促进新能源产业发展成为中央和地方政府协调支持的共同责任。在新能源发展中明确中央和地方的责任，充分发挥中央和地方两个积极性，将更加有效地促进新能源的发展。具有战略意义和尚处于研发阶段的新能源产业由中央政府来主要支持，与此同时还要制定一个全新的能源发展规划，资源评估，制定国家技术标准、重大技术发展和重要示范。当地政府将负责推动技术成熟、可商业化的新能源项目，因地制宜地确定推广模式，协调解决问题，制定优惠政策，加强对专项资金的管理，组织实施良好的财政政策。

2. 正确利用财政政策，引导新能源良性发展

（1）恰当使用财政补贴。目前，中央政府针对新能源产业主要是对技术研发和示范项目进行了财政补贴，地方政府针对风能和太阳能电力推广进行了财政补贴。今后一段时期要充分发挥财政补贴对新能源产业发展的积极作用，尤其要从以下几个方面加大对新能源的财政补贴：① 拓宽研究项目补贴范围，加大补贴力度，促进技术层面的创新，推动新能源发展；② 增加对新能源技术成果转化的支持力度，吸引投资者加大投资，扩张产业规模；③ 针对不同新能源产品和产品的规模进行补贴，调动生产企业积极性，保证企业利润相应增加；④ 对使用新能源产品的消费者进行适当财政补贴，扩大和占领市场，从而拉动新能源产业发展。

（2）合理使用财政贴息。中国政府自 1987 年开始就陆续出台了一系列促进新能源发展的财政贴息措施，这些政策始终依照一般竞争性投资项目执行贷款政策，没有体现国家对新兴产业的支持与扶持，贷款利率和还款期限缺少优惠，导致新能源产业投产运行后，企业的还贷压力大，新能源产品价高，进一步加大了新能源产品占领市场的难度。所以，为了更有效地发挥财政贴息对新能源的扶持，应从以下几个方面完善财政贴息政策：① 适度提高对新能源产业的贴息额度，扩大财政贴息的范围；② 对前期投入资金巨大的新能源企业，根据企业资金流的现状延长贴息期限，使企业运行更平稳、更有效；③ 政府引导一般金融机构参与特定的低息贷款，拓展新能源融资渠道，让更多的闲置资金投入到新能源产业，促进其发展。

（3）适度运用“政府采购”政策。新能源企业在初期发电价格较高这是一个不争的现实，在竞争市场中，价高者的市场占有率必然不高，政府采购是解决这一问题较为有效的途径，只有有效解决新能源企业初期发电价格较高的问题，才能促进该产业快速发展。在新能源电力产业发展的前期，政府采购名录中要适时将节能显著、经济性好的新能源产品收录进来，用政府采购的方式消除部分市场障碍，刺激社会对新能源产业的投资需求，以促进新能源企业实现规模经济的发展方式，进一步降低新能源电力的成本。在政府制订采购计划时，应该适度地向生产者倾斜，在政府制订采购招标的计划中安排更多的绿色消费产品，这样可对新能源产业形成财力的注入，同时在社会上产生良好的示范效应；此外，政府还要保证对新能源绿色产品的优先采购权、调动企事业单位的购买力，减轻政府的财政负担，也体现了市场公平的原则。

8.1.3　中国新能源发展的税收政策建议

1. 完善新能源的增值税

完善中国新能源的增值税，通过降低新能源企业的增值税税率，解决在计算增值税时不能进行抵扣或抵扣项较少而导致新能源企业供应的产品成本中增值税所占比例较大的问题。由于新能源发电技术的特殊性，其发电过程不需要消耗任何燃料，也就没有进项税额或者说进项税额比一般企业少，从而增加了企业产品的生产成本。因此，如果新能源按照 2014 年营改增后能源的增值税税率 13%（2014 年前为 17%）征收显然是不合理的，新能源企业无法与常规能源制造企业进行公平的竞争，如果对新能源发电企业采取与小水电相同的 3%（2014 年前为 6%）增值税税率的方式，就可以大大降低新能源发电企业的不含税电价和含税的上网电价，对发电企业和电网都有利。当新能源产业已经成熟壮大时，优惠税率政策也要随之取消，开始征收与其他产业相同的增值税税率。

2. 合理使用关税引导新能源发展

目前，中国新能源设备制造技术水平还远远低于国外，因此新能源企业在引进国外先进设备时，要实行新能源技术设备进口的关税优惠政策，以降低新能源企业的引进成本。中国现行的税收政策中已经对进口风力发电设备给予了一定优惠，这种优惠的力度还不够，要将这种优惠扩展到整个新能源产业，政府可以考虑对电力设备及其零件的关税、进口环节的增值税做进一步调整。对于那些目前国内还无法自主生产的设备，减免其进口关税；对于那些现阶段国内已经具备生产能力且技术相对成熟的设备进口，根据实际情况征收适度关税（在规定的免税目录中的项目除外）；对新能源利用企业生产电机组所需要的核心零部件，可免除其进口关税，以此降低新能源设备的成本，促进新能源企业持续发展。

3. 完善新能源所得税

为促进新能源产业的发展，在充分运用增值税和关税的基础上还要加大对新能源企业所得税的税收优惠政策，可以适当从以下几个方面进行考虑：① 政府要大力鼓励企业研发新项目，并对新能源企业实际发生的研发费用加计扣除，在现有扣除的基础上，按研发费用的标准，加计100%扣除；对于形成无形资产的，可按照无形资产成本的200%摊销；② 鉴于新能源企业初期资金投入大、技术成果转化慢、产品市场占有率不高、盈利周期较长等现实，政府可以适当考虑将企业年度利润弥补前期损失的年限由5年延长到8～10年；③ 政府鼓励企事业或机构使用新能源产品，以购买新能源产品的费用抵免部分企业所得税，从而提高市场对新能源产品的购买力。

4. 完善其他相关税种

“天下大事必做于细”，政府的服务也要强调精细化，龙其在新能源产业发展上，政府不仅要完善主体税种，还要不断完善与新能源发展相关的其他税种。可以从下几个方面进行设计：① 推进资源税种的进一步改革，通过调整和提高传统类化石能源的资源税税率，增加使用者的税负水平，迫使其放弃使用传统能源，加大推广应用新能源产品力度，促进中国的能源发展转型；② 对于新能源企业，其耕地占用税与房产税等可以适当免征或减征。

8.1.4 中国新能源技术创新的政策建议

“推动新能源发展，未来仍将是中国的政策取向。”[㊀]为了使新能源发展战略顺利实施，应对现有的能源政策继续适时调整。

1. 强化政府的责任并提高新能源比重

强化政府责任并不是指简单地加大力度。各级政府在建立健全与新能源

㊀ 程荃. 欧盟新能源法律与政策研究［M］. 武汉：武汉大学出版社，2012：279.

相关的制度时重要的是要做到适度，既不能“缺位”也不能“越位”，不做守夜者更不做独裁者。

（1）政府需要加强社会主体对加快新能源技术创新的重要认识，并利用各种方式提供 R&D 资金支持

要保持新能源技术创新的可持续发展，能源政策就需要保持长期稳定。由于中国经济发展的现实需要，在未来一段时期内中国常规化石能源高比例的结构难以从根本上改变。政府以出台政策的方式去引导尤为重要。要统筹协调新能源与传统能源之间的补充、替代速度。提高新能源 R&D 投入是最便捷、明晰的调整方式。由于中国是一个庞大的能源经济体，长期存在固有习惯性能源消费，能源消费结构不容易改变。要实现新能源比重的增加，改变能源结构现状不失是个好政策。政策调整的力度不够，技术创新过程激励因素较弱，新能源技术会发展缓慢，又会造成整个产业发展迟缓，错失历史机遇。因此需要长期调研，不断调整政策力度，才能使中国新能源平稳高速发展，为中国由能源大国向能源强国转变提供政策保证。在国家对新能源 R&D 资金投入有限的情况下，可以适度引进其他资本，为新能源提供融资、贷款等便利。

（2）需要完善中央和地方政府对中国新能源技术创新的财政体制，积极推行有利于新能源技术创新税收立法与政策

在引导的同时也要下决心整合。像美国这样的大国，由于受决策机制和利益集团阻挠等因素影响，在新能源技术的应用推广上也一直缓慢。与其他国家相比，中国财政体制效率更高，在新能源领域有望赶超。但中国在能源变革的道路上一样有利益集团的阻挠。中国的能源改革需要建立一个全新的执行机构。逐步实现能源的集中有效管理，成立“能源委员会”或“能源部”代替“能源局”，以单行法的制定代替行政法规，以此来实现更高的权力机构来执行“能源变革”的战略使命，以增强执行力。实现政府管理层面的集中管理，让“能源委员会”或“能源部”的职能更明确清晰，就是实施国家能源战略、开展能源变革、确保能源安全、服务经济发展、社会进步、人民生活、军事需求、实现能源战略的有效储备。

当前中国正迎来伟大复兴的历史机遇，但制约中国复兴的一个重要因素就是能源供应。在这关键时期，能源关系到中国在 21 世纪的世界体系中的大

国地位。大国兴衰的历史告诉我们，新能源不仅仅是一种简单的能源替代，而是一种经济与政治地位的凸显。既然要变革，就要坚决地打破现存的不合理的利益结构，让新能源有序健康发展。

2. 完善能源立法及建立相关标准体系

中国新能源法律与政策的制定，不但要考虑到本国新能源的发展激励因素、促进国外新能源技术的投资激励因素，而且也要时刻关注中国自身新能源发展技术的因素。因此，新能源立法与政策制定必须建立在本国新能源技术之上。

（1）要不断完善支持新能源科技事业发展的法律政策环境。从中国能源法律体系构成中可以看出，中国能源法律是以宪法为根本，由一系列单行法、行政法规、规章和地方性立法所构成，呈金字塔结构。就立法内容而言，能源立法重点一直偏重传统化石能源资源的开发利用，对新能源产业以激励投资和运营为主。这是由中国能源结构现状决定的，但是如果不能逐步转变重点，新能源比例将难以提高。这样就会进入新能源产业无法大力发展的怪圈。相衔接的配套法规颁布不仅不及时，更缺乏完备的体系性。这种情况在涉及中国主要的新能源立法《可再生能源法》中表现较为明显。[㊀]2006 年《可再生能源法》颁布生效，但却缺乏配套的具体实施细则。本应与该部法律同时配套的多部实施细则如《可再生能源资源调查和技术规范》《可再生能源发展的总体目标》等尚未及时出台，致使其可操作性大受影响。[㊁]

（2）从现实来看中国新能源产业仍处于发展初期阶段，存在着技术创新开发利用成本高、风险大、回报率低等问题，因而新能源技术创新依靠市场自发形成的可能性不大，必须依靠政府政策的支持。加快现有国家标准和行业标准的制定和修订工作，形成统一完整的新能源技术与装备标准体系；进一步加强新能源装备质量控制和监督管理，组织建立和完善标准、检测、认证和质量监督组织体系；建立能源科技评价考核体系，推动政府相关部门和企业、科研机构、高等院校以及社会团体积极参与能源科技创新和标准化工

㊀ 吴志忠. 日本新能源政策与法律及其对我国的借鉴［J］. 法学杂志，2013（1）：106.

㊁ 何鹰. 低碳经济法制保障体系的建立与相关法制完善［J］. 华南师范大学学报（社会科学版），2012（3）：132.

作，这些也都是亟待完成的现实任务。

总的来说，新能源法律法规与相关政策的完善是新能源发展的基本保证。法律是调整人们之间行为关系的基本行为规范，国家政策可以积极引导技术创新主体的行为选择，新能源领域法律法规与相关政策的完善不仅可以协调人们之间在新能源发展领域的行为关系，更重要的是新能源法律法规的完善可以向社会“做出可以信赖的承诺，借以保护并培育人力与资产”。新能源的技术创新需要长期才能得到回报的人力资本的投资，能够得到预期的利益回报，从而新能源法律法规与国家政策的完善可以帮助创造一个稳定的新能源技术创新的投资环境。

3. 依托工程推动企业发挥创新主体作用

从目前情况看，中国的新能源技术创新大多围绕在宏观层面，这样的技术创新整体性强，但施行起来较为空泛。导致微观主体企业的创新能力和积极性都不高。无论是国家、区域还是产业，虽然层次不同，但同样是技术创新的主体，归结到底，还要落实到微观层次的新能源企业上。没有微观部分的积累无法完成向更高层次的演变。而依托工程恰好是衔接宏观主体与微观主体的关键部分，使系统整体有效地联系起来，让新能源在建设和使用中，逐渐建立起产业创新或区域创新的雏形并逐步完善。让微观实践活动的成果不断得到展现与应用，进而逐步为中观层次技术创新体系的架构和国家宏观层面的技术创新战略提供经验奠定基础。企业通过工程发展自我，完善与技术创新相关的建设。从促进企业技术创新主体地位的角度说，需要大力强化企业的技术开发工作，特别是在中国目前的科技管理体制和人才分布格局下，企业科技人才比例偏少，创新资源不够，更需要鼓励有条件的企业建立研发中心或技术中心等研发平台。㊀

需要发挥政府及相关各个部门的联合职能，提出新能源领域的大方向，明确重点技术和配套技术的攻关。以国家牵头的方式选定有代表性的项目作为示范工程。选择的标准要优先考虑具备自主知识产权，同时又具有自主创新空间的新能源项目。给予这些项目优惠的政策支持，起到工程项目对企业

㊀ 冯晓青. 国家产业技术政策、技术创新体系与产业技术创新战略联盟——兼论知识产权战略的作用机制［J］. 当代经济管理，2011（8）：20.

积极性的激发。对于计划要专项进行研究，发挥企业在技术创新中的主体作用，在强调政府引导的同时，还要充分调动和鼓励企业、社会加大对能源科技的投入，这样可以建立多渠道的资金支持，推动技术成果产业化。促进知识产权自主化和提高市场竞争力，使能源技术与装备具有更强的后发优势和可持续发展能力。

加强企业技术创新能力建设是完成新能源整体产业技术创新的基础。通过示范工程和先期探索经验，使创新企业更加熟悉新能源创新的模式。企业按创新模式发展，将会在工程的依托下逐渐形成创新的主体地位。原则是要拥有高技术能力的企业，围绕关键核心技术的研发、系统集成和成果中试转化，同时建设相应的工程化平台，发展一批企业主导、产学研用紧密结合的产业技术创新联盟。在新能源技术创新的各个阶段，还应引入竞争机制，否则会造成企业争抢国家示范工程，而不注重自主创新能力，无法发挥依托工程发挥企业主体技术创新的初衷。

4. 借鉴先进国家的新能源技术

在新能源技术领域，中国整体水平与发达国家还有很大的差距，虽然各国的资源、体制等有差别，但是许多先进国家的新能源技术值得我们借鉴。中国目前新能源技术开发缺乏稳定的资金支持，没有固定的新能源科技发展专项基金，技术水平和生产能力与发达国家相比还存在较大的差距，新能源产品的市场竞争力也比较弱。[㊀]在新能源技术上，中国会受到基础工业和高精尖技术产业发展相对薄弱的制约，但在政策体制的先进性上，中国可以先于技术，为新能源技术创新的实践过程提前打造优越的发展环境。

美国政府对新能源技术创新的支持主要以法律形式落实。在 20 世纪 80 年代就有《史蒂文森—怀德勒技术创新法》（Stevenson-Wydler Technology Innovation Act，1980）《贝赫—多尔法案》（Bayh-Dole Petent and Trademark Amendments Act，1980）《技术创新法》（Technology Innovation Act，1980）《国家合作研究法》（National Cooperative Research Act，1984）等法律为技术创新提供支持。现今，美国在超导电网、智能电网、太阳能等在内的一系列

㊀ 杨泽伟. 2009 年美国清洁能源与安全法及其对中国的启示［J］. 中国石油大学学报（社会科学版），2010（1）：5.

能源新技术储备充足。《2009年美国清洁能源与安全法》又规定新清洁能源技术和能源效率技术的投资规模将达到1900亿美元，并设立技术风险基金。㊀新能源产业要发展壮大就要让技术创新有法律和政策的保障。

欧盟作为当今国际能源制度最为先进的实验室，也有不同的方式推进创新。例如，“创新驿站”的做法就比较独特。另外欧盟的税务减免、投资补贴、固定电价等新能源政策工具也较为实用。从欧盟的新能源立法状况来看，加强立法前的研究论证工作可以从以下几个方面进行：一方面可以成立专家组，吸收能源、法律、行政管理、经济学、公共政策等领域的专家，开展立法研究，对新能源法律的基本理论和实践问题进行研讨，形成对立法模式、制度结构的基本意见；另一方面，要深入了解各利益相关部门、机构、地方政府对当前新能源法律政策实施的具体意见，以及新的能源形势对立法的需求；另外，还要保障人民群众能够通过有效途径参与立法活动，广泛征求公众意见，认真收集整理反馈信息，在新能源立法中集中公众的智慧，表达公民的意志。㊁

日本除了法律形式，主要以设立产学研共同研究中心和产学研交流协会为主，如“富山大学地区共同研究中心”“神户大学共同研究中心”，有效地形成了与中国大学科技园有所区别的产学研体系。

虽然在新能源产业发展实行的制度和方式上不能生搬硬套，但是先进国家的不同做法仍对中国新能源产业发展的相关法律和制度的制定具有一定的借鉴意义。

5. 加强新能源的技术创新

（1）加快新能源产业的标准建设。新能源产业或项目标准的建设应该注意以下几个方面：标准的前瞻性、标准的本土化与国际化、兼顾多方面目标或利益、建立检测和认证体系。

（2）加强基础性和前瞻性研究。在新能源领域的技术难题中，许多技术都涉及一些共性的研究内容，如新材料、锅炉效率等。另外，技术的前瞻性预测和研究也是必不可少的。

（3）加强中外合作。通过多种途径和方式开展与相关国家和企业的交流、

㊀ 王北星. 美国的能源战略及其启示［J］. 中外能源，2010（6）：14.

㊁ 程荃. 欧盟新能源法律与政策研究［M］. 武汉：武汉大学出版社，2012：272.

合作，有选择地引进先进的技术和设备，通过消化引进的技术和设备来提高企业的自主设计、自主创新能力。

6. 加强新能源的人才培养和公众教育

政府相关部门、科研机构、高校和企业应认真研究、领会《国家中长期科学和技术发展规划纲要（2006—2020）》，以及国家新能源发展规划，并根据《国家教育事业发展第十三个五年规划》制订科学的人才培养计划。此外，还应加强公众教育，增强其对新能源重要性的认识，提升符合度。

7. 将稀土资源列为储备物资

稀土资源作为提炼各种稀有元素的原料，对新能源的发展至关重要，但是却容易被忽略。稀土在新能源电池、新材料、节能环保、新能源汽车、直驱风机等领域的应用日益广泛。但中国稀土行业发展中存在非法开采屡禁不止、出口秩序较为混乱等问题。导致稀土资源作为战略资源大量流失，未来可能使制造新能源材料的稀有元素供应紧缺，需要早做提防。

（1）要建立国家层面的稀土储备机制，以政策形式进行规范，对稀土进行一定的战略储备。由于稀土矿的价格在国际上极不稳定，必须有储备作为缓冲。

（2）加大稀土行业的整合力度，在国际上形成有很强价格谈判能力的大型稀土企业。政府要助力整合行业协会，使稀土企业达成互信，最后以大型企业攻坚国际市场，维护话语权。

（3）加快稀土关键应用技术研发和产业化，推动具有自主知识产权的科技成果产业化，掌握稀土核心技术专利，为发展新能源产业提供配套支持。

（4）中国对稀土出口要严格控制，不论是原矿还是加工后的成品。中国地大物博优势也尤其体现在稀土资源上，这是许多国家不具备的，可以作为国际谈判的筹码，增强中国在处理国际事务中的话语权。

8. 完善电网机制和系统

近年来，中国电网建设大幅度落后于发电能力的增长，风能、太阳能等新能源电力的上网难题也一直未能得到有效解决。面对不断变化的电力能源结构，以及大量新增的电网建设需求，中国应确立智能电网为未来电网的发展方向。针对中国的智能电网建设要有明确的政策方向。

（1）积极推进形成统一的智能电网标准体系。智能电网标准体系的制定是一项庞大的工程，非一个组织之力所能完成。目前，中国推出的智能电网标准体系还只是国家电网公司层面的技术标准，只在公司内部被遵循，因此，应当推动智能电网利益相关方积极参与国际标准的讨论，推动国际标准、国家标准的制定。

(2) 充分调动信息技术等高科技产业的资源。智能电网的产业链有别于传统电网，信息技术将在其中占据着相当的比重。发展智能电网不能只依赖现有电网产业链上的电力设备企业，还需要充分利用信息技术等调动其他高科技产业的积极参与。

(3) 建立智能电网试验型城市。对于智能电网在输电层面涉及的自动调度等技术，思路已经比较明晰。但是，在配电等需要和用户互动的环节还需要大量探索与经验积累。中国已在南京设立智能电网研究基地，但研究本身也是试验性的。对此，应当选择电网条件和规模合适的几座城市进行试点，开展一些有规模的实验，为智能电网的全面建设积累经验。

8.1.5　中国新能源可持续发展的政策建议

1. 将节约能源资源作为基本国策

无论中国的新能源产业发展到什么程度、壮大到什么程度，节能和提高能效都将是中国能源建设中秉持的一个基本原则，并且从目前中国的能源结构与能源消耗来看，中国还有巨大的节能潜力，中国是否以较少的能源投入实现经济增长的目标，在很大程度上取决于潜在的能源是否被有效挖掘。因此，要把节约能源放在能源战略的首要地位，即以最小成本向终端用户提供优质能源服务。为了确立节能的重要战略地位，建议将节约资源提升到基本国策的高度，与“控制人口数量，节约能源资源，发展新能源、保护生态环境”共同作为新时期中国的基本国策来贯彻与执行。

为落实节约能源资源这一基本国策，切实转变政府职能，加强政府节能管理体系的建设，建立和完善节能经济激励政策；建立终端用能设备能效标准和标识体系，鼓励使用新能源产品；建立市场经济条件下的节能新机制，逐步调整传统能源比例，为新能源产品的推进和占领市场做好服务与铺垫。

2. 实施环境友好型的新能源战略

当今世界都在强调低碳、清洁、环保，而新能源的合理使用是达到这一目标的有效途径。也是建设环境友好型国家、实施环境友好型新能源战略的前提。实施环境友好战略需要通过政府驱动、公众参与、总量控制、排污交易四个方面加以落实，并具体从以下政策进行考虑与设计：一是对主要空气污染物实行更为严格的总量监控标准；二是提高排污收费标准、实行碳排放交易；三是实行全成本竞争，即将环境污染的外部成本内部化，价格竞争不仅要考虑财务成本，还要考虑环境污染的外部成本；四是取消对高耗能产品的生产补贴。

3. 逐步建立新能源外交政策，尽快摆脱能源短缺、能源依赖

未来，国家间的竞争可能演变为能源竞争，尤其是新能源的竞争。能源短缺、能源依赖是中国未来发展面临的最大风险之一。主要发达国家仍然通过控制能源的开采权、控制能源定价权，以及运输通道等方式来扼制中国的快速发展。以石油为例，目前，中国进口石油最多的三个国家为沙特、安哥拉和伊朗。2010 年前 3 位进口国进口量占总量的四成。按地区分布，中东地区占中国石油进口总量比例 50.1%，居第一；非洲为 30.2%，居第二，以下依次为拉美、独联体和东南亚。[㊀]2011 年以后，尽管非洲国家出口比率已明显上升，但进口风险依然过于集中。面对世界能源版图发生的裂变，中国必须统筹国内和国际两大能源发展大局，立足当前，着眼长远，按照互利合作，多元发展，协同保障的新能源安全观，充分利用全球能源资源，并不断加强国际能源资源市场影响力和市场定价权。随着美国“能源独立”战略的推进和“页岩气革命”的出现，美国石油需求从升转降，已经彻底扭转了能源自给率下滑的态势，美国能源自给率逐渐提高，在2011 年达到81.4%，美国能源信息署（EIA）预计在2035 年将达到 87%，[㊀]基本实现“能源独立”。中国应该深化和加速资源外交，尤其是在新能源与中国复兴的世纪，充分利用新能源，使能源外交成为国家实现全球资源战略的重要手段，同时注重国内新能源开发，以保持能源安全相对独立。

8.2 中国新能源发展的微观政策建议

8.2.1 光伏产业发展的政策建议

1. 加强对光伏产业规划和战略的研究

一是梳理国家有关光伏产业的现有规划，分析各项规划的合理性，检查

㊀ 张茉楠. 中国必须坚持长期的能源安全战略［N］. 中国能源报，2013-01-30.

规划之间的协调性，评估各项规划的实施效果，统一各项规划内容，避免政策性混乱；二是从全国、全产业链角度出发，系统分析目前主要的光伏五大板块（环渤海、长三角、珠三角、中部地区和西部地区）各自在资源和产业链中的优势和劣势，科学合理地指导各地区利用各自优势进行有针对性的发展，避免地方项目的盲目实施；三是对于各项规划的目标和要求尽快进行细分，确定各阶段的详细目标，并尽快出台相关细则政策，保证各阶段目标的顺利实施，做好政策实施效果的跟踪调查。

企业当务之急，除了配合政府的各项扶持外，还应该利用这次行业动荡的机会，增强自身管理短板，建立、健全合理的管理机制，增强管理透明度，改善企业决策模式，用制度与流程保障决策的规范性，使企业的战略规划和战略投资能得到科学、细致的调查分析，从而确保有限资源得到合理、充分的利用。

2. 政府扶持不能越位

（1）避免直接参与企业决策。虽然政府拥有众多社会资源，可以进行多部门协助，推动新技术迅速形成生产力，但由于政府远离技术前沿、难以把握市场的动向，加上政府投资项目缺乏盈利性约束，使得政府容易看错方向，造成了许多企业离开补贴就无法生存。事实上，光伏行业也依旧受到市场机制的约束，企业应该进行自主决策、独立承担盈亏责任（何欣荣和刘雪，2010）。

（2）帮助企业应对风险。中国政府应主动协调光伏企业与国外政府部门的对话，通过沟通解决问题。规范国内光伏企业出口，杜绝违反国际贸易相关规定，为中国光伏产业树立良好的国际形象。此外，政府可组织企业形成产业对话平台，设立公平贸易预警点，建立公平贸易预警点网络，积极应对贸易保护主义，通过协商消除贸易摩擦，保护和巩固国外市场。同时，提醒企业增强产业的安全防范意识，加强全局观念，密切关注国外政策和市场竞争环境动向，在遵守市场法则的前提下，拓展国外市场。

（3）改变扶持方式。近年来，中国从税收优惠、设备购置补贴、上网电价补贴、光伏项目补贴等多方面对光伏行业给予了很大扶持，但从实际效果来看，政府的扶持效果与预期目标相去甚远。中国对光伏项目的补贴主要为前端补贴，即补贴建设光伏电站，但这一政策在实际操作中弊端很多，如发电并网困难，导致项目补贴资金要拖延一两年之久。而国外的通常做法是后端补贴（禾苗等，2012）。

3. 加大力度开拓多元化市场

（1）大力拓展国际市场。要想改变中国光伏市场严重依赖欧美的现状，需要光伏企业积极拓展东南亚、中东、北非等新兴的光伏市场。2011 年 3 月福岛核泄漏事件使日本决心加大新能源的投资，日本计划到 2020 年实现 28GW 的太阳能发电（刘海明，2012）；印度于 2010 年 1 月 11 号出台了国家太阳能发展计划，到 2022 年实现 20GW 并网发电目标（刘永，2012）；沙特阿拉伯计划到 2020 年可再生能源比例达到 10%，其中太阳能是重要的部分。此外，澳大利亚、巴西、南非等都是十分有潜力的新兴光伏市场。中国光伏企业应该时刻关注这些新兴市场的发展动态，积极拓展多样化的国际市场。

（2）进一步释放国内市场。国家能源局 2016 年 2 月份的数据显示，截至 2015 年年底，中国光伏发电累计装机容量 4318 万 kW，成为全球光伏发电装机容量最大的国家。其中，光伏电站 3712 万 kW，分布式 606 万 kW，年发电量 392 亿 kW · h。2015 年新增装机容量 1513 万 kW，完成了 2015 年度新增并网装机 1500 万 kW 的目标，占全球新增装机的 1/4 以上，占中国光伏电池组件年产量的 1/3，为中国光伏制造业提供了有效的市场支撑。对此，应注意以下几个方面：① 落实并完善“上网电价”实施细则，并根据实际市场反应情况做出及时调整；② 认真实施“金太阳工程”“太阳能屋顶计划”等项目；③ 以“下乡、富民、支边、治荒”为目标，坚持并网发电与分布式发电系统应用相结合；④ 坚持与建筑相结合的光伏发电系统、小型光伏系统、离网光伏系统等应用；⑤ 切实落实产业规划目标，逐步释放国内的光伏市场。

8.2.2 风电产业发展的政策建议

1. 加强对高端人才的培养

风力发电组是一种技术密集型产品，涉及气象学、环境科学、空气动力学、结构力学、材料力学、计算机与控制技术、机电工程、电力电子等。从产业链的角度，中国对风电人才的需求大概分为产品设计和研发人才、产品生产人才和风电场运营人才。

（1）限制风电相关专业的本科生招生人数。实际上，一个装机 100MW 的风场共计需要约 10 个人；装机 500MW 风电场需要约 30 个人（何建军等，2010），也就是说风场的正常运营不需要很多人。从第六章的表 6－25 也可以看出，中国风电的产能过剩，这也间接说明已经不需要生产方面的普通人才。

据《可再生能源中长期发展规划》，到 2020 年之前，平均每年要新增装机容量约 2000MW，那么风电场对人才需求的数量大约每年 100～500 人，目前的本科招生计划已能满足未来一般层次的人才需求，具体招生情况如下：2008 年，河海大学、河北工业大学分别招生 35 人、30 人；2009 年，长沙理工大学、兰州理工大学和内蒙古工业大学各自招生 45 人、70 人和 40 人；2010 年，东北电力大学、沈阳工业大学和长春工程学院招生共计划 110 人；2011 年，河北建筑工程学院、沈阳工程学院、西安理工大学和内蒙古农业大学招生共计 130 人；2012 年，南京工业大学、吉林大学珠海学院、兰州交通大学招生共计 95 人。另外，2011 年中国有 18 所高校新增了“新能源科学与工程”专业。2012 年，南京大学、深圳大学、黄淮学院等高校增设了该专业。截至 2016 年 6 月，全国共有 78 所高校增设了“新能源科学与工程”专业，目前该专业在校生达到了 3200 多人。

（2）通过四种途径培养高端人才。风电高端人才的培养，有四种渠道：一是利用 973 计划、863 计划、国家自然科学基金项目等各类风电科研项目的实施来培养博士、硕士。一般情况下，一个国家级项目的完成应该能培养出博士 3～5 人、硕士 2～4 人，其成效是显著的；二是吸引相关专业的人才从事风电技术、设备的研发，如飞机设计与制造专业等；三是设立硕士、博士学位授权点，包括面向在职人员的工程硕士；四是各类短期培训，包括企业内部学校的学习。

2. 改革现有的科研体制

（1）整合国家现有科研项目基金的项目资助范围。将 973 计划与国家自然科学基金合并，专门进行风电技术的基础性研究；将 863 计划与国家科技支撑计划合并，做领先国际水平的前沿性研究；将中小企业创新基金和国家能源应用技术研究及工程示范项目合并，专门针对技术或成果转化的应用性、工程化研究。通过上述整合，不仅可以减少国家对风电项目的总体投入，还可以加大对单个项目的资助力度。

（2）建立国家风电公共研发平台。国家风电公共研发平台的建立不宜依托于某个企业，其职能是提供风电项目开发的各种试验平台，包括仪器设施的公用、科学数据和科技文献的共享。建设平台的资金一般由政府负责，其他资本也可参与。平台实行有偿服务以弥补企业或单位研发条件不足。

欧美已有政府架构的多个公共研究平台，如美国国家风能技术中心、欧洲风能研究院（European Academy of Wind Energy，EAWE），这些平台的运作经验值得我们借鉴。

（3）加强对项目的监控和考核。对项目的监控和考核主要包括 3 个方面：一是项目的财务审计，应该列出详细的经费清单和使用说明，以及原始票据或复印件；二是项目的目标审计，以及成果的水平，需要进行对比国际先进水平的检索和说明；三是项目的人才培养情况，包括对项目组成员的科研能力跟踪调查等。

3. 加强对产业政策研究的管理

（1）成立国家风电产业政策研究中心。每年都有一些风电产业战略和政策方面的课题受到了国家有关部门的资助，这些课题的成果确实有重大的理论价值和实际意义，但这些课题的周期较长（一般三年）难以及时得到研究成果，且项目承担单位分散在全国各地，沟通不方便，因此，有必要成立国家风电产业政策研究中心。该中心的职能是协助政府相关部门及时解决国家风电发展中的战略、规划和政策问题，包括提出外贸争端的解决方案，预测世界未来风电的发展趋势，建议中国风电行业的环境要求、发展方向等。

（2）开展产业政策系统性的研究。用系统思想开展相关的政策研究：一是梳理国家有关风电的现有产业政策，分析单项政策的合理性，检查政策之间的协调性，评估各项政策的实施效果；二是制定新政策，如能源发展规划与各专项规划的制定，可以采取自上而下和自下而上相结合的方式，通过反复论证，以取得良好的效果。

4. 加快标准建设，推行产品质量认证

风电标准的建设应该注意从以下几个方面进行：

（1）标准的前瞻性。要考虑当前标准与未来技术的兼容性问题。事实上，世界其他国家一直努力研制更大容量、更加可靠、更具智能性的风电机组。

（2）标准的本土化与国际化。相关标准没有出台之前，中国主要采用欧洲标准，尤其是整机设计及部件的检测技术、检测手段等没有自己的标准。

中国与欧洲的环境条件存在着较大的差异，欧洲标准无法完全体现和适应中国的实际。只有建立适合中国风电资源特点的风电标准，才能提高中国风电设备制造行业的整体核心竞争力，在国际竞争中拥有话语权。

（3）兼顾多方目标和利益。在风电安全检查的条件下，应兼顾各方目标和利益。如《风电场接入电力系统技术规定》对风电机组技术要求的高低决定着风电场、设备制造企业以及电网公司的生产或管理成本。部分风电企业认为，该标准的征求意见稿对风电并网提出了过高的技术门槛，使部分风电场无法并网（刘伟勋，2010）。另外，一些国外厂商也担心中国出台新的风电技术标准会影响其风电产品进入中国市场。

（4）建立检测和认证体系。根据国务院要求，由国家认证主管部门牵头，制定统一认证准则，建立权威检测机构，加强认证技术研究，提高认证机构能力，逐步实行强制认证制度。

5. 逐渐减少财税补贴

2002—2008 年，国家对风电的补贴额从 1.38 亿元上升为 23.77 亿元，[㊀]每年都在大幅度增长，确实极大地促进了中国风电的发展（中国——丹麦风能发展项目办公室，2009）。然而，对风电补贴其实是破坏了市场竞争原则，给一些即将淘汰的边缘小企业带来了机会，又引发了国际“贸易战”，这些企业的产品都或多或少有些问题，给风电整体质量带来了隐忧。

为了促使风电尽快形成与常规能源的竞争力，应逐渐降低对风电产业的补贴力度。例如，可以公布未来 5 ~ 10 年降低上网电价的时间表，由目前 0.22 元/kW · h 左右的补贴标准逐渐降低。改变现有补贴方式，通过引入适当的评价标准和方法，将补贴变为奖励。

8.2.3　核电产业发展的政策建议

1. 加强核原料战略采购管理

日本媒体普遍认为，国际核电企业以日企为中心，正在逐步形成三足鼎立的局面（袁璐，2007）：富士财团的日立—美国通用电气、三井财团的东

㊀ 张钦，周德群，张力菠，闾浩. 中国新能源产业发展研究［M］. 北京：科学出版社，2013：60.

芝—美国西屋电气、三菱财团的三菱重工—法国阿海珐。美、日等国排挤中国，控制世界核原料库（耀龙和秉军，2009），已经形成了对铀矿资源的垄断。为了布局哈萨克斯坦，东芝甚至不惜将自己持有的美国西屋电气10%的股份转让给哈萨克斯坦国家原子能工业公司（陈少智和杜悦英，2012）。目前三井财团已经获取西屋电气77%的股份。2030年，中国核电总装机容量预计达到1.3亿kW左右；按此计算，中国2010—2030年铀矿累计需求量将高达28.4万吨。[㊀]在当前国际铀矿市场上，基本上只有中核集团和中广核集团在孤军奋战（陈少智和杜悦英，2012）。

尽管在2012年11月内蒙古地区勘探发现百万吨世界级铀矿，但与世界产铀大国澳大利亚、加拿大、哈萨克斯坦等国相比还存在着很大差距（金微，2012）。铀矿建设一般需要10年以上的周期，这表明新发现的铀矿也难以在短期内大规模供应市场（陈少智和杜悦英，2012）。

尽管困难重重，中国企业也要走出国门，加大投入，积极寻求与相关国家的企业合作的机会，一起勘查和开发国外资源并建立中国铀资源的储备体系。

2. 加强产业规划

（1）加快对人才的培养。受国家核电产业发展战略的影响，中国在培养核技术人才上曾一席中断，专业技术人才的培养出现断层。2015年前，中国每年需培养核电专业人才1200人，其中包括：核反应堆工程专业学生330人，核化工与核燃料工程专业学生350人，辐射防护与环境工程专业学生130人，核物理等基础学科专业学生90人，核地质与铀矿冶金专业学生140人（徐玉明，2009）。到2020年需要本科以上人才约13000人，总需求量本科生约占60%，硕士生约占30%，博士生约占10%（王铁骊和王丽琼，2010）。或者，按照一座百万千瓦级核电站需要400人计算，到2020年新增30座百万千瓦级核电站，需要核电人才在1.2万人以上（朱学蕊，2012）。

虽然从2006年中国开始积极发展核电，但到目前尚未建立完善的人才培养体系，因为培养人才的周期很长。以核电站运行环节的操纵员培养为例，在大亚湾核电基地，高级操纵员培训最少需7年，4年考操纵员执照，再用3年考高级操纵员执照（朱学蕊，2012），如果算上大学4年的学历，至少需要

㊀ 张钦，周德群，张力菠，间浩．中国新能源产业发展研究［M］．北京：科学出版社，2013：157.

11 年的学习和培训。随着大批新建核电项目开工，加之一批有经验的核专业技术和管理人才陆续退休，每年毕业的学生只能满足 1/4 的需求，且专业与核电发展的需求不完全配套，结构性矛盾突出（王泽平等，2012）。

要加大对核技术人才培养的支持，扩大人才培养基数，并利用多种渠道拓宽培养途径。一是利用 973 计划、863 计划、国家自然科学基金项目等各类核电科研项目的实施来培养博士、硕士；二是吸引相关专业的人才从事核电技术、设备的研发，以及核电安全管理领域；三是设立硕士、博士学位授权点，包括面向在职人员的工程硕士；四是利用企业相关的科研和管理平台进行高端人才的培养。

（2）加强资源的整合。中国核电资源分散、人才匮乏、研发能力不足（江霞，2012），这些问题在研发设计、设备制造和运营管理环节都有所体现（邹树梁和高阳，2007；杜国功和杜国用，2008）。中国核电设计能力只达到每年做 3 ~4 台二代改进型核电机组，主要设备制造业也只能满足每年 4 台核电机组。各省圈地建园产业分散，核电装备产业集群效应不足（朱学蕊，2011）。

因此，我们要向其他国家学习，整合产业，组建“国家队”，加强研发力量和资金投入。20 世纪 80 年代末，韩国引进美国技术同时着手进行体制改革，集中产业资源，建立分工科学合理的核电工业体系。经过 20 多年的努力，开发出具有自主知识产权的核电技术，并在 2009 年战胜了法国、美国、日本等对手，中标阿联酋近 500 亿美元的核电项目（华艳，2010）。自 1979 年 3 月 28 日三哩岛核电站 2 号堆事故后，美国 30 年没有建设新项目，但一直没有停止技术研发。西屋电气公司只保留了核电研发，经过 20 多年的努力，在 AP600 的基础上研发出了 AP1000，把核电技术提升到了第三代。美国通过技术改造老旧机组，使其负荷因子从 70% 提高到 90%，电站运行期限由 40 年延长至 60 年（张华祝，2010）。

（3）发展目标的再考虑。《核电中长期发展规划》提出，到 2020 年核电的装机容量为 40000MW，《“十二五”国家战略性新兴产业发展规划》将时间提前到 2015 年。事实上，到 2013 年已完成装机容量为 27994MW，[㊀]根据《能源发展“十二五”规划》，至 2015 年年底，我国已建和在建核电装机容量将

㊀ 张钦，周德群，张力菠，闻浩. 中国新能源产业发展研究［M］. 北京：科学出版社，2013：145 –147.

为58000MW。为此，有人也提出将2020年核电的装机容量调整为70000MW。截至2015年12月末，我国已建和在建核电装机容量约为55029MW，但笔者认为就这个目标不应过快调整，主要原因是国家要掌握我国的能源结构。同时除了在本书第6章研究的表6－8中规模报酬是递减趋势已说明核能现有规模相对偏大，其投入的边际产出为负，应适当缩减规模将有利于提高核能的效率外，还有以下五条不调整的理由：① 设备供应能力不足；② AP1000技术存在风险；③ 原料供应不足；④ 人才缺口较大；⑤ 大量核废料造成风险。

3. 加快立法建设

（1）建立健全核电相关法律体系。尽快出台《原子能法》，借鉴美国、法国等大国的经验，如图8－1所示，制定与此配套的法规或标准，建立一套层次分明、具体实际、分工明确、运作高效的核能开发利用法律法规体系。

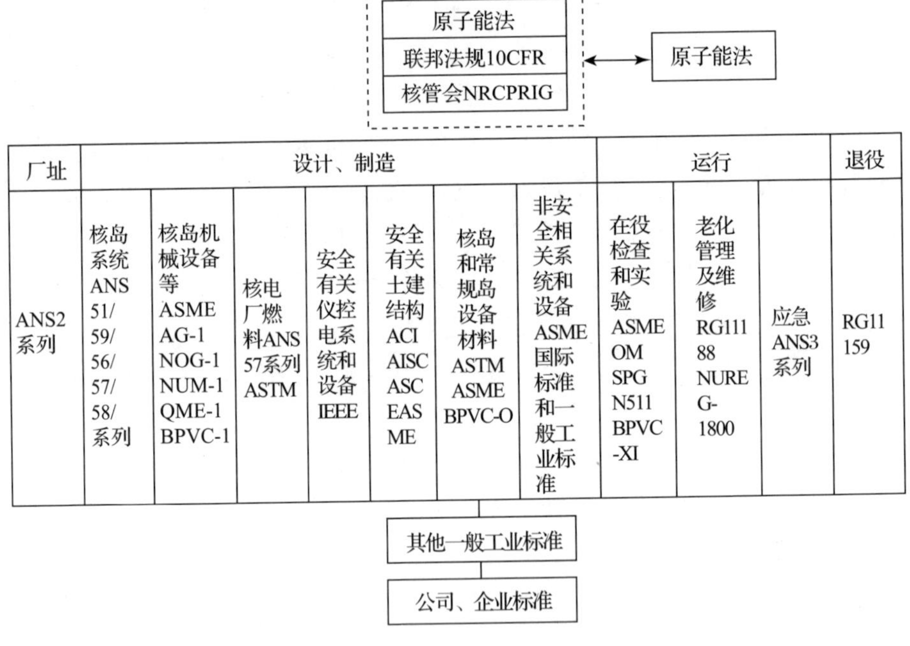

图8－1 美国核电法律法规标准体系㊀

㊀ 王泽平，周涛，付涛. 中、美、法核电标准比较［J］. 华北电力大学学报，2009（4）：1－4.

（2）加强安全监管。理论上，根据世界主要核电国家发生重大核电事故时核电站所运行的堆年（如表 8-1 所示），比照其他国家发生重大核电事故的概率计算，中国 2035—2040 年左右可能会发生核电事故（何祚庥，2012）。

表 8-1　世界运行核电站一览表[一]

国别	美国	法国	日本	俄罗斯	乌克兰	韩国	印度	英国	德国	加拿大	中国	世界
核电总数	104	58	55	32	15	21	20	19	17	18	19	443
到 2012 年积累运行的堆年	3354	1519	1497	883	341	—	—	—	—	—	<100[二]	14767
出大事故时运行的堆年	267	未出	1442	147	—	未出	未出	未出	未出	未出	未出	—

实际上，中国核电安全还存在一些隐患（李毅等，2012；郄建荣，2012）：① 部分核电站现在已过设计全寿命周期的 1/3，设备逐渐老化，海边电站外部电器设备的辐射和压力管道的腐蚀较严重；② 核电行业业主和监管部门都存在安全信息不透明的情况，事实上核电监管领域也做不到完全公开透明；③ 秦山核电厂尚未制定严重事故管理导则，秦山第二核电厂、岭澳核电厂、田湾核电厂仅具有可以应对某些特定严重事故的规程。

需要重新规划相关部门的职能，完善核电安全管理体制，尽快建立与中国工业技术标准相配套的核电技术标准体系，建立应急联动机制，加强核电企业之间的安全管理交流。

8.2.4　生物质发电产业发展的政策建议

1. 加强生物质发电项目规划

（1）全面评估发电绩效。一般电厂的秸秆消耗量约 20 万 t/年。若按 365 天/年，即平均需求 550t/天，从田间地头到临时收购点只能用小三轮或小四轮拖拉机，运秸秆 1.5t/车（往返路程平均 10km，7L/100km），需 367 车次/天；从临时收购点到电厂的卡车可运 5t/车，需 110 车次/天（往返路程平均

㊀ 张钦，周德群，张力菠，闻浩．中国新能源产业发展研究［M］．北京：科学出版社，2013：159.

㊁ 我国台湾地区核电总数为 4 座，未将其核电运行堆年统计在内。

100 km，25L/100 km）；秸秆运输所需柴油超过 100 万 L/年。秸秆破碎、打包、转运等专门设备和作业，以及厂内生产也需要大量的能耗。如果将秸秆大规模地转换为电能，势必加剧农村能源不合理现象（李晓明，2008）。关于生物质发电的综合效益问题，还引发了一场辩论（李晓明，2010；朱万斌，2010；石元春，2010；倪维斗，2010）。发电效益的综合评估应从以下几个方面考虑：国家的财政补贴和税收优惠；生产过程中的能耗和碳排放及其生产效益；对农民收入、农村能源结构等社会和环境影响；电价补贴等政策到期以后企业该如何生存、发展等问题。

（2）认真总结经验和教训。最早建设的第一批国家级示范项目，自并网发电起就亏损严重，在没有很好总结经验和教训的情况下，对于示范项目中遇到的问题没有很好解决，又盲目上马新项目建设，缺少及时有效的应对策略与解决措施（李志军，2008）。

应该借鉴国外的一些做法。美国在 1979 年开始区域生物质能源开发的试验，1991 年才提出了生物质发电计划；在《生物质中长期纲要计划（2010 年)》中不仅提出了未来生物质发电的绩效目标，而且提出了实现目标的技术路线，还将启动先进的 10MW（2015）、20MW（2016 年）规模发电的试验，并验证 GHG（greenhouse gases，即温室效应气体）减排效果。加拿大在 2007 年就已限制大规模秸秆发电项目，而多伦多、不列颠、哥伦比亚等省已转而支持 10MW 以下规模项目（Nasiri and Zaccour，2009）。

2. 加强对政策的研究和落实

（1）加强对政策的研究。现有的生物质发电政策仍存在一些问题，具体如下：① 2008 年 9 月，环境保护部（以下简称环保部）等三个部门颁布《关于进一步加强生物质发电项目环境影响评价管理工作的通知》，要求装机规模不低于 12MW，而国家发改委于 2010 年 8 月在《关于生物质发电项目建设管理的通知》中则要求不能高于 30MW；② 按照《增值税暂行条例实施细则》，秸秆收购的增值税抵免无法操作，如果是中间商送到收购站，企业则不仅不能享受 13% 的抵扣，且应另外填写或取得不规模纳税人发票，原料成本增加 4%；③ 在 2007 年《国家先进污染治理技术示范名录》中，补贴的是“中温中压锅炉的秸秆发电技术”，而“高温高压”才是高效燃烧的国际主流技术，但却没有得到扶持与补贴（李志军，2008）。

在制定政策时，应该充分论证和征求意见，理清政策作用的范围和时间，考虑不同政策之间的衔接关系，认真评估政策的可能后果。

（2）严格执行相关规定。2006年1月，国家发改委《可再生能源发电有关管理规定》中要求项目建设应“合理布局”，发电企业应该“认真做好设计、用地、水资源、环保等有关前期准备工作”。从实践经验来看，重复建设、强行上马的项目比较多，而且有愈演愈烈的趋势。由于国家要求上“大”压“小”，一些小火电厂纷纷转型改造成直燃或混燃发电，还有一些企业有套取国家优惠政策或圈地的动机（李攻，2010）。一些地方政府为了招商引资或形象工程，明知不能为而为之。例如，涿鹿华达生物热电项目的装机容量为2×25MW（常世荣，2009）；粤电湛江生物质发电项目论证的装机容量是4×25MW（梁盛与肖子力，2010），投产的装机容量是2×50MW（王华，2011）；2012年3月，广东省发展与改革委员会还核准了2×30MW韶关韶能生物质发电项目。

世界第三、国内最大的江苏兴化中科生物质能发电项目（5MW）运行不到一年就倒闭（杭春燕，2007），这一教训应该引起我们足够的重视。因此，我们要严格执行现有政策：从企业角度，要切实、认真做好原料资源的调研工作，充分估计其供应困难和价格变化，科学论证项目可行性，按照《秸秆发电厂设计规范》[㊀]建设项目；从政府角度，应严格审批项目，限制装机规模。

3. 大力提高农民出售原料的积极性

（1）全面禁烧秸秆。秸秆用途多样化，全国各地都在积极推行秸秆的综合利用，这使得相关企业对秸秆原料的“抢夺”更为激烈。据估计，中国每年直接焚烧的秸秆约2.54亿t，这样因焚烧秸秆每年排放的二氧化碳达到3.55万~3.81万t，二氧化硫355万t，烟雾254万t。据估计，秸秆焚烧排放的颗粒物（PM）占到全国颗粒物的排放总量的11.5%。秸秆燃烧已成为中国大气污染不可忽视的因素之一（周德群，2010）。禁止露天焚烧秸秆，不仅减少环境污染，还能增加秸秆供应量。

全国禁烧秸秆是可行的。从2009年5月27日到7月8日国家有关部门监测的42天中，江苏全省境内有17天没有发现秸秆焚烧。秸秆禁烧工作做得最好的是宿迁火点数为0，其次是镇江火点数为10点、淮安火点数为

㊀ 该规范于2012年10月1日起执行，适用于30MW及以下装机规模的项目。

36 点。[⊖]

许多地方政府已经为禁烧工作投入了大量的人力和资金，但需要持久投入，不能掉以轻心。还要继续利用各种宣传媒介向广大农民宣传秸秆露天焚烧对环境造成的污染、对田地造成的危害、对人们生活带来的不良影响等，以提高农民主动禁烧秸秆的意识（周德群，2010）。

当然，秸秆禁烧还要考虑农民的利益，单单是处罚措施是不行的。因为秸秆焚烧的草木灰有利于耕地疏松，增加了钾肥含量，烧死了虫卵和杂草籽种，减少了病虫草害，就这几项一亩地要减少成本开支二三十块钱（夏树，2012）。

（2）加强与农户和经纪人的合作。电厂收购模式是影响农民出售秸秆等原料积极性的关键因素，当前有“运送到厂”“上门收购”“帮助收割”“预先买断”“免费供应草木灰”等模式，这些模式各有利弊。

生物质发电具有“小电厂、大燃料”的特点，生物质电厂需要一定数量的经纪人才能完成每年大量的秸秆采购任务。经纪人还要面对秸秆规模需求的其他类型的企业，也就是说各地区需要燃料的企业都不只有生物质电厂一家。随着秸秆需求量不断增长，经纪人队伍也不断壮大，其中不乏少数败德行为的经纪人欺负农户（收购时压低秸秆重量、评低质量等级）、欺骗企业（在秸秆中掺了水分、土块、石块等杂质）。这些做法不仅挫伤农民销售原料的积极性，而且会影响原料的充分燃烧，甚至损坏设备。

企业应选择合适的原料收集模式，并通过正常交易、提供设备、参股、控股等方式加强与经纪人的合作，并通过合同、供应商管理规范等制度加强对经纪人的激励，以确保电厂原料供应。另外，有条件的企业还可以利用荒地种植能源植物，以逐步改善单一收购农户秸秆的局面。

4. 加强技术创新管理

（1）整合科研资源。中国生物质发电技术力量比较薄弱，企业或机构无论是从研究规模还是投入的资源都相对不足，一些研究成果的作用也比较小。在资助的科研项目中，有一些重复现象，这种重复包括同类基金与不同类基金之间的项目。例如，科技型中小企业技术创新基金立项项目中，流化床和

⊖ 张钦，周德群，张力菠，闻浩. 中国新能源产业发展研究［M］. 北京：科学出版社，2013：80.

锅炉有 19 项、燃料输送有 5 项、打捆机有 2 项；㊀2007—2011 年的 120 个发明专利和实用新型专利中，有 42 个属于进料系统，8 个与破碎机有关、4 个与锅炉有关。㊁因此，应该进一步加大科研投入，鼓励研究机构、企业整合现有技术资源联合攻关。

尽快成立生物质发电的国家级研发中心。目前，这类研发中心分为两大类：一类是国家科技部主管的“国家工程技术研究中心”（141 个）㊂；另一类是国家发改委主管的“国家工程研究中心”（127 个）㊃。成立这些“中心”的目的是加强相关产业的技术创新和推广应用，但这些中心没有涵盖生物质发电领域的全部研发内容。

（2）加强对示范项目的管理。2012 年上半年国家发改委批准 20 个生物质发电项目。截至 2015 年年底，我国生物质发电并网装机总容量为 1031 万 kW，其中，农林生物质直燃发电并网装机容量约 530 万 kW，垃圾焚烧发电并网装机容量约为 468 万 kW，两者占比在 97% 以上，还有少量沼气发电、污泥发电和生物质气化发电项目。我国的生物发电总装机容量已位居世界第二位，仅次于美国。

从现有的国家生物质发电示范项目来看，山东单县生物质发电项目（1 × 25MW）、河北晋州生物质发电项目（1 × 25MW）、江苏如东生物质发电项目（1 × 25MW），这些项目运营状况时好时坏，总体亏损。在此之前的国家 863 环保示范项目——江苏兴化中科生物质能发电项目早已关闭。根据前述，这些示范项目缺乏管理。更有甚者，个别项目平时停运，当有人前去参观，才开动机器（李攻，2010）。总之，示范项目不能起到好的示范作用。

8.2.5　生物质柴油产业发展的政策建议

1. 政府应加强管理

（1）加强规划，谨慎审批。政府要做的规划包括土地利用规划、项目（产能）的区域布局、成品销售试点布局，这些需要掌握可用于种植的大量盐

㊀ http://www.innofund.gov.cn.

㊁ http://www.sipo.gov.cn./zljs.

㊂ http://wwwcnerc.gov.cn./aboutus/development.aspx.

㊃ 根据百度百科整理。

碱地、荒坡荒地等劣质土地准确可靠的数据，以及餐厨废弃油脂的生产量和供应量，在此基础上，进行科学、细致的规划。

考虑到现有产能的严重过剩，我们认为，目前以及今后一段时期的工作重点是如何消化产能，除非某区域的原料供应充足，否则不予批准新建项目。

（2）加强对地沟油去向的管理。20世纪60年代，日本和我国台湾省就发生过“地沟油”事件，且日本的地沟油问题曾一度非常严重。事情的性质和当今中国的情况很相似，但经过整治后迅速消失在历史之中。其他国家地沟油也有很严格的管理办法。例如，美国如果企业乱用乱卖地沟油就得关门；德国的每桶泔水都有“身份证”，其“地沟油”回收利用率已达到100%；英国专设废油垃圾桶；新西兰所有泔水先粉碎（萨苏等，2010）。

对于餐厨垃圾管理，专家呼吁一部门牵头多部门协作（陈祖洪和李拉，2012），明确管理主体，理清相关部门职责，完善责任追究机制。除此之外，还需从以下几个方面下功夫：① 尽快出台相关法律，从法律层面上解决目前管理混乱的状况；② 建立完善的回收体系，让企业回收有章可循；③ 加大对回收企业的补贴力度，保证正规企业有利可图。

（3）强制相关企业接受产品。推出新的政策法规以细化《可再生能源法》中第31条等条文，当有生物质柴油企业出售其符合国家标准的产品时，应强制要求试点省份（区域）的企业接受产品。

（4）加强宣传。通过多种渠道，宣传生物质柴油的好处，提高公众的环保意识；通过价格优惠让消费者得到实惠；通过保险公司投保等让消费者放心。

（5）防止企业非法牟利。一些企业和个人钻国家政策之空，骗取国家钱财、非法牟利。财政部湖北专员办深入综合利用生物质柴油退税企业，对企业的生产经营状况和退税申报情况进行专项调研，发现了一些问题：原料泔水油采购合同、发票数量与实际买卖数量不相符合；以石化柴油冒充生物质柴油；内部子公司通过关联交易分别享受销项税额返还和进项税额抵扣。作为政府相关部门，应完善具体退税程序，完善申报资料要件，加强纳税情况检查。

2. 加强技术创新

（1）加大研发投入力度。1978年，美国能源部可再生能源国家实验室开始养殖微藻生产生物燃料项目（Aquatic Spices Program，简称ASP项目）的研究，到1996年累计投入科研经费2505万美元。据不完全统计，2006年以来，中国累计投入2.98亿元进行生物质柴油产业的科研。一些研发机构也因资金不足而备受困扰（韦铭，2012）。

（2）加强生产过程中的减排研究。生物液体燃料发展对环境的影响一直是学术界研究的重点，也是最有争议的问题之一。研究主要集中在生物柴油的整个生命周期（从原材料的生产，加工和使用生物柴油）中能源效率和污染物排放两个方面。赞成者认为，在生物液体燃料生产的能源净产出为正或者石化能效比大于1，而且能有效降低温室气体的排放。而另一方则认为，在生物燃料生产过程中，需要使用大量的化学肥料，农药，机械和能量，其生命周期的净能量输出为负，也增加了温室气体的排放。

实际上，在中国当前技术条件下，生物质柴油的环境表现不如石化柴油，因此，针对以煤为主的能源结构开发有效的节能减排技术，如高效锅炉等，也将对减少生物质柴油生命周期内的污染物排放起到关键性作用（金华，2011）。

（3）加强对微藻的研究。中国盐碱地面积达到1.5亿亩㊀，如果用14%的盐碱地培养微藻，在技术成熟的条件下，生产的柴油量就可满足全国50%的用油需求（郑言，2009）。然而，自然界中存在超过4万种以上的微藻种类，不同微藻在种间或株系间油脂含量存在较大差异（Hu et al，2008），如何挑选出油率高且适合中国环境的品种是首要问题。美国科学家花了近20年时间才寻找到一种能够产油的水藻，但因为细节处理不当，让其他种类水藻入侵其中，最终没能有效地提取足够的具有使用价值的油料（张贵余，2007）。

第三代薇藻生物能源，全球相关实验室都已进入到产品中试阶段，目前研究的重点是如何降低成本，为今后进入市场铺路（韦铭，2012）。

8.2.6　页岩气产业发展的政策建议

1. 加大页岩气资源勘探评价力度

以基础地质工作为主导，加强全国页岩气资源调查评价㊁，摸清资源家底，优选有利目标区。圈定勘探开发靶区，为企业后期勘探开发奠定基础。目前，中国地质调查局已立项国家页岩气资源调查评价专项，开展页岩气资

㊀ 1亩 $=666.\dot{6}m^2$。

㊁ 国家发展和改革委员会，国土资源部，财政部，国家能源局. 页岩气发展规划（2011—2015年）[R]. 2012.

源调查评价工作，以降低页岩气的投资风险，为推进页岩气规模化勘探开发创造条件。

2. 加快页岩气勘探开发关键技术和装备的引进

大力开展页岩气勘探开发技术的国际合作，引进水平井旋转导向、储层压裂改造等关键技术。在此基础上，结合中国地质特点，立足自主创新、自主研发，尽快突破关键技术“瓶颈”，集成中国页岩气勘探开发技术体系，形成勘探开发评价标准、规范研究制定，争取尽早获得自主知识产权。

3. 创新页岩气管理方式

作为新的能源种类，应充分发挥市场配置资源的基础作用，以制度创新为主线[㊀]，以开放市场为核心，探索新能源格局下的页岩气管理新模式，进步放开市场，严格区块“退出机制”，强化页岩气勘探开发的过程监管。

4. 培育和构建页岩气产业化市场体系

随着页岩气资源市场的逐步开放，进入页岩气领域的投资主体越来越多，迫切需要加快培育和构建中国页岩气研发体系、技术和工程服务体系，深化合作机制，为有经济实力的投资主体提供技术、工程和管理服务，着力推进页岩气勘探开发进程。只有在实现勘探开发主体多元化的同时，建立政产学研的长效合作机制，充分利用市场化的杠杆，通过整合研发、技术服务、工程服务、投资决策、项目管理等方面的支持，构建起适合中国页岩气勘探开发特点的高度分工的市场服务体系，才能进而形成专业化分工协作机制，推动页岩气产业化的进程。

5. 加强对页岩气产业发展的政策扶持

页岩气产业发展的初期，亟须国家加快出台页岩气勘探开发中的土地、税费、基础设施、水资源利用等方面的扶持政策，尽管当前国家部门出台了强有力的扶持政策[㊁][㊂]，但诸如管网建设与应用、矿产管理权限等政策还需进一步完善和明确，只有这样才能促进中国页岩气产业快速发展。

㊀ 国家发展和改革委员会，国土资源部，财政部，国家能源局. 页岩气发展规划（2011—2015 年）［R］. 2012.

㊁ 财政部，国家能源局. 关于出台页岩气开发利用补贴政策的通知［R］. 2012.

㊂ 国土资源部. 国土资源部关于加强页岩气资源勘查开采和监督管理有关工作的通知［R］. 2012.

8.2.7　氢能产业发展的政策建议

迄今为止，氢能源产业在全国范围还没有实质性进展，主要原因是氢能源技术还没有进入生产领域、没有商业化。根据能源的特点及发展趋势（见 3.3 节）以及当今科学技术发展进步可以推测出氢能很有可能是人类能源的终极能源。有关专家预测，氢能源生产技术在短期内可能会有较快发展，产业化的浪潮将会很快到来，及早取得氢能源产业发展的先机优势，对中国新能源经济发展具有重要意义。

（1）确定发展目标，制定氢能产业路线图，规划氢能原料收集利用、生产、储存、运输、使用等相关产业和生态修复工程布局及发展时间表。

（2）重视人才，培养人才，组成专门“氢能技术产业化开发机构”，引进消化吸收氢能技术，与氢能实验室原创技术拥有者共同搭建中试及产业化平台，努力取得自主开发、自主创新的氢能中试及产业化技术成果。

（3）组成专门的“氢能产业化组织协调机构”，以氢能产业化示范为基础，积极招商引资、引智，打造“国内氢能产业化基地”，以便做大做强中国氢能产业。

（4）紧盯中国有一定基础的、具备长期发展前景的可再生能源（包括生物质能、太阳能、水力能、风能、地热能等）制氢技术，促进氢能产业化技术因地制宜和多样化发展，带动其他新能源产业及装备制造、节能环保产业的发展。

8.3　小结

本章结合前 7 章的研究，从新能源的宏观政策层面和微观行业细分层面两大层面提出新能源发展的对策建议。宏观政策层面主要从制度体系建设、财政政策建议、税收政策建议、新能源技术创新的建议、可持续发展的建议等五大方面进行了论述。微观行业细分层面主要对光伏产业、风电产业、核电产业、生物质发电产业、生物质柴油产业、页岩气产业和氢能七种新能源产业进行了论述。

第 9 章

研究结论与展望

9.1 研究结论

本书在查阅大量相关研究文献基础上，通过运用哈伯特能源论、经济增长理论、生命周期理论、权力理论和可持续发展理论，对中国新能源产业发展进行了研究，得到如下结论：

1. 全面系统地分析了人类能源发展史

在总结了“火与柴草”“煤炭与蒸汽机”“石油与内燃机”三个阶段的基础上，提出了“新能源与可持续发展”第四个阶段的能源发展变化情况，梳理出泥炭给荷兰、煤炭给英国、石油给美国带来的发展良机。从能源发展历程中归纳总结出能源的发展特色与趋势，即能源的“氢化”“脱碳”过程是能源的发展趋势所在，也就是说新能源发展的终极就是氢能源的广泛使用。

2. 有针对性地对国内外新能源政策进行了对比研究

选取了有典型特点的美国和一些欧洲国家进行了新能源政策的演进过程分析，并对中国新能源政策法律体系进行了梳理，从中找到新能源政策体系的差距，找出中国政策的不足，借“他山之石”，攻“己方之玉”。

3. 分析中国多种新能源及其发展存在的问题

对中国水电、风能、太阳能、核能、生物质能、海洋能、页岩气、氢能进行了分析，并选择了有代表性的几类新能源进行了国际比较；结合前面研究分析出中国新能源发展存在的问题。

4. 选取指标及进行模型分析

设计了新能源效率的相关指标，并选取了风能、核能、生物质能三种能源 8 年的统计数据。针对 2006—2013 年中个别缺失的数据采取了 SAS 的

Spline 方法进行了数据插补。同时运用 GM 模型对 2014—2020 年的数据进行了相关预测，并将预测得到的数据一起运用 DEA 模型进行了效率分析，通过开发效率分析和使用效率分析，较好地梳理了 2006—2020 年新能源在开发、使用过程中的效率和效能，研究思路和数据分析结果对政策制定者和新能源企业都是一个很好的借鉴与参考。

5. 分析了中国在国际能源市场中与主要冲突对象的博弈

运用博弈论对中国能源安全问题的核心——能源安全的国际获得方式进行了分析，通过对中美、中印、中俄的博弈分析，得出中国在世界能源冲突中应以合作博弈为主，辅以非合作博弈，在实现自身利益前提下，实现双赢和多赢。

6. 提出了政策建议

通过研究，从宏观政策法律层面和微观行业细分层面对新能源提出了具体翔实的建议，以有效地发展中国的新能源产业，保障中国能源安全，建设和谐发展、能源安全和环境友好型国家。

9.2　主要创新点

1. 提出了中国新能源发展的研究框架

研究从理论基础出发，对人类能源发展史进行了深入剖析，并对国内外新能源政策进行了比较研究；在对中国新能源发展现状梳理的基础上，查找了中国新能源发展存在的问题，从效率的角度对中国新能源发展进行了实证分析，同时又对与中国有密切能源合作的美国、印度和俄罗斯进行了博弈分析；最后在宏观和微观政策两个层面对中国新能源发展给出了相应的政策建议。此研究框架体系完善，并恰当运用了多种研究方法，研究结论可借鉴性好。(具体内容详见图 1－2)

2. 首次运用 GM 灰色预测模型对中国 2014—2020 年新能源发展数据进行了预测

据可检索查阅的资料显示，所有研究者都针对新能源数据进行了历史的研究，这是对历史趋势有效把握的好方式、好方法。本书通过预测研究，找到了新能源发展的趋势数据，为政策制定者提供了一个参考与借鉴，同时这种 GM 模型在新能源上的预测方法也为其他研究者提供了一个研究的新思路和新方法。

3. 运用DEA数据包络模型对新能源的开发效率和使用效率进行了分析

运用DEA模型对2006—2020年的风能、核能、生物质能进行了分析，得到了开发效率和使用效率的具体数据。并根据不同时间点上的综合效率、纯技术效率、规模效率、规模报酬趋势，对3种能源在开发和新能源产品投入使用两个环节上提出了具体明确的建议，这些建议印证了中国这9年新能源发展实际情况和政策的变化与调整的有效性。同时也运用DEA模型对同一时间点的风能、核能、生物质能进行了效率比较研究，通过研究给出了在相应年份，增加或减少何种能源的投入会提高开发效率和使用效率，观点具体翔实。

4. 从宏观和微观两个政策层面12个维度对中国新能源发展提出了政策建议

在对中国新能源的发展现状、国内外比较、人类能源发展的趋势、政策对比研究、博弈研究和新能源效率分析的基础上，从宏观政策和微观政策层面提出了具体的建议，即从制度体系构建、财政政策、税收政策、技术创新、可持续发展、光伏、风电、核电、生物质发电、生物质柴油、页岩气和氢能等十二个维度进行了建议。在目前可查阅到的新能源发展研究中是没有的。目前的研究大多是在宏观层面上，从宏观政策的一个维度出发进行纵向研究并给出建议，还有一些研究报告和专著针对微观层面的某些新能源给出具体的建议和意见，所以，本研究给出的建议角度、方式、层面和维度综合起来就是一种创新。

9.3 研究展望

新能源产业发展的研究已经成为各国目前能源研究的一个重点和热点，它关乎能源安全、环境安全、国家安全等一系列安全问题，但是，随着时代的进步，政策的变化，新能源在不同时期会有不同的研究侧重点。本书正是在中国复兴与崛起的关键时期，结合现阶段的中国新能源的现状，对新能源产业的发展进行了研究，随着新能源的发展、新理论、新方法的出现和应用、新能源统计数据更规范、科学和方便查找，新能源的研究将会更加科学、合理、准确，结合本书的研究，今后还需要从以下几个方面开展深入持续的研究：

(1) 本书在对所选取技术指标的数据进行了 6 个月的查找，包括中国各类统计年鉴和相关新能源数据的统计网站，尤其是《中国能源统计年鉴》《中国新能源统计年鉴》、中国新能源网（http://www.newenergy.org.cn/）、中国新能源和可再生能源网（http://www.crein.org.cn）、中国煤炭资源网（http://www.sxcoal.com/）、国际新能源网（http://newenergy.in-en.com）、世界银行网站（http://www.worldbank.org.cn/）、联合国网站（http://www.un.org/）、英国石油公司在线历史数据网站（BP Statistical review of World Energy，http://www.bp.com）等新能源网站及资料，仅仅取得了指标中个别年份的部分指标数据，不得不用替代指标和数据来完成建模，在今后的研究中本人还会持续关注这方面的数据，同时也欢迎其他有识之士一同来关注这些指标的变化并开展相应研究，还有一些新能源如地热能、海洋能、潮汐能没有给出具体建议，氢能也没有给出更多明确和更为具体的建议，特别是氢能的研究尤为重要，氢能是能源发展的终极，人类能源史的发展最终一定会走向氢能的广泛应用和使用，这些将是下一步研究和关注的重点。

(2) 由于在论文研究之初设计了新能源与传统能源的比较研究，但由于数据的缺乏，不得不将此部分内容从本书的研究中删去，虽然不舍，实属无奈，但本人还会持续关注这方面的数据并加以研究。

(3) 因本书的研究没有囊括新能源汽车，所以在今后的研究中将会适当关注中国新能源汽车的研究与发展。

附 录

附录 A 程序

A-1 核能插补的 SAS 程序

```
data a;
input time x1-x4;
cards;
2006        685        548        28499        1. 92
2007        885        629        32644        1. 93
2008        885        684        34334        1. 99
2009        908        692        36812        1. 88
2010        1082       768        42280        1. 82
2011        1257       874        47217        1. 85
2012        .          .          49774        .
2013        1483. 3    1107       52451        2. 11
;
proc expand data = a out = b;
id time;
proc print data = b;
run;
```

A-2 生物质能插补的 SAS 程序

```
data a;
input time x1-x4;
cards;
2006        150        20. 86     28499        0. 07
2007        220        75. 01     32644        0. 23
2008        315        180. 4     34334        0. 53
2009        430        226. 2     36812        0. 61
2010        550        .          42280        .
2011        700        .          47217        .
2012        878. 1     211. 43    4977         40. 42
2013        900        356. 02    52451        2. 11
;
proc expand data = a out = b;
id time;
proc print data = b;
run;
```

A－3 MATLAB 灰色预测程序

```
function f = gm4 (x, K)
n = length (x);
z (n-3, n) =0;
zz (n-2, n) =0;%
AB = zeros (2, n-3);
for j =1: n-3
z (j, j: n) =x (j: n);
x1 = zeros (1, n-j+1);
x0 = zeros (1, n-j+1);
Y = zeros (1, n-j);
B = zeros (n-j, 2);%
x1 (1) =z (j, j);
for i =j+1: n
x1 (i-j+1) =x1 (i-j) +z (j, i);
Y (i-j) =x (i);
end
for i =j: n-1
B (i-j+1, 1) = -0.5* (x1 (i-j+1) +x1 (i-j+2));
B (i-j+1, 2) =1;
end
ab = inv (B'*B) *B'*Y';
a = ab (1);
b = ab (2);%
AB (1, j) =a;
AB (2, j) =b;
for i =j-1: n-1
x1 (i-j+2) = (z (j, j) -b/a) *exp ( -a* (i-j+1)) +b/a;%
end
x0 (1) =x (j);
for i =j+1: n%
x0 (i-j+1) =x1 (i-j+1) -x1 (i-j);
end
zz (j, j: end) =x0;
end
for j =1: n
    if j < =n-3
 zz (n-2, j) =sum (zz (:, j)) /j;
```

```
else
    zz (n-2, j) =sum (zz (:, j)) / (n-3);
end

end

for j=1: n
e (j) =zz (n-2, j) -x (j);
k (j) =abs (x (j) -zz (n-2, j)) /x (j);
end

%'绝对误差平方和';
s=e*e';%绝对误差平方和
%'平均相对误差';
ss=sum (k (2: n)) / (n-1);%平均相对误差
%模拟方程
%'x1 (k) = (x (1) -b/a) *exp ( -a* (k-1)) +b/a';

%'x0 (k) =x1 (k) -x1 (k-1)';

zzz (n-3, 3) =0;%第K年预测值
f=zzz (n-3, 3);
%预测
if K>n
  for j=1: n-3
      zzz (j, 1) = (zz (j, j) -AB (2, j) /AB (1, j)) *exp ( -AB (1, j) *
(K-j)) +AB (2, j) /AB (1, j);

      zzz (j, 2) = (zz (j, j) -AB (2, j) /AB (1, j)) *exp ( -AB (1, j) *
(K-j-1)) +AB (2, j) /AB (1, j);

              zzz (j, 3) = zzz (j, 1) -zzz (j, 2);
              zzz;
          end
          % '第K年的预测值为'
          f=mean (zzz (:, 3));
          else
          % '第K年的预测值为'
          f=zz (n-2, K);
      end
clc
clear all
close all
A=[1249.5    5    684   531   0   0
2537.1    10    685    548    150    20.86
```

```
5848.4    52     885      629      220     75.01
12002.1   103    885      684      315     180.4
25805.3   276    908      692      430     226.2
44733.3   501    1082     768      550     209.055
62364.2   800    1257     874      700     183.287
75324.2   1008   1390.34  988.34   878.1   211.43
91413.5   1400   1483.3   1107900  356.02
];
A1 = A (:, 1);
A2 = A (:, 2);
A3 = A (:, 3);
A4 = A (:, 4);
A5 = A (:, 5);
A6 = A (:, 6);
a = [];
a (1) = gm4 (A1, 10);
a (2) = gm4 (A2, 10);
a (3) = gm4 (A3, 10);
a (4) = gm4 (A4, 10);
a (5) = gm4 (A5, 10);
a (6) = gm4 (A6, 10);
a
```

A-4　三种能源的比较2006生产

数据集
10　　2537.1 548　　685 20.86　　150

程序
06SC.dta　　DATA FILE NAME 06SC.out　　OUTPUT FILE NAME 3　　NUMBER OF FIRMS 1　　NUMBER OF TIME PERIODS 1　　NUMBER OF OUTPUTS 1　　NUMBER OF INPUTS 0　　0 = INPUT AND 1 = OUTPUT ORIENTATED 1　　0 = CRS AND 1 = VRS 0　　0 = DEA (MULTI-STAGE), 1 = COST-DEA, 2 = MALMQUIST-DEA, 3 = DEA (1-STAGE), 4 = DEA (2-STAGE)

A-5　三种能源的比较 2015 生产

数据集
3120.88　　168990.36 1373.36　　1847.59 463.36　　1344.66
程序
15SC.dta　　DATA FILE NAME 15SC.out　　OUTPUT FILE NAME 3　　NUMBER OF FIRMS 1　　NUMBER OF TIME PERIODS 1　　NUMBER OF OUTPUTS 1　　NUMBER OF INPUTS 0　　0 = INPUT AND 1 = OUTPUT ORIENTATED 1　　0 = CRS AND 1 = VRS 0　　0 = DEA（MULTI-STAGE），　1 = COST-DEA，　2 = MALMQUIST-DEA，　3 = DEA（1-STAGE），　4 = DEA（2-STAGE）

A-6　三种能源的比较 2015 应用

数据集
5.08　　3120.88 2.20　　1373.36 0.74　　463.36
程序
15YY.dta　　DATA FILE NAME 15YY.out　　OUTPUT FILE NAME 3　　NUMBER OF FIRMS 1　　NUMBER OF TIME PERIODS 1　　NUMBER OF OUTPUTS 1　　NUMBER OF INPUTS 0　　0 = INPUT AND 1 = OUTPUT ORIENTATED 1　　0 = CRS AND 1 = VRS 0　　0 = DEA（MULTI-STAGE），　1 = COST-DEA，　2 = MALMQUIST-DEA，　3 = DEA（1-STAGE），　4 = DEA（2-STAGE）

A-7　三种能源的比较 2016 生产

数据集	
4494. 53	221676. 31
1535. 15	2046. 24
566. 3 3	152. 91

程序

```
16SC. dta            DATA FILE NAME
16SC. out            OUTPUT FILE NAME
3               NUMBER OF FIRMS
1        NUMBER OF TIME PERIODS
1               NUMBER OF OUTPUTS
1               NUMBER OF INPUTS
0               0 = INPUT AND 1 = OUTPUT ORIENTATED
1        0 = CRS AND 1 = VRS
0        0 = DEA (MULTI-STAGE),  1 = COST-DEA,  2 = MALMQUIST-DEA,  3 =
DEA (1-STAGE),  4 = DEA (2-STAGE)
```

A-8　三种能源的比较 2016 应用

数据集	
6. 83	4494. 53
2. 28	1535. 15
0. 84	566. 33

程序

```
16YY. dta            DATA FILE NAME
16YY. out            OUTPUT FILE NAME
3               NUMBER OF FIRMS
1        NUMBER OF TIME PERIODS
1               NUMBER OF OUTPUTS
1               NUMBER OF INPUTS
0               0 = INPUT AND 1 = OUTPUT ORIENTATED
1        0 = CRS AND 1 = VRS
0        0 = DEA (MULTI-STAGE),  1 = COST-DEA,  2 = MALMQUIST-DEA,  3 =
DEA (1-STAGE),  4 = DEA (2-STAGE)
```

A-9　三种能源的比较 2017 应用

数据集

6474.08　　290900.95
1716.02　　2266.36
693.77　　1877.7

程序

```
17YY.dta          DATA FILE NAME
17YY.out          OUTPUT FILE NAME
3                 NUMBER OF FIRMS
1       NUMBER OF TIME PERIODS
1                 NUMBER OF OUTPUTS
1                 NUMBER OF INPUTS
0                 0 = INPUT AND 1 = OUTPUT ORIENTATED
1       0 = CRS AND 1 = VRS
0       0 = DEA (MULTI-STAGE),  1 = COST-DEA,  2 = MALMQUIST-DEA,  3 =
DEA (1-STAGE),  4 = DEA (2-STAGE)
```

A-10　三种能源的比较 2017 应用

数据集

9.20　　6474.08
2.36　　1716.02
0.95　　693.77

程序

```
17YY.dta          DATA FILE NAME
17YY.out          OUTPUT FILE NAME
3                 NUMBER OF FIRMS
1       NUMBER OF TIME PERIODS
1                 NUMBER OF OUTPUTS
1                 NUMBER OF INPUTS
0                 0 = INPUT AND 1 = OUTPUT ORIENTATED
1       0 = CRS AND 1 = VRS
0       0 = DEA (MULTI-STAGE),  1 = COST-DEA,  2 = MALMQUIST-DEA,  3 =
DEA (1-STAGE),  4 = DEA (2-STAGE)
```

A-11　三种能源的比较 2018 生产

数据集

9327.43	81891.32
1918.25	2510.30
851.84	2238.16

程序

```
18SC.dta          DATA FILE NAME
18SC.out          OUTPUT FILE NAME
3                 NUMBER OF FIRMS
1        NUMBER OF TIME PERIODS
1                 NUMBER OF OUTPUTS
1                 NUMBER OF INPUTS
0                 0 = INPUT AND 1 = OUTPUT ORIENTATED
1        0 = CRS AND 1 = VRS
0        0 = DEA (MULTI-STAGE),  1 = COST-DEA,  2 = MALMQUIST-DEA,  3 =
DEA (1-STAGE),  4 = DEA (2-STAGE)
```

A-12　三种能源的比较 2018 应用

数据集

12.39	9327.4
2.45	1918.25
1.08	851.84

程序

```
18YY.dta          DATA FILE NAME
18YY.out          OUTPUT FILE NAME
3                 NUMBER OF FIRMS
1        NUMBER OF TIME PERIODS
1                 NUMBER OF OUTPUTS
1                 NUMBER OF INPUTS
0                 0 = INPUT AND 1 = OUTPUT ORIENTATED
1        0 = CRS AND 1 = VRS
0        0 = DEA (MULTI-STAGE),  1 = COST-DEA,  2 = MALMQUIST-DEA,  3 =
DEA (1-STAGE),  4 = DEA (2-STAGE)
```

A-13　三种能源的比较 2019 生产

数据集	
13440. 94	501537. 48
2144. 36	2780. 64
1048. 33	2654. 70
程序	

```
19SC. dta               DATA FILE NAME
19SC. out               OUTPUT FILE NAME
3                NUMBER OF FIRMS
1       NUMBER OF TIME PERIODS
1                NUMBER OF OUTPUTS
1                NUMBER OF INPUTS
0                0 = INPUT AND 1 = OUTPUT ORIENTATED
1       0 = CRS AND 1 = VRS
0       0 = DEA (MULTI-STAGE),    1 = COST-DEA,    2 = MALMQUIST-DEA,    3 =
DEA (1-STAGE),    4 = DEA (2-STAGE)
```

A-14　三种能源的比较 2019 应用

数据集	
22. 501	9372. 51
2. 63	2397. 18
1. 41	1293. 08
程序	

```
19YY. dta               DATA FILE NAME
19YY. out               OUTPUT FILE NAME
3                NUMBER OF FIRMS
1       NUMBER OF TIME PERIODS
1                NUMBER OF OUTPUTS
1                NUMBER OF INPUTS
0                0 = INPUT AND 1 = OUTPUT ORIENTATED
1       0 = CRS AND 1 = VRS
0       0 = DEA (MULTI-STAGE),    1 = COST-DEA,    2 = MALMQUIST-DEA,    3 =
DEA (1-STAGE),    4 = DEA (2-STAGE)
```

A－15　三种能源的比较 2020 生产

数据集	
19372. 51	658925. 05
2397. 18	3080. 27
1293. 08	3150. 06

程序

```
20SC. dta              DATA FILE NAME
20SC. out              OUTPUT FILE NAME
3                  NUMBER OF FIRMS
1         NUMBER OF TIME PERIODS
1                  NUMBER OF OUTPUTS
1                  NUMBER OF INPUTS
0                  0 = INPUT AND 1 = OUTPUT ORIENTATED
1         0 = CRS AND 1 = VRS
0         0 = DEA (MULTI-STAGE),   1 = COST-DEA,   2 = MALMQUIST-DEA,   3 =
DEA (1-STAGE),   4 = DEA (2-STAGE)
```

A－16　三种能源的比较 2020 应用

数据集	
22. 50	19372. 51
2. 63	2397. 18
1. 41	1293. 08

程序

```
20YY. dta              DATA FILE NAME
20YY. out              OUTPUT FILE NAME
3                  NUMBER OF FIRMS
1         NUMBER OF TIME PERIODS
1                  NUMBER OF OUTPUTS
1                  NUMBER OF INPUTS
0                  0 = INPUT AND 1 = OUTPUT ORIENTATED
1         0 = CRS AND 1 = VRS
0         0 = DEA (MULTI-STAGE),   1 = COST-DEA,   2 = MALMQUIST-DEA,   3 =
DEA (1-STAGE),   4 = DEA (2-STAGE)
```

A-17　风能产出

数据集

10	2537.1
52	5848.4
103	12002.1
276	25805.3
501	44733.3
800	62364.2
1008	75324.2
1400	91413.5
2119	126889.1
3120.88	168990.36
4494.528	221676.31
6474.084	290900.95
9327.40	381891.32
13440.94	501537.48
19372.51	658925.05

程序

```
FNSC.dta          DATA FILE NAME
FNSC.out          OUTPUT FILE NAME
15                NUMBER OF FIRMS
1      NUMBER OF TIME PERIODS
1                 NUMBER OF OUTPUTS
1                 NUMBER OF INPUTS
0                 0 = INPUT AND 1 = OUTPUT ORIENTATED
1      0 = CRS AND 1 = VRS
0      0 = DEA (MULTI-STAGE),  1 = COST-DEA,  2 = MALMQUIST-DEA,  3 = DEA (1-STAGE),  4 = DEA (2-STAGE)
```

A－18　风能应用

数据集	
0.035	10
0.16	52
0.30	103
0.75	276
1.18	501
1.69	800
2.03	1008
2.67	1400
3.72	2119
5.08	3120.88
6.83	4494.53
9.20	6474.08
12.39	9327.40
16.70	13440.94
22.50	19372.51

程序

```
FNYY.dta          DATA FILE NAME
FNYY.out          OUTPUT FILE NAME
15                NUMBER OF FIRMS
1      NUMBER OF TIME PERIODS
1                 NUMBER OF OUTPUTS
1                 NUMBER OF INPUTS
0                 0 = INPUT AND 1 = OUTPUT ORIENTATED
1      0 = CRS AND 1 = VRS
0      0 = DEA (MULTI-STAGE), 1 = COST-DEA, 2 = MALMQUIST-DEA, 3 =
DEA (1-STAGE), 4 = DEA (2-STAGE)
```

A－19　核能产出

数据集	
531	684
548	685
629	885
684	885
692	908
768	1082
874	1257
988	1390. 3
1107	1483. 3
1231. 2	1670. 5
1373. 36	1847. 59
1535. 15	2046. 24
1716. 02	2266. 36
1918. 25	2510. 30
2144. 36	2780. 64
2397. 18	3080. 27

程序

```
HNSC. dta                DATA FILE NAME
HNSC. out                OUTPUT FILE NAME
16                NUMBER OF FIRMS
1        NUMBER OF TIME PERIODS
1                NUMBER OF OUTPUTS
1                NUMBER OF INPUTS
0                0 = INPUT AND 1 = OUTPUT ORIENTATED
1        0 = CRS AND 1 = VRS
0        0 = DEA（MULTI-STAGE），  1 = COST-DEA，  2 = MALMQUIST-DEA，  3 =
DEA（1-STAGE），  4 = DEA（2-STAGE）
```

A-20　核能应用

数据集

2. 13	531
1. 92	548
1. 93	629
1. 99	684
1. 88	692
1. 82	768
1. 85	874
1. 9	988
2. 11	1107
2. 14	1231. 2
2. 20	1373. 36
2. 28	1535. 15
2. 36	1716. 02
2. 45	1918. 25
2. 54	2144. 36
2. 63	2397. 18

程序

```
HNYY. dta            DATA FILE NAME
HNYY. out            OUTPUT FILE NAME
16                NUMBER OF FIRMS
1         NUMBER OF TIME PERIODS
1                 NUMBER OF OUTPUTS
1                 NUMBER OF INPUTS
0                 0 = INPUT AND 1 = OUTPUT ORIENTATED
1        0 = CRS AND 1 = VRS
0        0 = DEA (MULTI-STAGE),    1 = COST-DEA,    2 = MALMQUIST-DEA,    3 =
DEA (1-STAGE),    4 = DEA (2-STAGE)
```

A－21　生物能产出

数据集	
20.86	150
75.01	220
180.4	315
226.2	430
209.1	550
183.3	700
211.43	878.1
356.02	900
383.52	1136.7
463.36	1344.66
566.33	1592.91
693.77	1887.77
851.84	2238.16
1048.33	2654.70
1293.08	3150.06

程序

```
SWSC.dta        DATA FILE NAME
SWSC.out        OUTPUT FILE NAME
15      NUMBER OF FIRMS
1       NUMBER OF TIME PERIODS
1       NUMBER OF OUTPUTS
1       NUMBER OF INPUTS
0       0 = INPUT AND 1 = OUTPUT ORIENTATED
1       0 = CRS AND 1 = VRS
0       0 = DEA (MULTI-STAGE), 1 = COST-DEA, 2 = MALMQUIST-DEA, 3 = DEA (1-STAGE), 4 = DEA (2-STAGE)
```

A－22 生物能应用

数据集

0.07	20.86
0.23	75.01
0.53	180.4
0.61	226.2
0.53	209.1
0.42	183.3
0.42	211.43
0.67	356.02
0.68	383.52
0.74	463.36
0.84	566.33
0.95	693.77
1.08	851.84
1.23	1048.33
1.41	1293.08

程序

```
SWYY.dta          DATA FILE NAME
SWYY.out          OUTPUT FILE NAME
15                NUMBER OF FIRMS
1       NUMBER OF TIME PERIODS
1                 NUMBER OF OUTPUTS
1                 NUMBER OF INPUTS
0                 0 = INPUT AND 1 = OUTPUT ORIENTATED
1       0 = CRS AND 1 = VRS
0       0 = DEA (MULTI-STAGE),  1 = COST-DEA,  2 = MALMQUIST-DEA,  3 =
DEA (1-STAGE),  4 = DEA (2-STAGE)
```

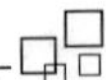

附录 B　数据附表

B－1　风能发电生产过程投入产出指标

年份＼指标	投入指标	产出指标
	总装机量/万 kW	发电量/亿（kW·h）
2006	2537.1	10
2007	5848.4	52
2008	12002.1	103
2009	25805.3	276
2010	44733.3	501
2011	62364.2	800
2012	75324.2	1008
2013	91413.5	1400
2014	126889.1	2119
2015	168990.36	3120.88
2016	221676.31	4494.53
2017	290900.95	6474.08
2018	381891.32	9327.40
2019	501537.48	13440.94
2020	658925.05	19372.51

B－2　核能发电生产过程投入产出指标

年份＼指标	投入指标	产出指标
	总装机量/万 kW	发电量/亿（kW·h）
2006	685	548
2007	885	629
2008	885	684
2009	908	692
2010	1082	768
2011	1257	874

（续）

年份＼指标	投入指标	产出指标
	总装机量/万 kW	发电量/亿（kW·h）
2012	1390.3	988
2013	1483.3	1107
2014	1670.5	1231.2
2015	1847.59	1373.36
2016	2046.24	1535.15
2017	2266.36	1716.02
2018	2510.30	1918.25
2019	2780.64	2144.36
2020	3080.27	2397.18

B－3　生物质发电生产过程投入产出指标

年份＼指标	投入指标	产出指标
	总装机量/万 kW	发电量/亿（kW·h）
2006	150	20.86
2007	220	75.01
2008	315	180.4
2009	430	226.2
2010	550	209.1
2011	700	183.3
2012	878.1	211.43
2013	900	356.02
2014	1136.7	383.52
2015	1344.66	463.36
2016	1592.91	566.33
2017	1887.77	693.77
2018	2238.16	851.84
2019	2654.70	1048.33
2020	3150.06	1293.08

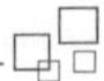

B－4　2006 年三种新能源生产过程投入产出指标

指标 / 年份	投入指标	产出指标
	总装机量/万 kW	发电量/亿（kW·h）
风能	2537.1	10
核能	685	548
生物质能	150	20.86

B－5　2007 年三种新能源生产过程投入产出指标

指标 / 年份	投入指标	产出指标
	总装机量/万 kW	发电量/亿（kW·h）
风能	5848.4	52
核能	885	629
生物质能	220	75.01

B－6　2008 年三种新能源生产过程投入产出指标

指标 / 年份	投入指标	产出指标
	总装机量/万 kW	发电量/亿（kW·h）
风能	12002.1	103
核能	885	684
生物质能	315	180.4

B－7　2009 年三种新能源生产过程投入产出指标

指标 / 年份	投入指标	产出指标
	总装机量/万 kW	发电量/亿（kW·h）
风能	25805.3	276
核能	908	692
生物质能	430	226.2

B－8　2010 年三种新能源生产过程投入产出指标

指标 / 年份	投入指标	产出指标
	总装机量/万 kW	发电量/亿（kW·h）
风能	44733.3	501
核能	1082	768
生物质能	550	209.1

B-9 2011 年三种新能源生产过程投入产出指标

指标 年份	投入指标	产出指标
	总装机量/万 kW	发电量/亿（kW·h）
风能	62364. 2	800
核能	1257	874
生物质能	700	183. 3

B-10 2012 年三种新能源生产过程投入产出指标

指标 年份	投入指标	产出指标
	总装机量/万 kW	发电量/亿（kW·h）
风能	75324. 2	1008
核能	1390. 3	988
生物质能	878. 1	211. 43

B-11 2013 年三种新能源生产过程投入产出指标

指标 年份	投入指标	产出指标
	总装机量/万 kW	发电量/亿（kW·h）
风能	91413. 5	1400
核能	1483. 3	1107
生物质能	900	356. 02

B-12 2014 年三种新能源生产过程投入产出指标

指标 年份	投入指标	产出指标
	总装机量/万 kW	发电量/亿（kW·h）
风能	126889. 1	2119
核能	1670. 5	1231. 2
生物质能	1136. 7	383. 5

B-13 2015 年三种新能源生产过程投入产出指标

指标 年份	投入指标	产出指标
	总装机量/万 kW	发电量/亿（kW·h）
风能	168990. 36	3120. 88
核能	1847. 59	1373. 36
生物质能	1344. 66	463. 36

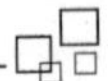

B-14　2016 年三种新能源生产过程投入产出指标

年份＼指标	投入指标	产出指标
	总装机量/万 kW	发电量/亿（kW·h）
风能	221676.31	4494.53
核能	2046.24	1535.15
生物质能	1592.91	566.33

B-15　2017 年三种新能源生产过程投入产出指标

年份＼指标	投入指标	产出指标
	总装机量/万 kW	发电量/亿（kW·h）
风能	290900.95	6474.08
核能	2266.36	1716.019
生物质能	1887.77	693.77

B-16　2018 年三种新能源生产过程投入产出指标

年份＼指标	投入指标	产出指标
	总装机量/万 kW	发电量/亿（kW·h）
风能	381891.32	9327.40
核能	2510.30	1918.25
生物质能	2238.16	851.84

B-17　2019 年三种新能源生产过程投入产出指标

年份＼指标	投入指标	产出指标
	总装机量/万 kW	发电量/亿（kW·h）
风能	501537.48	13440.94
核能	2780.64	2144.36
生物质能	2654.70	1048.33

B-18　2020 年三种新能源生产过程投入产出指标

年份＼指标	投入指标	产出指标
	总装机量/万 kW	发电量/亿（kW·h）
风能	658925.05	19372.51
核能	3080.27	2397.18
生物质能	3150.06	1293.08

B－19　风能在应用领域投入产出经济指标

指标 年份	投入指标	产出指标
	发电量/亿（kW·h）	发电量占总能源发电量的比重（%）
2006	10	0.035
2007	52	0.16
2008	103	0.30
2009	276	0.75
2010	501	1.18
2011	800	1.69
2012	1008	2.03
2013	1400	2.67
2014	2119	3.72
2015	3120.88	5.08
2016	4494.53	6.83
2017	6474.08	9.20
2018	9327.40	12.39
2019	13440.94	16.70
2020	19372.51	22.50

B－20　核能在应用领域投入产出经济指标

指标 年份	投入指标	产出指标
	发电量/亿（kW·h）	发电量占总能源发电量的比重（%）
2006	548	1.92
2007	629	1.93
2008	684	1.99
2009	692	1.88
2010	768	1.82
2011	874	1.85
2012	988	1.95
2013	1107	2.11
2014	1231.2	2.14
2015	1373.36	2.20
2016	1535.15	2.28
2017	1716.02	2.36
2018	1918.25	2.45
2019	2144.36	2.54
2020	2397.18	2.63

B-21　生物质发电在应用领域投入产出经济指标

指标 / 年份	投入指标	产出指标
	发电量/亿（kW·h）	发电量占总能源发电量的比重（%）
2006	20.86	0.07
2007	75.01	0.23
2008	180.4	0.53
2009	226.2	0.61
2010	209.1	0.53
2011	183.3	0.42
2012	211.43	0.42
2013	356.02	0.67
2014	383.52	0.68
2015	463.36	0.74
2016	566.33	0.84
2017	693.77	0.95
2018	851.84	1.08
2019	1048.33	1.23
2020	1293.08	1.41

B-22　2006年三种新能源在应用领域投入产出经济指标

指标 / 年份	投入指标	产出指标
	发电量/亿（kW·h）	发电量占总能源发电量的比重（%）
风能	10	0.035
核能	548	1.92
生物质能	20.86	0.07

B-23　2007年三种新能源在应用领域投入产出经济指标

指标 / 年份	投入指标	产出指标
	发电量/亿（kW·h）	发电量占总能源发电量的比重（%）
风能	52	0.16
核能	629	1.93
生物质能	75.01	0.23

B－24 2008年三种新能源在应用领域投入产出经济指标

指标 年份	投入指标	产出指标
	发电量/亿（kW·h）	发电量占总能源发电量的比重（%）
风能	103	0.30
核能	684	1.99
生物质能	180.4	0.53

B－25 2009年三种新能源在应用领域投入产出经济指标

指标 年份	投入指标	产出指标
	发电量/亿（kW·h）	发电量占总能源发电量的比重（%）
风能	276	0.75
核能	692	1.88
生物质能	226.2	0.61

B－26 2010年三种新能源在应用领域投入产出经济指标

指标 年份	投入指标	产出指标
	发电量/亿（kW·h）	发电量占总能源发电量的比重（%）
风能	501	1.18
核能	768	1.82
生物质能	209.1	0.53

B－27 2011年三种新能源在应用领域投入产出经济指标

指标 年份	投入指标	产出指标
	发电量/亿（kW·h）	发电量占总能源发电量的比重（%）
风能	800	1.69
核能	874	1.85
生物质能	183.3	0.42

B－28 2012年三种新能源在应用领域投入产出经济指标

指标 年份	投入指标	产出指标
	发电量/亿（kW·h）	发电量占总能源发电量的比重（%）
风能	1008	2.03
核能	988	1.95
生物质能	211.43	0.42

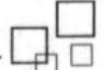

B-29　2013年三种新能源在应用领域投入产出经济指标

指标 / 年份	投入指标	产出指标
	发电量/亿（kW·h）	发电量占总能源发电量的比重（%）
风能	1400	2.67
核能	1107	2.11
生物质能	356.02	2.11

B-30　2014年三种新能源在应用领域投入产出经济指标

指标 / 年份	投入指标	产出指标
	发电量/亿（kW·h）	发电量占总能源发电量的比重（%）
风能	2119	3.72
核能	1231.2	2.14
生物质能	383.5	0.68

B-31　2015年三种新能源在应用领域投入产出经济指标

指标 / 年份	投入指标	产出指标
	发电量/亿（kW·h）	发电量占总能源发电量的比重（%）
风能	3120.88	5.08
核能	1373.36	2.20
生物质能	463.36	0.74

B-32　2016年三种新能源在应用领域投入产出经济指标

指标 / 年份	投入指标	产出指标
	发电量/亿（kW·h）	发电量占总能源发电量的比重（%）
风能	4494.53	6.83
核能	1535.15	2.28
生物质能	566.33	0.84

B-33　2017年三种新能源在应用领域投入产出经济指标

指标 / 年份	投入指标	产出指标
	发电量/亿（kW·h）	发电量占总能源发电量的比重（%）
风能	6474.08	9.20
核能	1716.02	2.36
生物质能	693.77	0.95

B－34　2018 年三种新能源在应用领域投入产出经济指标

指标 年份	投入指标	产出指标
	发电量/亿（kW·h）	发电量占总能源发电量的比重（%）
风能	9327.40	12.39
核能	1918.25	2.45
生物质能	851.84	1.08

B－35　2019 年三种新能源在应用领域投入产出经济指标

指标 年份	投入指标	产出指标
	发电量/亿（kW·h）	发电量占总能源发电量的比重（%）
风能	13440.94	16.70
核能	2144.36	2.54
生物质能	1048.33	1.23

B－36　2020 年三种新能源在应用领域投入产出经济指标

指标 年份	投入指标	产出指标
	发电量/亿（kW·h）	发电量占总能源发电量的比重（%）
风能	19372.51	22.50
核能	2397.18	2.63
生物质能	1293.08	1.41

参考文献

[1] 北京洲通投资技术研究所. 中国新能源战略研究[M]. 上海：上海远东出版社，2012：12，56，116，189.

[2] 曹新. 中国能源发展战略问题研究[M]. 北京：中国社会科学出版社，2012：23.

[3] 程荃. 欧盟新能源法律与政策研究[M]. 武汉：武汉大学出版社，2012：271-272，279.

[4] 崔民选. 中国能源发展报告(2012)[M]. 北京：社会科学文献出版社，2012.

[5] 崔守军. 能源大外交——中国崛起的战略支轴[M]. 北京：石油工业出版社，2012：3，5，10，11，13，26，28，30.

[6] 邓光奇. 低碳战争[M]. 北京：中国经济出版社，2011.

[7] 黄少安. 产权经济学导论[M]. 济南：山东人民出版社，1995：69.

[8] 靳晓明. 中国新能源发展报告[M]. 武汉：华中科技大学出版社，2011.

[9] 李传统. 新能源与可再生能源技术[M]. 南京：东南大学出版社，2012.

[10] 林毅夫. "东亚奇迹"与可供替代的发展战略——中国经济专题[M]. 北京：北京大学出版社，2008：105.

[11] 刘汉元，刘建生. 能源革命：改变21世纪[M]. 北京：中国言实出版社，2010.

[12] 刘诗白. 产权新论[M]. 成都：西南财经大学出版社，1993：133，139，155.

[13] 刘荣厚. 新能源工程[M]. 北京：中国农业出版社，2006.

[14] 毛泽东. 毛泽东著作选读：下册[M]. 北京：人民出版社，1986：754-755.

[15] 孙鼎国. 西方文化百科[M]. 长春：吉林人民出版社，1991.

[16] 谭崇台. 发展经济学概论[M]. 武汉：武汉大学出版社，2001：22-23，31.

[17] 王承煦，张源. 风力发电[M]. 北京：中国电力出版社，2003.

[18] 王大中. 21世纪中国能源科技发展展望[M]. 北京：清华大学出版社，2007：1，195，378 .

[19] 王革华. 新能源——人类的必然选择[M]. 北京：化学工业出版社，2009：79-80.

[20] 王金南，曹东，等. 能源与环境：中国2020[M]. 北京：中国环境科学出版社，2004.

[21] 吴磊. 中国石油安全[M]. 北京：中国社会科学出版社，2003：126.

[22] 吴曜圻. 新能源创新发展模式——能量范畴的产业规律研究与应用[M]. 北京：科学出版社，2010.

[23] 肖钢，左瑛. 新能源经济引领新经济时代[M]. 武汉：武汉理工大学出版社，2011：35.

[24] 谢地. 产业组织优化与经济集约增长[M]. 北京：中国经济出版社，1999：18.

[25] 徐康宁，张宗庆，等. 宏观经济学[M]. 北京：石油工业出版社，2003：83.

[26] 姚向君. 生物质能资源清洁转化利用技术[M]. 北京：化学工业出版社，2005：227，229.

[27] 余胜海. 能源战争[M]. 北京：北京大学出版社，2012：86，93，95，96.

[28] 张钦，周德群，张力菠，等. 中国新能源产业发展研究[M]. 北京：科学出版社，2013：112，159.

[29] 中国能源经济研究院. 中国新能源和可再生能源政策法规汇编(1986—2011)[M]. 北京：经济管理出版社，2011.

[30] 中国科学院. 2009 高技术发展报告[M]. 北京：科学出版社，2009：10.

[31] 中国法学会能源法研究会. 中国能源法研究报告 2010[M]. 上海：立信会计出版社，2011：123.

[32] 阿尔温·托夫勒. 权力的转移[M]. 刘江，等译. 北京：中共中央党校出版社，1991：9.

[33] 保罗·肯尼迪. 大国的兴衰[M]. 蒋葆英，等译. 北京：求实出版社，1988：558，634.

[34] 查尔斯 P 金德尔伯格. 世界经济霸权：1500—1990[M]. 高祖贵，译. 北京：商务印书馆，2003：55.

[35] 杰瑞米·里夫金 . 氢经济[M]. 龚英，译. 海口：海南出版社，2003.

[36] 凯恩斯. 就业、货币与利息通论[M]. 高鸿业，译. 北京：商务印书馆，2016：91.

[37] 罗伯特·海夫纳三世. 能源大转型[M]. 马圆春，李博抒，译. 北京：中信出版社，2013：23，177.

[38] 马凯硕. 新亚洲半球——势不可挡的全球权力东移. 刘春波，等译. 北京：当代中国出版社，2011：47，109－112.

[39] 威廉·恩道尔. 石油大棋局——下一个目标中国[M] . 戴健，李峰，顾秀林，译. 北京：中国民主法制出版社，2011：86.

[40] 斯科特 L 蒙哥马利. 全球能源大趋势[M]. 宋阳，姜文波，译. 北京：机械工业出版社，2012：40，45.

[41] 约瑟夫·奈. 美国定能领导世界吗[M]. 何小东，等译. 北京：军事译文出版社，1992：13.

[42] 兹比格纽·布热津斯基. 第二次机遇：三位总统与超级大国美国的危机[M]. 陈东晓，等译. 上海：上海人民出版社，2008：163-165.

[43] 马丁·雅克. 当中国统治世界：中国的崛起和西方世界的衰落[M]. 张莉，等译. 北京：中信出版社，2010.

[44] S 平乔维奇. 产权经济学[M]. 蒋琳琦，译. 北京：经济科学出版社，1999：29.

[45] A F K Organski. World Politics[M]. Chicago：University of Chicago Press，1958.

[46] Christopher Flavin， et al. Low-Carbon Energy：A Roadmap. Washington [M]. Washington：Worldwatch Institute，2008.

[47] National Intelligence Council of the US. Global Trends 2025：A Transformed World[M]. Chicago：University of Chicago Press，2010.

[48] Phylipsen G M，Blok K，Worrell E. Handbook on International Comparisons of Energy Efficiency in the Manufacturing Industry[M]. Netherlands：Utrecht University，1998.

[49] William E Akin. Technocracy and the American Dream：The Technocrat Movement，1900—1941[M]. California：University of California press，1977：101.

[50] Sawin J L. Mainstreaming Renewable Energy In The 21th Century[M]. Washington ：Worldwatch Institute，2004.

[51] Sorensen B. Renewable Energy：Its Physics，Engineering，Use，Enviromental Impacts，Economics & Planning Aspects[M]. 4th ed. Amsterdam：ELSEVIER Academic Press，2004.

[52] See Daniel H. Rosen and Trevor houser，Chian Energy：A Guide for the Perplexed[M]. Washington：Peterson Institute for Inretnational Economics，2007.

[53] 常军乾. 中国能源安全评价体系及对策研究[D]. 北京：中国地质大学，2010.

[54] 董进宁. 生物柴油制取的 LCA 及其技术经济性分析[D]. 广州：华南理工大学，2010.

[55] 李松. 促进中国新能源发展的财税政策研究[D]. 北京：首都经济贸易大学，2014：26.

[56] 武瑞娟. 基于循环经济的生物质能利用模式研究[D]. 郑州：河南农业大学，2011 ：42.

[57] 谢言许. 中国新能源技术创新战略研究[D]. 锦州：渤海大学，2014：3.

[58] 张海龙. 金融风险管理与防范的研究[D]. 长春：长春工业大学，2004：42-48.

[59] 德姆塞茨. 关于产权理论[M]//刘守英，等. 财产权利与制度变迁. 上海：上海三联书店，上海人民出版社，1994：97.

[60] E 菲吕博腾，S 平乔维奇. 产权与经济理论：近期文献的一个综述[M]//刘守英，等. 财产权利与制度变迁. 上海：上海三联书店，上海人民出版社，1994：204.

[61] 车长波，袁际华. 世界生物质能源发展现状及方向[J]. 天然气工业，2011(1)：105.

[62] 陈娟，王雅鹏. 林木生物柴油产业化开发总是探析[J]. 华中农业大学学报：社会科学版，2010，88(2)：27-31.

[63] 陈新，顾和平，张红梅，等. 生物柴油类植物的发展现状及在江苏省的应用前景[J]. 江苏农业科学，2008(3)：14-15.

[64] 陈英姿，李雨潼. 低碳经济与中国区域能源利用研究[J]. 吉林大学社会科学学报，2009(2)：66-73.

[65] 陈永祥，方征. 中国风电发展现状、趋势及建议[J]. 装备机械，2010，15(4)：14-19.

[66] 迟永宁，刘燕华，王伟胜，等. 风电接入对电力系统的影响[J]. 电网技术，2007，31(3)：67-81.

[67] 戴慧珠，陈默子，王伟胜. 中国风电发展现状及有关技术服务[J]. 中国电力，2005(1).
[68] 戴劲松，何丰伦，刘凡. 新能源发展“绕不过去的坎”[J]. 瞭望新闻周刊，2009(10).
[69] 董月. 生物柴油现状与发展[J]. 化学工程与装备，2009(6)：102-103.
[70] 杜国功，杜国用. 中国核电产业发展的战略思考[J]. 广东经济，2008(9)：30-36.
[71] 芃吟. 打造工程机械行业基础技术公共研发平台[J]. 工程机械，2011(6).
[72] 方震海. 促进循环经济技术创新的税收政策思考[J]. 中国财政，2011(11)：75.
[73] 冯晓青. 国家产业技术政策、技术创新体系与产业技术创新战略联盟——兼论知识产权战略的作用机制[J]. 当代经济管理，2011(8)：20.
[74] 高振宇，王益. 中国能源生产率的地区划分及影响因素分析[J]. 数量经济技术经济研究，2006(9)：46-57.
[75] 关立山. 世界风力发电现状及展望[J]. 全球科技经济瞭望，2004(7).
[76] 郭廷杰. 发达国家的风电发展[J]. 中国能源，2001(12).
[77] 何鹰. 低碳经济法制保障体系的建立与相关法制完善[J]. 华南师范大学学报：社会科学版，2012(3)：132.
[78] 黄格省，李振宇，付兴国，等. 2012. 第二代生物柴油技术开发现状与前景展望[J]. 现代化工，32(6)：6-10.
[79] 贾小黎，逄锦福，王敏，等. 中国建设生物质热电联产项目主要问题研究[J]. 中国能源，2008，30(11)：18-22.
[80] 姜鑫民. 选择适合中国国情的低碳之路[J]. 中国金融，2009(24)：45.
[81] 金华. 中国生物柴油产业化发展的可行性及影响因素分析[J]. 化学工业，2011，29(11)：1-5.
[82] 金灿荣，董春岭. “9·11”十年反思及对中国的影响[J]. 现代国际关系，2011(9)：16-17.
[83] “看天下”杂志社. 让“看不见的污染损失”数字化[J]. Vista看天下·社评. 2013，249(19)：14.
[84] 李济川. 德国两生物质电厂上料系统分析研究[J]. 科技促进发展：应用版，2010(10)：38，58.
[85] 李涛，李爱芬，万凌琳，等. 中国微藻生物质能源专利技术分析[J]. 可再生能源，2012，30(3)：36-42.
[86] 李永超，王建黎，计建炳，等. 生物柴油工业化生产的现状及其经济可行性评估[J]. 中国油脂，2005，30(5)：59-64.
[87] 李毅，朱玥，施智梁. 中国核电安全被指存在监管等多重滞后[J]. 财经，2012(28)：70-71.
[88] 李志军. 中国生物质直燃发电的现状、问题及政策建议[J]. 技术经济，2008，27(9)：34-37.

［89］刘钢，黄明皎．秸秆发电厂燃料收集半径与装机规模［J］．电力建设，2011，32(3)：72-75．

［90］刘红平．江西省新能源产业对各产业的关联性分析［J］．经营管理者，2012(4)：20．

［91］刘丽丽．可再生能源电价补贴寅吃卯粮，价格竞争力堪忧［J］．财经国家周刊，2011(9)．

［92］刘巳洋．新能源产业呈现过剩危机［J］．商务周刊，2009(11)．

［93］柳士双．中国新能源发展的战略思考［J］．经济与管理．2010(6)：5，6，8．

［94］鹿清华，朱青，何祚云．国内外生物柴油生产技术及成本分析研究［J］．当代石油石化，2011，19(5)：8-13．

［95］门丹．美国推进新能源发展的财政支出政策研究［J］．生态经济，2013(4)：81．

［96］孟玉静．风电产业：产业演进视角下的公共政策研究［J］．科技信息，2010(3)：190-191．

［97］宁守俭．生物柴油产业步入跨越发展［J］．中国生物柴油，2012(1)：1-4．

［98］宁守俭．只通不顺：目前中国生物柴油技术能病［J］．中国生物柴油，2011(1)：11-13．

［99］裴培，郑风田，崔海兴．中国生物柴油发展的现状潜力与障碍分析［J］．林业经济，2009(3)：65-70．

［100］齐泮仑，张国静，曹亦农，等．中国生物柴油大规模发展应首先解决的问题［J］．化工中间体，2009(7)：6-11．

［101］任奔，凌芳．国际低碳经济发展经验与启示［J］．上海节能，2009(4)：10-14．

［102］史珺．光伏发电成本电价分析的数学模型［J］．太阳能，2012(2)：53-68．

［103］史宣明，徐廷丽，朱先龙，等．生物柴油的工业化生产及技术经济分析［J］．中国油脂，2006，30(11)：59-61．

［104］田春荣．2004 年中国石油进出口状况分析［J］．国际石油经济，2005，(3)：10．

［105］田养儒．两步法催化餐饮废油制备生物柴油及其可行性研究［D］．杨凌：西北农林科技大学，2008．

［106］王春梅．节能减排对策略论［J］．绿色科技，2011(5)：199．

［107］王庆一．能源效率及其政策和技术：上［J］．节能与环保，2001(6)：11-14．

［108］王北星．美国的能源战略及其启示［J］．中外能源，2010(6)：14．

［109］王铁骊，王丽琼．铀资源、生产及需求［J］．国土资源情报，2010(8)：24-28．

［110］王占国．建立国家级公共研发平台需体制创新［J］．新材料产业，2005(12)：1-2．

［111］王泽平，马震，吴焕苗，等．中国核电产业发展水平综合评价体系研究［J］．华东电力，2012，40(7)：1233-1236．

［112］王泽平，周涛，付涛．中、美、法核电标准比较研究［J］．华北电力大学学报，2009(4)：1-4．

[113] 魏楚，沈满洪. 能源效率与能源生产率：基于 DEA 方法的省际数据比较[J]. 数量经济技术经济研究，2007(9)：110-121.
[114] 魏一鸣，廖华. 能源效率的七类测度指标及其测度方法[J]. 中国软科学，2010(1)：128-137.
[115] 吴伟光，仇焕广，徐志刚. 生物柴油发展现状、影响与展望[J]. 农业工程学报，2009，25(3)：298-302.
[116] 吴志忠. 日本新能源政策与法律及其对中国的借鉴[J]. 法学杂志，2013(1)：106.
[117] 萧芦. 2006—2011 年中国天然气产量[J]. 国际石油经济，2012(4)：102.
[118] 谢建民，邱毓昌. 大型风力发电场选址与风力发电机优化匹配[J]. 太阳能学报，2001(4).
[119] 邢爱华，马捷，张英皓，等. 生物柴油全生命周期经济性评价[J]. 清华大学学报：自然科学版，2010，50(6)：923-927.
[120] 邢熙，郑风田，崔海兴. 中国林木生物质能源现状障碍及前景[J]. 林木生物质能源，2009(3)：6-12.
[121] 徐蕾，要文倩，纪红兵，等. 海南省非粮生物柴油能源植物的调查化学组分的测定及筛选研究[J]. 植物科学学报，2011，29(1)：99-108.
[122] 杨芳，陈晓东. 风电占比的分析[J]. 中国风能，2009(5).
[123] 杨泽伟.《2009 年美国清洁能源与安全法》及其对中国的启示[J]. 中国石油大学学报：社会科学版，2010(1)：5.
[124] 杨仕品. 生物柴油产业发展的现状及前景[J]. 贵州农业科学，2009，37(1)：157-160.
[125] 杨文博，刘维佳，史磊，等. 中国木本油料植物生产生物柴油的现状及发展趋势[J]. 林业资源管理，2011(4)：16-19.
[126] 殷福珊，郑耀坤. 中国生物柴油产业的现状[J]. 日用化学品科学，2008，31(2)：1-3.
[127] 张定宇. 中国页岩气产业发展对策建议[J]. 国际石油经济，2012(11)：67.
[128] 吴创之，周肇秋，阴秀丽，等. 中国生物质能源发展现状与思考[J]. 农业机械学报，2009，40(1)：91-99.
[129] 张民，袁洁. 国能威县生物发电公司 130t/h 生物质发电锅炉给料系统改造[J]. 科技信息，2009(5)：333-335.
[130] 张钦，周德群. 江苏省秸秆发电的现状分析及对策[J]. 中国软科学，2010(10)：104-111.
[131] 张卫杰，关海滨，姜建国，等. 中国秸秆发电技术的应用及前景[J]. 农机化研究，2009(5)：10-13.
[132] 张曙光. 人民币汇率问题：升值及其成本—收益分析[J]. 经济研究，2005(5).
[133] 张六一，韩彩芸，邹照华，等. 餐饮废油均相法制取生物柴油研究进展[J]. 环境保护科学，2011，37(2)：90-94.

[134] 仲伟周，王军. 基于能源禀赋的地区能源消费差异研究[J]. 山西财经大学学报，2009(3).

[135] 朱晋伟，孙江涛. 中国光伏待业发展中的新问题及对策[J]. 企业经济，2012(3)：125-128.

[136] 邹树梁，高阳. 核电产业组织模式的国际比较与借鉴[J]. 求索，2007(6)：24-27.

[137] Acemoglu Guerrieri V. Capital deepening and non-balanced economic growth[J]. Journal of Political Economy，2008(6)：116.

[138] Andrew Green. Trade Rules a11d Climate Change Subsidies[J]. World Trade Review，2006(15).

[139] Anthony D. American E-conomic Review[J]. A Theory of Bureaucracy，1965，55(3).

[140] Aghion P，David P A，Foray D. Science. technology and innovation for economic growth：Linking Policy research and Practice in STIG Systems [J]. Research Policy，2009，38 (4) ：681-693.

[141] Barbara Powell. US Was Net Oil——Product Exporter for First Time Since 1949[J]. Bloomberg，2012.

[142] Bill Richardson. Stop the politics and adopt a national energy plan[J]. Financial Time，2012.

[143] Bosseboeuf D，Chateau B，Lapillone B. Cross-country Comparison on Energy Efficiency Indicators：The Ongoing European Effort towards a Common Methodology [J]. Energy Policy，1997，25(9)：673-682.

[144] Davis G A，Owens B. Optimizing the level of renewable electric R&D expenditures using real options analysis[J]. Energy Policy，2003，31(15)：1589-1608.

[145] Daryll，POLYS model for agricultural products supply and demand and the related simulation module[J]. Biomass and Bioenergy，2012，54(12)：37-38.

[146] EIA. Worldwidelook at reserves and production [J]. Oil & Gas Journal，2011，109 (49)：47.

[147] Hu Q，Sommerfeld M，Jarvis E，et al. 2008. Microalgal triacylgycerolsas feedstocks for biofuel production：perspectives and advances[J]. The Plant Journal，54(4)：621-639.

[148] Hillring B. National strategies for stimulating the use of bioenergy：policy instruments in Sweden[J]. Biomass and Bioenergy，1998，14(5-6)：425-437.

[149] Hillring. government to promote enterprise technology research and development and application for a patent[J]. Research Policy，2012，38(25)：56-67.

[150] Hu Jin Li，Wang Shih Chuan. Total-factor Energy Efficiency of Regions in China[J]. Energy Policy，2006，34(17)：3206-3217.

[151] Justin Yifu Lin. Demystifying the Chinese Economy[J]. Project Syndicaye, 2011.

[152] Kenneth Lieberthal, Mikkal Herberg. China's Search Security: Implications for U. S. Policy[J]. NBR ANALYSIS, 2006.

[153] Mitchell. The government's policy support of wind power[J]. Energy Policy, 2013(7).

[154] Martine. The government's role positioning of the wind power industry[J]. Energy Policy, 2012, 35(10): 35-37.

[155] Nasiri F, Zaccour G. An exploratory game-theoretic analysis of electricity generating supply chain[J]. Energy Policy, 2009, 37(11): 4514-4522.

[156] Patterson M G. What Is Energy Efficiency? Concepts, Ihdicators and Methodological Issues[J]. Energy Policy, 1996, 24(5): 377-390.

[157] Robert A. Pape, Empire Falls[J]. The Nation Interest, 2009(1-2): 21.

[158] Uyterlinde M A, Junginger M, De Vries H J, et al. Implications of technological learning on the prospects for renewable energy technologies in Europe[J]. Energy Policy, 2007, 35(8): 4072-4087.

[159] Wilson B, Trieu L H, Bowen B. Energy Efficiency Trends in Australia[J]. Energy Policy, 1994, 22(4): 287-295.

[160] 齐慧. 2015年中国煤炭占一次能源消费比重将降至63%[N]. 经济日报, 2010-7-21.

[161] 常世荣. 国内最大的生物质电厂将在涿鹿并网[N]. 河北经济日报, 2009-11-21.

[162] 曹开虎. 风电产能过剩超50%大型厂商海外遇阻[N]. 第一财经报, 2012-08-07.

[163] 陈静思. 新能源技术投入将步入快车道[N]. 东方早报, 2009-05-20(108).

[164] 陈爱娣, 郭良. 海南省12家中国石化加油站销售生物柴油[N]. 新京报, 2010-11-23.

[165] 陈欢欢. 科技部颁布147种有开发价值的生物柴油植物[N]. 科技时报, 2011-06-24.

[166] 陈其珏. 江西赛维负债总额高达60亿美元, 供应商堵门索债[N]. 上海证券报, 2012-05-03.

[167] 陈尚平. 生物柴油在江西推广遭遇倒退, 销售与原料成问题[N]. 信息日报, 2011-11-03.

[168] 陈志, 刘峰. 中国风电产业"过剩"属瓶颈性过剩[N]. 经济参考报, 2010-01-07.

[169] 陈志刚, 陈平生, 谭万能. 地沟油: 飞天不易[N]. 南方都市报, 2012-09-26.

[170] 陈祖洪, 李拉. 专家呼吁餐厨垃圾管理一部门牵头多部门协作[N]. 中国环境报, 2012-07-20.

[171] 崔烜. 铀矿产量难以满足发电需求, 铀矿勘探步伐慢[N]. 时代周报, 2012-08-30.

[172] 崔滨, 杨传忠. 山东单县四生物质发电厂: 争抢原材料贴身肉博[N]. 齐鲁晚报, 2012-02-17.

[173] 丁声俊. 生物能源发展全球冷热不均[N]. 中国经济导报, 2010-04-17(A04).

[174] 丁亚鹏. 江苏秸秆收集难致 13 家生物质电厂全亏损[N]. 新华日报, 2012-08-14.
[175] 刁萃. 风电并网门槛或将抬高投资者小心绊倒[N]. 中国经济导报, 2009-08-04.
[176] 段心鑫. 首批 26 个绿色能源示范县将获补贴[N]. 21 世纪经济报, 2011-08-03.
[177] 芳旭. 亚行技援我省可再生能源项目[N]. 西宁日报, 2012-09-14.
[178] 房欣. 回收秸秆造地板生产成本和运输压力大“秸秆大王”已停收？[N]天府早报, 2011-05-20.
[179] 黄婕. 跨国公司集体游说，扶持“自主创新”新政变调[N]. 21 世纪经济报道, 2010-04-16.
[180] 国家信息中心经济预测部宏观政策动向课题组. 新能源产业有望成为经济新增长点[N]. 中国证券报, 2009-07-03.
[181] 高立萍. 美向中国风电塔征 72.69% 反倾销税[N]. 第一财经日报, 2012-08-01.
[182] 高凌云. 能源总局踩刹车，风电闲置超 20% 地区不得建项目[N]. 南方都市报, 2012-04-04.
[183] 高丽霞. 三门核电一期获国家首批优惠利率美元贷款[N]. 台州商报, 2008-12-04.
[184] 高凌云. 尚德负债超 200 亿，施正荣拒绝政府援助面临出局[N]. 南方都市报, 2012-10-23.
[185] 高素英. 生物柴油拟免征消费税[N]. 证券市场周刊, 2010-12-09.
[186] 高照. 生物柴油市场：企业“吃得饱”，市场才能“发育好”[N]. 中国石油报, 2011-10-24.
[187] 公欣. 收购“地沟油”：小作坊何以能赢“正规军”[N]. 中国经济导报, 2011-08-20.
[188] 顾鑫. 新能源公司业绩遭遇滑铁卢，多晶硅和风电为重灾区[N]. 中国证券报, 2012-03-27.
[189] 郭安丽. 核电监管法律缺失，原子能立法应提上日程[N]. 中国联合商报, 2011-03-25.
[190] 郭力方. 风电“寒风”笼罩零部件业[N]. 中国证券报, 2011-08-19.
[191] 郭力方. 风电零部件企业逆势报喜[N]. 中国证券报, 2012-08-29.
[192] 郭力方. 光伏产能过剩长期难解，后期发展仍未可期[N]. 中国证券报, 2012-11-03.
[193] 杭春燕. 国内最大秸秆汽化电厂何以停产？[N]新华日报, 2007-08-21.
[194] 浩剑，瑾亮，卢奔. 常州有地沟油生产绿色能源，首次投入批量使用[N]. 常州日报, 2009-09-10.
[195] 何建军，陈荐. 2010. 风电人才需求与人才培养模式的研究[N]. 中国电力教育, 31：31-33.
[196] 何晖. 地沟油变废为宝政策难 30 家生物柴油企业停产[N]. 大公报, 2011-10-13.

[197] 禾苗. 大量光伏企业靠财政补贴谋生：返税可占利润一半[N]. 第一财经日报，2011-12-09.

[198] 禾苗，王培霖，张旭东. 光伏企业成地方经济支柱，政策补贴或转向后端[N]. 第一财经日报，2012-10-18.

[199] 黄宏平. 中国发起多晶硅“双反”，上下游企业反应不一[N]. 中国高新技术产业导报，2012-07-30.

[200] 黄晓芳. 页岩气有望改写中国能源格局. 经济日报，2012-03-19(2).

[201] 华琪，彭朋. 江苏洁净：变地沟油为生物柴油[N]. 外滩画报，2011-11-03.

[202] 贾海峰. 核电规划全方位调整[N]. 21 世纪经济报，2009-04-22.

[203] 贾海峰. 中国核电规划将进行全方位调整[N]. 21 世纪经济报，2009-04-22.

[204] 蒋婵杰. 巴以冲突波澜不惊，国际原油冲高回落[N]. 期货日报，2009-01-13.

[205] 劳佳迪. 江西新余政府为民企偿还 5 亿元贷款[N]. 新闻晚报，2012-07-18.

[206] 李兵. 每年 5000 吨生物柴油“浪费”了[N]. 半岛都市报，2011-10-22.

[207] 李佳婧，余宽平. 业内人士称用地沟油生产食用油利润达 30% 以上[N]. 镇江日报，2011-09-15.

[208] 李琳. 西安 4 家正规企业回收地沟油不给钱难敌黑作坊[N]. 华商报，2011-09-18.

[209] 李凤. 新能源成菏泽战略主导产业[N]. 齐鲁晚报，2012-08-03.

[210] 李攻. 生物质发电亏损严重重复套取补贴[N]. 第一财经日报，2010-08-03.

[211] 李贺. 全国首个生物电厂原料吃紧，周边同类电厂上马[N]. 齐鲁晚报，2012-10-10.

[212] 李晓明. 一座生物质电厂的账本：究竟划算不划算？[N]. 科学时报，2010-05-24.

[213] 李晓明. 九三学社中央建议立足“三农”发展生物质能源：先农业需求，再化石能源替代[N]. 科学时报，2008-03-07.

[214] 李玉芳，闫艳，高杰. 秸秆发电厂普遍面临投资大、效益低的亏损局面[N]. 中国环境报，2009-04-15.

[215] 李茂君. 市场对外依存度高产能过剩，光伏行业谋求“突围”[N]. 解放日报，2012-02-06.

[216] 梁敏. 林业物质能源产业十年发展目标确定[N]. 上海证券报，2012-01-07.

[217] 梁振君，云逵. 目前只有 1000 多亩，海南小桐子基地有待成规模[N]. 海南日报，2007-11-01.

[218] 梁振君. 海南 12 家中石化加油站试销售生物柴油[N]. 海南日报，2010-11-21.

[219] 梁振君. 海南生物柴油 23 家加盟加油站尚未有一例投诉[N]. 海南日报，2011-03-16.

[220] 梁钟荣. 福泰收购常青，“双反”背后中美光伏产业分工[N]. 21 世纪经济报，2011-12-01.

[221] 刘华东. 盐城 5 年内每县建成秸秆发电厂[N]. 盐城晚报，2010-03-29.

[222] 刘伟勋. 风电国家标准和行业标准出现冲突[N]. 经济观察报，2010-03-26.

[223] 刘文硕. 整机与零部件：谁掣肘风机性能提升？[N]国家电网报，2010-05-06.
[224] 刘乃生，张辉. 江苏洁美把“地沟油”炼成生物柴油[N]. 镇江日报，2007-11-21.
[225] 刘万生. 生物质制生物柴油技术取得新进展[N]. 中国科学报，2012-10-23.
[226] 刘夏. 尚德施正荣与无锡政府矛盾公开化公司或国有化[N]. 中国经营报，2012-10-20.
[227] 刘勇. 湖南省争取试点生物柴油进加油站[N]. 湖南日报，2011-05-27.
[228] 刘玉洲. 生物柴油海南试水中海油中石化博弈定价机制[N]. 第一财经日报，2010-12-26.
[229] 梅婧. 盲目跟风遭“整风”，风电行业将步入强者时代[N]. 金融投资报，2011-05-17.
[230] 那日苏. 内蒙建成1.2万亩生物质能源林基地[N]. 中国经济导报，2009-06-09.
[231] 倪维斗. 从秸秆直燃发电谈能源系统优化问题[N]. 科学时报，2010-06-27.
[232] 彭波，世家财. 生物柴油：痛苦中觉醒[N]. 云南经济日报，2012-01-10.
[233] 彭湘荣. 湖北开发千万亩能源林生物柴油核心技术突破[N]. 湖南日报，2008-07-15.
[234] 屈博闻. 荷兰航空预定20吨青岛生物柴油样本[N]. 青岛早报，2012-02-08.
[235] 萨苏，钟家润，桂林. 各国严防地沟油上餐桌，日本高价回收当燃料[N]. 环球时报，2010-04-02.
[236] 石元春. 当前不宜否定秸秆直燃优化问题[N]. 科学时报，2010-06-07.
[237] 史建磊. “风光”新能源深陷产能过剩，行业巨头多濒临破产[N]. 中国企业报，2012-08-14.
[238] 沈志成. 从“地沟油”到生物柴油的转身[N]. 北京日报，2011-08-01.
[239] 苏万明，程子龙. 秸秆发电农民供料不积极，只因运输成本高[N]. 经济参考报，2007-12-14.
[240] 孙秀红. 生物质发电企业几乎全部亏损[N]. 经济导报，2010-07-11.
[241] 谭丽莎，龚友国. 行情一落千丈，中国多晶硅发祥地陷停产困境[N]. 中国企业报，2012-09-18.
[242] 王城长，钟敏. 湖南数家生物柴油企业恢复生产[N]. 潇湘晨报，2012-09-17.
[243] 王芳洁. 尚德资金链断裂并陷诚信等麻烦，无锡政府望而却步[N]. 证券市场周刊，2012-11-13.
[244] 王文清. 世界各国争抢新能源先机[N]. 解放日报，2009-08-22.
[245] 王琴. 我市大力破解秸秆“综合利用之困”[N]. 无锡日报，2011-11-10.
[246] 王旭辉. 生物质能源林建设谨防盲目上马[N]. 中国能源报，2009-12-21.
[247] 王颖春. CRESP一期项目结束，带动90亿元新能源投资[N]. 中国证券报，2011-12-08.
[248] 王颖春. 风机零部件产能现过剩苗头[N]. 中国经济导报，2009-06-20.

[249] 王颖春. 风电开发应让地方得实惠[N]. 中国证券报, 2010-08-24.

[250] 王宇. 河南拟种 300 万亩能源林可年产 30 万吨柴油[N]. 河南商报, 2008-01-17.

[251] 王佑. 尚德和 MEMC 终止十年硅片供应协议[N]. 第一财经日报, 2011-07-04.

[252] 王佑. 多家光伏公司三季报亏, 尚德电力亏损额度最高[N]. 第一财经日报, 2011-11-23.

[253] 韦铭. 美国海归在宁研发第三代生物能源[N]. 南京日报, 2012-04-25.

[254] 吴黎华. 半年报八成下滑, 光伏全行业深陷资金危机[N]. 经济参考报, 2012-07-20.

[255] 夏树. 秸秆禁烧为何这样难[N]. 农民日报, 2012-06-19.

[256] 邢佰英, 刘向东生物质发电柳暗花明藏隐忧: 从"宿迁样本"把脉生物质发电产业[N]. 中国证券报, 2011-01-07.

[257] 邢梦宇. 多晶硅"双反"调查中外暗战变"内战"[N]. 中国贸易报, 2012-07-26.

[258] 邢佰英. 全国生物质电厂火爆上马[N]. 中国证券报, 2011-01-06.

[259] 熊曼娜. "重庆造"生物柴油走俏市场[N]. 中国建设报, 2012-10-19.

[260] 徐俊华, 周迎久. 黑色利益链不斩, 正规企业远望[N]. 中国环境, 2011-09-29.

[261] 薛智谊. 宁波企业试水生物柴油[N]. 东南商报, 2009-10-13.

[262] 杨雪峰. 渝产生物柴油打入韩国[N]. 重庆商报, 2008-11-12.

[263] 杨阳. 地沟油正规回收企业"吃不饱"[N]. 中国质量报, 2011-09-30.

[264] 易蓉蓉. 风电调整趋势显现, 海上或有利好[N]. 科学时报, 2011-09-19.

[265] 叶勇. 光伏业再现扩产狂热, 过剩 + 跌价露"双杀"凶兆[N]. 上海证券报, 2010-12-07.

[266] 于南. 太阳能发电"十二五"规划发布[N]. 证券日报, 2012-09-14.

[267] 阮长安. 攀西小桐子何时真正"托"起大飞机? [N]. 华西都市报, 2011-11-30.

[268] 于华鹏. 五大发电集团亏损 74.6 亿元, 风电业务首亏[N]. 经济观察报, 2011-08-22.

[269] 袁璐. 收购美公司开采海外铀矿, 日财团欲垄断全球核电市场[N]. 环球财经, 2007-01-14.

[270] 张斐, 张平, 赵艳玲. 伊春双丰林业局建成我省最大生物能源林基地[N]. 黑龙江日报, 2009-07-10.

[271] 张贵余. 水藻将成最绿色的"生物燃料"[N]. 北京科技报, 2007-08-10.

[272] 张辉. 这厢不能吃那厢"吃不饱", 地沟油变生物柴油难在何处[N]. 京江晚报, 2010-03-30.

[273] 张瀚予. 山西禾能秸秆发电项目年底试运行[N]. 长治日报, 2010-10-24.

[274] 张慧. 地沟油利用陷困局: 企业生存堪忧[N]. 中国商报, 2012-09-11.

[275] 张珺. "地沟油"涌向餐桌的副产品: 福建生物柴油炼企原料短缺[N]. 东方早报, 2011-09-22.

[276] 张兴刚. 中国生物柴油技术取得新突破[N]. 中国化工报, 2012-08-16.

[277] 张许峰. 让棉秸秆变废为宝[N]. 河北日报, 2011-4-19.

[278] 张洋. 黑心地沟油产业链：小作坊到大工厂“产业升级”[N]. 人民日报, 2011-09-14.

[279] 张海龙. 漫谈“中国梦理论”[N]. 吉林日报, 2014-05-10.

[280] 张华祝. 发展核电必须掌握关键核心技术[N]. 人民日报, 2010-03-27.

[281] 张茉楠. 中国必须坚持长期的能源安全战略[N]. 中国能源报, 2013-01-30.

[282] 张艳. 2006 年原油进口再创新高[N]. 京华时报, 2007-01-15(9).

[283] 泽文. 生物柴油迎来发展春天[N]. 中国石化报, 2011-01-19.

[284] 朱学蕊. 各省圈地建园产业分散，核电装备产业集群效应不足[N]. 中国能源报, 2011-05-12.

[285] 朱学蕊. 人才短板制约核电发展核电专业人才培养急需提速[N]. 中国能源报, 2012-07-19.

[286] 朱胜利, 傅光云. 秸秆发电：难，难，难！新能源亟盼国家政策扶持[N]. 国际金融报, 2008-11-07.

[287] 朱万斌. 秸秆发电账本的另一种算法[N]. 科学时报, 2010-06-07.

[288] 祝迅，江浪莎. 成都火锅老油找到“婆家”，13 家企业专门回收[N]. 成都商报, 2011-08-13.

[289] 周德群. 从节能减排的高度综合治理秸秆露天焚烧问题[N]. 国家社科基金成果要报, 2010(31).

[290] 周皓朋. 新能源战略要“迎头赶上”[N]. 中国青年报, 2009-12-08.

[291] 卓志强. 上半年 131 个风电场获批，六电力巨头疯狂圈项目. 每日经济新闻, 2012-08-02.

[292] Ed Blanche. Chinese oil diplomacy focuses on Middle East：Increasing appetite for energy importshas Beijing courting regional producers[N]. Special to The Daily Star, 2002-11-27(8).

[293] Mini Hall, Obama outlines plan to reduce oil imports[N]. USA Today, 2011-03-31.

致谢

本书是在我2014年10月完成的博士论文的基础上修改完善后形成的，值此书稿付梓之际，首先要向我的博士生导师张少杰教授表示最诚挚的谢意，是他充盈了我的智慧、渊博了我的学识、丰富了我的学术思想、拓展了我的学术思维、锻炼了我的学术方法。特别感谢我的博士同学封伟毅在我写作过程中给予的启示、帮助，尤其是在模型设计与构思上的指导与帮助；还要感谢我的博士同学聂洪光在统计数据上提供的帮助与启发；还要特别感谢长春工业大学基础科学学院院长董小刚教授在我写作过程中给予的指导、帮助、鼓励和建议；感谢基础科学学院王纯杰、张海燕两位副院长在我建模过程中给予的援助，尤其是王纯杰老师放弃了假期来帮我对数据进行挖掘让我万分感动；还要感谢长春工业大学图书馆的谭红英老师多年来帮我收集、下载和传递各类电子资料；还要感谢长春工业大学外国语学院院长崔艳辉教授对我在英文资料解读上的帮助与启发；还要感谢王巍挤占自己宝贵时间帮助我对书稿进行校对的那份艰辛付出；还要感谢张烨烨帮助查找相关资料、完成部分文字录入、排版以及对书稿的校对工作；还要感谢徐培鑫对论文插图的处理、绘制以及排版工作；还要感谢妹妹海梅给予网购图书的帮助和部分文字录入以及框图绘制的支持；还要感谢我业已毕业的硕士研究生魏巍在英文资料上的整理以及中英互译时提供的支持；还要感谢统计学12级研究生边妨、13级研究生郑茜、14级研究生李群在数据查找和建模时给予的帮助；还要感谢长春工业大学图书馆李一老师。

更应感谢长春工业大学原校长张德江教授在此书出版方面的鼎力支持；更应感谢长春工业大学校党委书记万春明教授在工作上的帮助与鼓励；更应感谢长春工业大学校长张会轩教授在学术研究上对我的鼓励和引领；还要感谢长春工程学院院长韩立强教授在我工作上的持续鼓励；还要感谢长春大学校长潘福林教授对我的帮助；还要感谢长春工业大学教师教学发展中心主任王占礼教授、教务处处长李万龙教授、教学质量监控与评价中心主任张宝昌研究员对我的支持与理解；还要感谢我的同事王巍、孙志、张烨烨、肖月、徐培鑫、赵杨、张彪、孙伟、乔江艳、王美、董宇红、谢小萌、战弋、赵丽曼等对工作的投入，让我有了更大的思考空间来斟酌书稿的细枝末节。

还要感谢吉林大学管理学院院长赵树宽、哈尔滨工业大学经济与管理学院副院长齐中英、西北工业大学管理学院副院长郭鹏三位教授在“国家科学技术学术著作出版基金”申报上的极力推荐，虽为无果，但感恩的种子早已种下。

我也要感谢身处天堂的母亲在我人生教育阶段上为我奠定的品正行端质朴的优良品质；我也要感谢父亲在我书稿写作期间对他关照少了一些的那份宽容；也要感谢女儿在此期间对我少尽父亲责任的那份理解，还要感谢她带给我的快乐与幸福。我也要感谢我的妻子李丽娜，是她多承担一份家庭义务为我腾出更多宝贵的时间来完成书稿，还要感谢她帮我承担了一部分资料的文字录入工作。

我还要感谢那些被我引用论文的作者，是你们奠定了书稿的基础。

我还要感谢那些没被提及的在我书稿写作上给予我帮助的所有人。

是你们的帮助和付出使我能够有充沛的精力去承载工作、学习和生活的重负，是你们的支持和帮助让我完成书稿。

最后，我要特别感谢机械工业出版社和在本书出版过程中所有付诸辛苦的编辑和工作人员。

如果说本书的研究取得了一些成绩的话，那都归功于前人所做的大量研究；书稿中对有些问题探讨的不深入细致之处和观点的不完善与不成熟之处都是由于本人学习得还不够和顿悟力不足所致，再加上本人的学识水平有限，书中的谬误之处在所难免，还请学术界的师长和朋友不吝赐教。

我将在新能源方面继续深入研究，力争取得更大、更多的研究成果，以谢支持、帮助和关心我的师长、同学、同事、亲朋和家人。

2016 年 10 月 1 日于长春南湖畔